I0027803

Diccionario de Gestos Dominicanos

Diccionario de Gestos Dominicanos

Faustino Pérez

Conventional Gestures

Advanced Reasoning Forum

Faustino Pérez
Calle Sanchez No 4
Zona Colonial
Santo Domingo Z.P. 1
Dominican Republic
faustinoperez@gmail.com

For more information about this and our other books on conventional gestures visit our website www.ARFbooks.org, or contact us:

Advanced Reasoning Forum
P. O. Box 635
Socorro, NM 87801 USA

ISBN 978-1-938421-20-4 print

ISBN 978-1-938421-21-1 e-book

Este diccionario de gestos convencionales de la República Dominicana incluye más de 250 entradas, conjuntamente con extensos ensayos acerca de la sociedad, la cultura, y otros temas básicos del pueblo dominicano. El autor, Faustino Pérez, es un reconocido investigador y catedrático de la Universidad Autónoma de Santo Domingo, quien ha recopilado los gestos durante más de doce años de observaciòn de campo, en Santo Domingo. Cada entrada describe uno o más gestos con sus correspondientes movimientos, el contexto en que suele emplearse, si está restringido, o no, a un sólo género, aparte de comentarios acerca de su evolución. Escrito en una prosa ágil y legible, este trabajo es la vez entretenido y serio, que le será de utilidad a cualquier investigador interesado en el estudio de la gestualidad dominicana.

Antes, este libro sólo estaba disponible en una edición limitada, pero ahora el Advanced Reasoning Forum se complace en hacerlo disponible, en esta reimpresiòn en español.

* * * * * * * *

This dictionary of conventional gestures for the Dominican Republic contains more than 250 entries along with a substantial essay about the society, culture, and background of the people of Santo Domingo. The author, Faustino Pérez who is a renowned researcher at the Autonomous University of Santo Domingo, collected the gestures through many years of observation in Santo Domingo. Each entry describes one or more gestures with its movement, context of use, whether restricted by gender, and comments about its evolution. Clear and readable, this is a serious and amusing work that will be useful to anyone interested in the study of gestures or the culture of the Dominican Republic.

Previously available only in a private printing, the Advanced Reasoning Forum is pleased to make available this reprinting of the text, which is in Spanish.

DEDICATORIA

A MI QUERIDA MADRE VIRGINIA ANTONIA,
DE QUIEN APRENDÍ LOS PRIMEROS GESTOS

ÍNDICE

PRIMERA PARTE

LOS PROTAGONISTAS DEL GESTEAR

SEGUNDA PARTE

SOBRE LAS GESTICULACIONES Y GESTEROS

APENDICE

PRÓLOGO

Este *Diccionario de gestos dominicanos*, que tengo el honor de prologar, es el primero en su género publicado en el país. Su autor, Faustino Pérez, nos está acostumbrando a sus primicias. En 1999 dio a luz pública *Las caras de la persuasión,* y en 1997, *Tratalá del cómic*, obra también pionera en la bibliografía dominicana. Antes ya había dado a conocer obras de relatos (*Chisporroteo, 1984; "Ese libro se llama..."* 1994) y de intención didáctica *Luz (contra) luz*, 1989; *Teoría de la toma fotográfica*, 1994). Las obras de género didáctico se explican porque el autor es catedrático de la Universidad Autónoma de Santo Domingo en los Departamentos de Comunicación Social y Artes.

Además de ser economista y experto en comunicación, Faustino Pérez es fotógrafo y profesor de fotografía. Como experto en comunicación, su marco epistemológico no es el de la comunicación verbal y no verbal por separado, sino el de la comunicación sin más. Su teoría de la comunicación se ha convertido para él en una semiótica del lenguaje verbal y no verbal. Como teórico y practicante de la fotografía, el autor del *Diccionario de gestos dominicanos* es un observador implacable (sí, implacable). Su descripción de los gestos dominicanos es una fotografía de gestos conjugada con palabras. No es una pura casualidad que de los dos autores del primer libro que llevó por título *Comunicación no verbal*, uno de ellos, W. Kees, era fotógrafo. El autor del primer diccionario de gestos dominicanos, Faustino Pérez, además de teórico de la comunicación, es también fotógrafo. Fotógrafo no sólo en sentido restringido sino también en sentido amplio. Fotógrafo de gestos.

Creo conveniente poner de relieve, en primer lugar, que la obra que se prologa es fruto de más de una década de investigación, como indica el autor en el apartado dedicado al método utilizado. En segundo lugar, la técnica descriptiva de los gestos, siguiendo seis apartados –antecedentes y descripción, cinetismo, repetición, vocalización, significados secundarios, y sexo del practicante– es una innovación metodológica que puede servir de pauta a otros investigadores. Pero indudablemente el mérito mayor de la obra reside en ser el fruto de una observación pertinaz y acuciosa. Faustino Pérez es así: pertinaz y acucioso. Como tal se había revelado en escritos anteriores. A mi juicio, esta es una cualidad inherente a su personalidad, así como lo es también su ironía y permanente buen humor.

Pese a su título, esta obra no es sólo un diccionario de gestos dominicanos. Es también un pequeño pero enjundioso tratado sobre los gestos humanos incluido en la Introducción y Consideraciones Previas, así como en el apartado dedicado a los protagonistas del gestear: los ojos, las manos y la boca. Las consideraciones sobre esta última tienen su antecedente en el artículo *La boca como portadora de signos y funciones en la comunicación.*(*)

El diccionario propiamente dicho habla por sí mismo. Como era de esperarse, es la parte más extensa de la obra. Es un inventario de gestos propios de los dominicanos y dominicanas. Los gestos recogidos están descritos escueta y exhaustivamente. El mérito del autor consiste en haber logrado armonizar perfectamente en su obra estos dos adverbios.

El registro que hace el autor de los gestos dominicanos se justifica por el principio de que a culturas diferentes corresponden sistemas no verbales diferentes y de que las acciones comunicativas se ritualizan cuando se especializan por su forma y por su frecuencia como un medio para transmitir información.

(*) En *Pérez, Faustino.* La boca para bien o para mal. Cuadernos de Comunicación UASD, 1998. No. 12. Departamento de Comunicación Social de la Universidad Autónoma de Santo Domingo, pp. 5–13

En su Diccionario *de gestos dominicanos*, Faustino Pérez está consciente de que a menudo los mensajes no verbales tienen más significación que los verbales, jugando un papel fundamental en la comunicación, aunque ordinariamente los mensajes no verbales actúan como reguladores de la comunicación. Esta se efectúa querámoslo o no. Al autor no se le escapa que normalmente la comunicación no verbal mantiene una relación de interdependencia con la verbal. Por eso describe el gesto e indica la vocalización correspondiente, cuando la hay.

Esta obra pionera viene a llenar un vacío en la bibliografía dominicana. De ahora en adelante se convertirá en una referencia obligada en los estudios de comunicación y antropología cultural.

CARLOS HERNÁNDEZ SOTO
ANTROPÓLOGO
PROFESOR DE LA UNIVERSIDAD AUTÓNOMA
DE SANTO DOMINGO –UASD–

Santo Domingo, junio del 2000.

AGRADECIMIENTOS

El verbo agradecer es muy difícil de conjugar en primera persona, pero, no debido a que es transitivo e irregular, sino, porque es imposible en este caso, dar las gracias a tantas personas que colaboraron con este proyecto, consciente o inconscientemente durante dos lustros y medio; aunque, en realidad, uno se pasa la vida entera asimilando las gesticulaciones, como parte del aprendizaje cultural.

En primer lugar, vayan mis reconocimientos a aquellos desconocidos, observados sin saberlo, quienes aportaron su bagaje gestual; y a continuación, a mis alumnos de Publicidad y de Periodismo Iconográfico de la Universidad Autónoma de Santo Domingo, por su entusiasmo y aportes.

A los amigos profesores: Carlos Hernández por su autorizado prólogo; Andrés Molina, por su apoyo bibliográfico; al igual que Renato O. Rímoli, ex – Director Científico del Museo Nacional de Historia Cultural. A Fernando Morbán Laucer, ex–Director del Museo del Hombre Dominicano; Antonio de Moya por su generosidad en cuanto al aporte de información se refiere; Fradique Lizardo, ya fallecido, quien me suministró datos acerca de los gestos folklóricos y de sus experiencias como viajero.

Mis agradecimientos a los amigos teatristas: Kennedy Holguín, quien se desprendió de un material valioso sobre el tema; Manuel Chapuseaux, por los datos que me brindó desinteresadamente; y a Arturo López, el iconoclasta ecléctico, por su estímulo.

Al sociólogo Pedro Tió, por sus sagaces observaciones; Ernesto Contín, por su entusiasta colaboración; lo mismo que Augusto Valdivia, por su apoyo informático para la realización de las artes y esquemas. A Giovanni Gutiérrez, quien siempre contribuye en mis proyectos; al igual que el psicólogo y publicista Roberto Rímoli, por sus apreciados y oportunos aportes para la bibliografía, y a los artistas John Padovani y a Jonás Mufdi por sus sugerencias.

METODOLOGÍA

Una clasificación siempre aspira a ser la más completa de todas, aunque, ya se sabe que por definición eso es imposible, –aparte de que no existe ninguna otra en nuestro país para compararla– tratándose de una especialidad como ésta, en la que confluyen muchas disciplinas variopintas, y se conjugan tantos factores sutiles, por más señas.

Por otro lado, nos hemos visto obligados a diseñar una sencilla metodología, ante la ausencia total de una bibliografía dominicana sobre el tema, y la carencia de una metodología universal reconocida y confiable. Hay que aclarar que en esta obra empleamos los sustantivos: ademán, expresión, mímica y gesticulación, como sinónimos del vocablo gesto.

Para empezar, de los seis apartados analizados de forma sucinta, el primero de ellos trata de los antecedentes conocidos y de una breve descripción del gesto, lo más precisa posible.

A continuación se hace hincapié con el cinetismo del ademán, es decir, de su movilidad, la cual puede hacer variar sustancialmente su significación.

El tercer enfoque incluye la repetición, el cual abarca, no sólo las veces que habitualmente se ejecuta una gesticulación, sino también, si se mantiene, en lugar de hacerse varias veces, desde la vertiente de la temporalidad.

El cuarto punto de vista, explica de una manera sintetizada, las vocalizaciones que suelen estar asociadas a las mímicas; y las frases ya estereotipadas, si existen.

Los significados alternativos se engloban en la penúltima variable tratada, con lo cual se pretende darle una mayor dimensión al gesto y sus posibles derivaciones novedosas; las que como ya se sabe pueden convertirse en principales con el tiempo. Igualmente, se aportan otros detalles y pistas gestuales.

Por último, se pretende ofrecer una idea aproximada de quienes son los ejecutantes gestuales, por género, siempre teniendo en cuentas las posibles variaciones regionales y epocales.

En otro orden de ideas, las denominaciones de los encabezamientos han sido seleccionadas, bien, a base de una descripción resumida, o por las frases, comentarios y opiniones que suscitan esos gestos; siempre procurando la mejor descripción resumida. El resultado final de las cabeceras de los gestos, es una combinación de vulgarismos con términos cultos, lo cual permite la comprensión a cualquier nivel.

La palabra de la cabecera perteneciente al ordenamiento alfabético, y elegida por su representatividad, aparece en negritas en la relación. Además, en la lista se incluye un número, el cual permite encontrar la descripción detallada con mayor facilidad y rapidez, sin tener que tomar en cuenta la página.

Las especificaciones gestuales, se han basado en la observación de los sujetos, principalmente en la capital y sus alrededores, durante doce años de acopio de datos, sin ningún tipo de intervención activa por parte nuestra; es decir, que se trataba de comportamientos totalmente espontáneos. En cambio, para el análisis del significado, hemos utilizado a ciertas audiencias variables, heterogéneas y confiables, tomando buena nota de sus opiniones; aparte, claro está, de nuestro criterio.

En un principio, se pretendió incluir todos los gestos utilizados en la República Dominicana, independientemente del país de origen. Hemos eliminado aquellos reflejos obvios, como, serían el bostezar, estornudar, toser, y así por el estilo, los cuales no dejan de tener su interés. También, hemos prescindido de varias prácticas de acicalamiento y de los gestos esotéricos, como los de los presos, deportistas, logias, etc.

Se sabe que aquella parte del cuerpo que aporta más información gestual a los demás, es la cara; y de ella, los ojos. En segundo lugar, las manos ocupan un sitial importantísimo, y luego viene la boca en importancia. Por estos motivos en la primera parte del libro se analizan los ojos, las manos, y la boca, la cual no se queda muy a la zaga. Se remata, con un esquema resumido del significado de las principales arrugas del rostro, que puede ser de utilidad para el lector, y de otro del simbolismo de los dedos.

A continuación, aparece la relación de gestos incluidos y sus descripciones.

Para finalizar, queremos compartir el criterio del Dr. F. Morbán Laucer quien afirma: "En la República Dominicana, tanto las investigaciones de la arqueología, de la antropología física como de la social, todavía deben de llenar inquietantes vacíos que envuelven una serie de interrogantes a la clase pensante, ya que las verdaderas investigaciones científicas en nuestro país son muy recientes y sin el grado de madurez ni los recursos económicos que poseen otros países desarrollados" (*).

Somos plenamente conscientes, a pesar de la dificultad para extraer conclusiones, debido a los estilos personales de cada individuo; de que una protociencia como ésta, siempre es susceptible de avanzar; de todas formas, hemos querido aportar un granito de arena a la comunicación no–verbal dominicana.

(*) Tomado del trabajo presentado en el V Coloquio de Antropología Física Juan Comas. UNAM, México, 1989; reproducido en el Boletín del Museo del Hombre Dominicano No. 24, p. 69.

INTRODUCCIÓN Y CONSIDERACIONES PREVIAS

Mucho antes de que el **Homo** llegara a ser **sapiens**, el gesto ya existía como un recurso expresivo de primerísimo orden. Era tan versátil que lo mismo servía para influenciar al otro, que como protección o advertencia, o bien para disimular, engañar o intimidar, etc., en definitiva, para la supervivencia de la especie.

Esto implica que tenemos detrás de nosotros un bagaje gestual que se remonta a los proto–homínidos de nuestra clase, y además se ha ido perfeccionando, diversificando y puliendo, durante centenares en miles de años. No es de extrañar pues, que las gesticulaciones tengan tantos matices y sutilezas, ya que preceden –con mucha diferencia de tiempo–, al lenguaje hablado, y por supuesto al escrito, ya que este último tuvo su origen milenios después de la primera palabra enunciada.

Es preciso destacar, que si hay algo que se realiza para que no pase desapercibido ante los demás congéneres, es el gesto. Naturalmente, que al ser un medio tan llamativo, importante y práctico, ha sido estudiado, ordenado y clasificado desde diferentes ópticas, tal como lo atestiguan los trabajos publicados en prácticamente todas las disciplinas humanísticas, y en otras que no lo son; no obstante, hay que hacer la salvedad de que siempre quedan facetas sin explicar, las cuales desafían cualquier intento de clasificación.

En ese tenor, resaltan las investigaciones que se han efectuado en las áreas de la fisiognómica, en comunicación social, en antropología, psicología, psiquiatría, sociología, en las artes visuales, y por supuesto en las representacionales, en lingüística, y así por el estilo.

En una especialidad tan exigente como es la cirugía estética, se le presta mucha atención a los músculos y a los demás órganos que intervienen en la mímica y expresiones faciales, por razones obvias; teniendo siempre presente que en el rostro la musculatura está unida a la piel, en vez de estarlo a los huesos como en el resto del cuerpo, lo cual es fundamental para la expresividad facial.

Llegados a este punto, se hace necesario aclarar que de la misma manera que hay personas con mayor o menor destreza en la comunicación oral y/o escrita, de idéntica forma existen sujetos con disímiles niveles en su habilidad para transmitir algo, gestualmente hablando. Todo lo anterior implica que hay gente que habla mucho y/o gesticula mucho, y para otras es todo lo contrario. Existe un léxico gestual al igual que uno lingüístico.

Igualmente se verifica, una fuerte carga cultural a la hora de expresarse con gestos, lo cual es fácil de comprobar en todas las culturas latinas y en las árabes, en oposición a la escasa presencia gestual en la gran mayoría de los países nórdicos europeos. En estos últimos, las gesticulaciones son mucho más deliberadas y comedidas, es decir, lo contrario de la espontaneidad de los primeros.

Como dato curioso, hay que señalar el hecho de que también se producen faltas gestuales, o sea, que serían las equivalencias de las faltas ortográficas, pero en cuanto a los gestos se refiere. Esto se manifiesta en ciertos ademanes incompletos, debido a la inseguridad de la persona, o bien por vacilación, por un lapsus, etc.; en ejecuciones equivocadas de los mismos, al compararlas con el patrón dominante socialmente, en los atrasos y adelantos al acompañar al lenguaje oral, y así sucesivamente. También es posible expresar algo en un canal de comunicación y de contradecirlo en otro, de forma simultánea; por otro lado, puede producirse asimismo, una redundancia o cacofonía gestual, y no sólo para recalcar una idea. Inclusive, algunas gesticulaciones obedecen a motivos de género, o lo que es lo mismo, que son ejecutadas y comprendidas, mejor o exclusivamente, por un sexo que por el otro. Lo mismo sucede con aquellos comportamientos gestuales que son típicos de una determinada clase social, y que apenas son empleados en otra.

Algo distinto sería que un interlocutor no comprendiera una expresión gestual, bien por ser oriundo de una etnia, región o país diferentes, o bien, por simple desconocimiento. Puede suceder el caso de que el recipiente del gesto, adivine o se invente su significado, con el fin de interpretar al emisor gestual, o sea que se malinterprete, con todas las secuelas posibles, lo mismo que podría ocurrir con una palabra desconocida para un interlocutor.

Hay gestos que se ponen de moda, al igual que sucede con ciertos vocablos, otros, en cambio, se mantienen durante mucho tiempo, y también existen aquellos que caen en desuso, o dicho de otra manera, se vuelven obsoletos. Para ilustrar este caso, podríamos decir que antes cuando el joven dominicano se enamoraba, de una muchacha, acostumbraba a pararse en una esquina de la casa de la enamorada, entonces, se recostaba de la pared y con el pie hacia atrás pegado a la misma, le daba vueltas al llavero con el dedo índice; de ahí surge la expresión de "hacer esquina". Hoy, en cambio, se enamoran pasando repetidas veces por delante de la casa de la amada, pero conduciendo un vehículo y con la música a todo volumen. Otro ejemplo sería el levantarse el sombrero de la cabeza para saludar, ya que hoy en día el sombrero apena se usa.

Es importante señalar que incluso hay gesticulaciones que con el tiempo cambian de significado. En todo caso, también pueden incidir el lugar, el momento y las circunstancias, en cuanto a la interpretación se refiere. Existen ademanes que tienen dos o tres fases imprescindibles para completar su ejecución; y aparte del cinetismo que ello implica, también poseen un componente ritual. Esto último ocurre casi siempre por un sonido, interjección, onomatopeya o frase corta. Por ejemplo, cuando algo huele mal, la persona se coloca el dedo índice debajo de la nariz horizontalmente, y dice algo parecido a "ji", pero sin abrir la boca y arrugando la nariz.

Siempre, con movimiento o sin él, o con sonido o sin él, el gesto tiene su "momentum", que se produce cuando en su desarrollo la gesticulación adopta su aspecto más característico. Es preciso advertir que en cualquier clase de gesto, hay veces que si el emisor realiza una variante que no sea la universal, del mismo, puede que no sea comprendido.

Empero, hoy en día las expresiones gestuales se están globalizando también, siguiendo las nuevas tendencias y el desarrollo de las nuevas tecnologías, debido especialmente a los medios icónicos de comunicación de masas. Encima de esto, se producen igualmente intercambios culturales o interacciones cara a cara, con motivo de los viajes cada vez más frecuentes.

Pueden existir además, razones coyunturales para difundir un gesto, como serían unas elecciones en la que los líderes hagan que un ademán específico se convierta en un símbolo del partido o de una consigna, etc. En definitiva, siempre que la expresión gestual encuentre una caja de resonancia, como podría ser la televisión, que contribuya a provocar un efecto multiplicador, se verifica este caso. De la misma manera, se da el fenómeno de que cualquier personaje popular que aparezca con frecuencia en los mass media icónicos, está en capacidad de poner de moda una mímica original, que sea una señal de identidad suya.

En ciertas circunstancias, las gesticulaciones están tan arraigadas y se producen de manera tan predecible, que pueden llegar a convertirse en estereotipos, o en arquetipos; inclusive, es posible que puedan alcanzar el nivel de un símbolo del país, región, etnia o conglomerado.

Hay, por supuesto, determinadas gesticulaciones innatas, es decir heredadas, como podrían ser la sonrisa de alegría, que hasta los ciegos de nacimiento esbozan; o el "destello de ceja", el cual aparece en todas las culturas, y constituye una muestra de aprecio, al mostrar, con la apertura de los ojos y la subida de las cejas, una agradable sorpresa. Sin embargo, la mayoría de los gestos son aprendidos culturalmente. ¡Es increíble cómo se asimilan hasta en el más mínimo detalle!

Algunos tienen componentes heredados y aprendidos, como por ejemplo cuando alguien sufre un fuerte dolor de estómago, o en el otro extremo, cuando algo le provoca una risa extravagante. La cultura moldea, por así decirlo, estas respuestas aparentemente espontáneas.

Hay una categoría muy importante dentro de los aprendidos, y es la de los codificados; entre ellos podríamos mencionar los que emplean los directores de televisión para indicarle a un locutor, por ejemplo, que el tiempo se le está acabando, o un entrenador de baloncesto para pedir una pausa, un intermediario de la Bolsa de Valores para señalar que quiere comprar, o cuando un piloto de un avión de caza avisa que todo está en orden; o sin ir más lejos, el lenguaje que emplean los sordomudos, y así por el estilo.

Los gestos aprendidos son tan trascendentales y tan empleados, que en realidad hay varias tipologías. La más usada es la clasificación de P. Ekman y W.V. Friesen, publicada en 1969, en un trabajo titulado: The Repertoire of Nonverbal Behavior: categories, origins, usage and coding, aparecido en la publicación SEMIÓTICA. Posteriormente ellos perfeccionaron y ampliaron sus estudios, pero aún así, existen numerosos casos y sub–casos muy difíciles de clasificar.

Según la metodología en cuestión, los gestos se dividen en:

1. LOS EMBLEMAS: que son aquellos que tienen su equivalente en una palabra o frase, (por ejemplo, girar el índice alrededor de la sien, para señalar que alguien está fuera de sus cabales, o que está haciendo algo descabellado). Muchos emblemas funcionan además, como ilustradores a la vez, aunque sea en su versión simplificada.

2. LOS ILUSTRADORES: se usan para ampliar, ilustrar, recalcar o ponerle énfasis a una palabra o frase, o sea, que están asociados al lenguaje oral. Son los más abundantes, con mucha diferencia.

3. LOS REGULADORES: como su nombre indica, se emplean para regular el intercambio oral con otra persona, o con varias, (como podría ser el levantar el índice cuando se quiere pedir la palabra; o tocar al interlocutor, en aquellos casos en que se desea continuar hablando, y así por el estilo).

4. LOS ADAPTADORES: estos se realizan normalmente en los supuestos en que se produzca algún tipo de estrés, por más leve que sea, (como tocarse el lóbulo de la oreja, mover las piernas, frotarse la nariz, rascarse la cabeza, etc.).

Es preciso señalar que también existen varias sub–categorías en esta misma clasificación; aparte de otras tipificaciones, que si bien tienen su importancia, son menos utilizadas.

Este libro es el primer inventario de los emblemas gestuales más utilizados por los dominicanos, es decir, de aquellos que nos son más comprensibles por su empleo cotidiano, incluyendo inevitablemente a un buen porcentaje de origen extranjero empleados también aquí; y como ya se sabe, todas las modas, teorías, escuelas de pensamiento y doctrinas tienden a perdurar más en los países periféricos, que en las metrópolis donde tuvieron su origen, y los gestos no son una excepción.

El énfasis recae en aquellos utilizados en la capital de Santo Domingo, donde reside aproximadamente más de un tercio de la población total del país, que ya alcanza los ocho millones de habitantes. Sin lugar a dudas, hay que aclarar que por múltiple razones de tipo práctico, no es posible abarcar "todos los que son", pero, "sí son todos los que están".

Resulta imprescindible aclarar también, que en nuestra sociedad coexisten gestos muy primitivos, como el señalar algo apuntando con los labios, o el ponerse las manos en la cabeza cuando se produce una desgracia, etc.; con otros que se refieren a las nuevas tecnologías, como podría ser el caso de alguien que emplee un emblema para comunicarle a otra persona que lo llame por teléfono. Naturalmente, que este último ejemplo es una muestra típica de influencia gestual foránea, asimilada de la televisión por cable, o por la del tipo broadcasting, o bien del cine, o en menor medida de la foto de prensa, o de otros medios.

Tanto los gestos de toda índole, así como también los olores corporales y otras características físicas; las distancias a que se colocan las personas para conversar, la colocación del mobiliario en nuestros hábitats, el llamado paralenguaje que abarca el cómo se dice algo, incluyendo el tono, la modulación, la velocidad al hablar, y otras características más; la manipulación de los artefactos y adornos corporales, el entorno en que nos desenvolvemos, con su iluminación, temperatura, colores, olores, etc., pueden ser catalogados dentro de lo que se ha considerado como comunicación no verbal. A pesar de que hay fenómenos que todavía no están bien delimitados, por la complejidad del tema, con su gran cantidad de variables, nosotros damos como válida la clasificación antes expuesta.

La comunicación no verbal, surgió de la psiquiatría, y en líneas generales trata de todo comportamiento que dé información a los demás acerca de un ser humano, y que sirva, por supuesto, para expresarse, aparte del habla; es decir, que se refiere a las personas. La primera parte, o sea, el proporcionar datos psicológicos a los demás, siempre se hace, independientemente de que quiera hacerlo o no, o de que se dé cuenta, o lo haga inconscientemente. Inclusive si no se hace nada, también se está proporcionando información. Y en cuanto a la comunicación no verbal como medio de expresión, hay que decir que la mayoría de las veces se realiza de forma automática, al ser en gran medida un medio de comunicación aprendido culturalmente; no obstante, hay personas que han sabido dominar ese lenguaje intencionalmente.

Precisamente, fueron el psiquiatra Jurgen Ruesch y el fotógrafo Weldon Kees, quienes primero utilizaron la expresión "comunicación no verbal" en su libro: Nonverbal Communication: Notes on the Visual Perception of Human Relations, tal como lo señala Mark L. Knapp, en su trabajo: Essentials of Nonverbal Communication.

Para aplicar esta metodología al ámbito nacional, es preciso tener en cuenta varios factores, que condicionan sobremanera a los gestos dominicanos. Entre ellos sobresale nuestra ubicación geográfica, la cual nos coloca precisamente como un cruce de caminos, a pesar de la insularidad, y que esto último tienda a aislar a las personas, en principio. A pesar de todo, a raíz de la muerte de Trujillo en el 1961, se produjo una diáspora de millones de dominicanos, la que todavía persiste: y ese fenómeno ha incidido notablemente en las gesticulaciones de nosotros, debido a que la mayoría de los emigrantes regresa periódicamente al terruño, de visita, o para quedarse.

Por otro lado, al ser un país tropical, eso implica que se trata de una isla muy sensual, y esa es precisamente la causa principal por la que verifican tantos ademanes que se relacionan con el deleite sensorial; hasta tal extremo, que llegan a lo vulgar y prosaico en muchas ocasiones. De hecho, lo que más se refuerza aquí, es goce y disfrute de la vida.

Desde la vertiente histórica somos un conglomerado muy complejo, a pesar de ser un país pequeño de algo más de 48000 kms. cuadrados. Ni siquiera los indígenas que encontraron los españoles a su llegada en 1492 eran del todo homogéneos, como lo demuestran los vestigios de diferentes culturas cuyos restos datan desde 2000 años a. de C., como los siboneyes, los igneris, los arauacos y los caribes, principalmente, quienes se fundieron en mayor o menor medida, en un proceso todavía no bien explicado. De esta manera surgieron los llamados taínos.

Por parte española, también aportaron una considerable cuota a la mezcolanza, a partir del descubrimiento, por supuesto; ya que aparte de ellos mismos, quienes provenían de diferentes regiones peninsulares, trajeron como esclavos alrededor de una centena de etnias africanas, las cuales tampoco han sido estudiadas y ponderadas concienzudamente, hasta el presente. Es obvio, que todas estas lagunas investigativas, dificultan este trabajo, y lo convierten en algo proto–científico, o si se prefiere, en una disciplina en estado embrionario pre–teorético.

Empero en realidad, los taínos no se denominaban de esa manera; ya que todo fue una confusión, debido a que taíno significa hombre “bueno”, “noble” o “prudente”, y se les llamó de esa forma, porque al preguntarles quienes eran, pronunciaban esa palabra.

Comoquiera, los taínos no sobrevivieron ni siquiera un siglo, pero dejaron su impronta en todas las manifestaciones culturales nuestras, incluyendo en el idioma que hablamos, ya que tenemos en él numerosas voces de procedencia taína. En todo caso, hoy en día predomina el componente africano, por encima de las demás agrupaciones étnicas; sin olvidar, a la casi otra centena de conglomerados que han llegado a nuestras costas y se han establecido aquí; desde refugiados españoles, judíos, húngaros, inmigrantes chinos y japoneses, pasando por los diferentes grupos árabes, otros de las antillas mayores y menores, de los EE.UU., de Francia, de los países nórdicos, y así sucesivamente.

Otra variable importante que cada día incide más y más en nuestras gesticulaciones, es el fenómeno del turismo, que ya supera los dos millones anualmente, debido a que dicha actividad implica el traslado y permanencia en nuestro territorio de todos esos extranjeros, provenientes de muchos lugares. En ese intervalo de tiempo, los forasteros interactúan con los criollos, y de ahí viene la influencia.

Sin embargo, hay más, ya que existen otros forasteros que también influyen en nosotros, y son los centenares de miles de haitianos que viven legal o ilegalmente en este lado de la isla de la Hispaniola, aunque hay que reconocer que existen diferencias fenotípicas y en cuanto al origen étnico africano. Por ejemplo, el mulato y el negro dominicanos suelen tener los pómulos menos prominentes que los del vecino país; y se comprenderá que al ser descendientes de etnias distintas, en su época trajeron gestos, costumbres y lenguas disímiles que los diferenciaban, y a pesar de las mixturas, quedan muchas características aún arraigadas provenientes del patrón gestual, costumbrístico, lingüístico y morfológico.

Aunque tenemos sucesos y acontecimientos históricos comunes y paralelos, existen muchas ocurrencias y manifestaciones totalmente diferenciadas; y por esos motivos, el "producto" de cada lado de la isla, tiene sus particularidades.

Sin ir más lejos, se puede comprobar fácilmente que el conocido como "tíguere" dominicano, camina de forma marcadamente distinta a como lo hace su equivalente haitiano, ya que el quisqueyano suele hacerlo impulsando el cuerpo hacia arriba con un sólo pie/pantorrilla/muslo más que con el otro, es decir, que anda de forma dispareja, haciendo una especie de "coreografía" gestual, la cual también incluye al movimiento de los brazos y del resto del cuerpo, en una actitud denominada "caminar con cuadre"; en cambio el haitiano anda como si estuviera "flotando", o sea, con mucha delicadeza, y no eleva su cuerpo más de un lado que de otro; y esto normalmente contrasta, en la mayoría de los casos, con su aspecto exterior e indumentaria.

Otra singularidad interesante, es la manera cómo el dominicano "marca su territorio", con hábitos ya muy arraigados, y que en países más evolucionados acarrearían una sanción policial, por ejemplo: un vendedor ambulante se instala en una calle, y lo primero que hace es traer su música al pequeño negocio, o sea, que encima de ocupar un espacio público y de no pagar impuestos, ni tampoco energía eléctrica, crea una perturbación acústica en el lugar, y encima tira la basura donde le viene en ganas. En esta misma categoría podríamos incluir, a aquellos que se recuestan de las paredes y colocan la planta del zapato hacia atrás, con lo cual ensucian la pintura de la mencionada pared; o los que se sacuden la nariz con las manos y echan las mucosidades en el suelo, y de esa manera propagan aún más la epidemia. También se encuentran los que comen con las manos, se las ensucian, por descontado, y a continuación de haber comido, empiezan a darle "palmaditas" en la espalda al primer amigo que encuentran, como una forma de limpiarse las manos. Hay otros que, por ejemplo, compran un pedazo de caña sentados en el Malecón, y tiran los bagazos al suelo, ensuciando un área considerable, para después limpiarse las manos en los bancos, o un árbol o poste, y así por el estilo.

Con respecto al tiempo, en múltiples ocasiones vemos al dominicano con muchas prisas y luego ese tiempo ahorrado, incluso poniendo en peligro su vida, como es el caso de los motoristas, lo emplean para cosas irrelevantes y secundarias; y no se percatan o no tienen tiempo para los asuntos importantes y primarios. Esa actitud ante la vida se manifiesta en los gestos también; en especial en aquellos que se relacionan con la espera, la ansiedad, el estrés, etc. Esto se explica en parte, por el hecho que aquí se valora el goce y el disfrute de la vida, de ahí que se valore lo irrelevante.

Interactuando en nuestra misma sociedad, el dominicano típico expresa inconscientemente su condición de hombre–macho, subiéndose los testículos con bastante frecuencia, o bien, tirando de la bragueta hacia arriba, pensando quizá, que de esta última manera el gesto es menos prosaico; por su lado, la dominicana promedio reafirma su condición de mujer–hembra, echándose hacia atrás la melena. No obstante, dados nuestros patrones sobre–indulgentes de crianza, es decir, a base de un sobre–consentimiento de los niños, sin apenas disciplina, criándolos prácticamente a su libre albedrío, no es de extrañar que existan tantos hombres inmaduros y tantas mujeres inseguras, y este fenómeno, sin lugar a dudas, crea un círculo vicioso del cual no hemos sabido salir a pesar de lo pernicioso que resulta. Hemos llegado a tal extremo que aquí el desorden es el nuevo orden dominicano.

Con relación a la inseguridad femenina, si ahondamos un poco más sobre este hecho, podremos comprobar fácilmente que en nuestras calles no es raro contemplar a chicas que van agarradas de las manos sin ser lesbianas, lo cual es una forma de apoyo mutuo, y de comunicación táctil, en su relación con el sexo contrario en particular y con respecto a los demás en general. Si se le pregunta a una mujer dominicana acerca del principal defecto del hombre dominicano, contesta sin titubear que se trata del machismo; en cambio, si se realiza la pregunta contraria a los hombres, las respuestas variarán muchísimo. De lo que no cabe ninguna duda es que al machismo del hombre, la mujer le responde con la terquedad, y todo esto se manifiesta en los gestos. Por ejemplo, si se cruzan en una acera estrecha un hombre y una mujer quienes van caminando en sentidos opuestos, la dominicana casi siempre espera que el hombre sea el que gire el cuerpo para permitirle el paso a ella, y esta última apenas se inmuta.

Otro rasgo cultural e idiosincrásico que no deja de llamar la atención a propios y extraños, y que está igualmente relacionado con la comunicación no verbal, es la cadencia al andar o contoneo de caderas que manifiestan muchas dominicanas, y este fenómeno también delata el componente cultural africano. Esta manifestación de la cultura es diferente a lo que hacen ciertas jóvenes quienes van a la playa o al río, y practican los movimientos coitales pélvicos dentro del agua, bien por recomendación de alguien o por mera intuición inconsciente, o bien, siguiendo el ritmo de la música que se escucha. La forma llamativa de caminar se aprende como una manera de llamar la atención, de suscitar envidia entre las demás mujeres, de provocar al sexo opuesto y de darse importancia.

Justamente, ese anhelo patológico de sobresalir socialmente, es la motivación básica de los dominicanos de ambos sexos, y ese detalle explica numerosos gestos y costumbres nuestras. Como ejemplos podríamos mencionar a aquellos que al desmontarse del vehículo que conducen, siempre llevan la llave del mismo en la mano, a pesar de tener bolsillos; o los que colocan el teléfono portátil justo encima de la mesa del restaurante, al sentarse a comer, o a los que no apaguen su radio–localizador cuando asisten al concierto de la sinfónica, o bien a los conductores que no ceden el paso a los peatones en los pasos de cebra, o los que colocan los altavoces de su equipo de sonido, para que la música se escuche más en la calle que en el interior de su propia casa. Esta intención puede llegar hasta la imprudencia, como cuando colocan la botella de ron encima del vehículo aparcado, lo cual sería impensable en cualquier país civilizado.

Es evidente que ese afán de darse importancia, no es más que un mecanismo de compensación, y demuestra a las claras una gran crisis de identidad, producto de los avatares históricos. Cuando Colón llegó a estas tierras, lo primero que hizo fue tomar posesión de ellas, y establecer unos privilegios para la monarquía y para la iglesia, lo que creó unas castas perfectamente diferenciadas, ya que los más favorecidos tenían todo tipo de favoritismos, privilegios, consentimientos y caprichos. Esta división social fue impuesta a sangre y fuego, entonces no es de extrañar que nunca en nuestra historia haya faltado la crueldad y la tortura.

Por otro lado, muchos de los que acompañaban al "descubridor" eran aventureros sedientos de riquezas, lo cual dio origen a la codicia y corrupción. Los indígenas nativos, quienes vivían en armonía con la naturaleza, nunca pudieron comprender ni asimilar esa ambición desmedida, y al ser obligados a trabajar para extraer el máximo de riquezas de la tierra, únicamente tenían dos opciones: la desgana o la muerte: Por esa actitud fatalista fueron tildados de vagos y holgazanes; pero como la ambición y la codicia espoleaban a los aventureros, recurrieron a la importación de esclavos, quienes fueron brutalmente reprimidos en sus lenguas y costumbres, y además venían con la nostalgia de aquel que es trasladado sin su consentimiento y traumatizado por un viaje marítimo en condiciones inenarrables. Los privilegiados y/o ambiciosos empezaron a reforzar el servilismo entre aquellos esclavos, concediéndoles algunas ventajas a los que se rebajaban, quienes obviamente no siempre eran los más capaces, y así poco a poco, los que menos se rebelaban y se enfrentaban, y eran adulones, tenían más probabilidades de sobrevivir; y de ahí surge la falta de responsabilidad y de formalidad que nos caracteriza, y de que nuestras "instituciones" sean tan frágiles, debido a que el servil y adulón lo que está es pendiente de halagar al poderoso, por encima de toda ética y norma. Naturalmente, los resentidos de abajo, cultivaban el chisme, la intriga, el rumor, y en último caso la rebeldía. Así tenemos las cinco patas de la mesa cultural dominicana: los privilegios, la crueldad, la corrupción, la adulonería y el chisme. Todo lo anterior implica que existen muchos a quienes les gusta la vida fácil, o inclusive pueden usar el gesto para eliminar a la competencia con la maledicencia gestual, o por lo menos les sirve para burlarse socarronamente del otro. Por ejemplo, cuando se forma un corrillo de amigos, y alguno de ellos se marcha, uno de los que se quedan hace un gesto indicando que aquel que se ausenta es homosexual. Esto significa que un rumor o un chisme se pueden esparcir gestualmente, y en este supuesto, para perjudicar al prójimo con humor y sorna.

Empero, de lo que no cabe ninguna duda, es que el dominicano lo que mejor ha aprendido ha sido a fusionar y a mezclar, –por las buenas o por las malas–, lo cual explica el porqué Rubirosa tenía esa gran capacidad para adaptarse a diferentes ambientes y mujeres, las causas de las composiciones musicales de un Juan Luis Guerra o de un Michael Camilo, el estilo ecléctico en la moda de un

Oscar de la Renta, o bien, de los gestos mixtos del jugador de béisbol Samuel Sosa. No obstante, y sin pretenderlo siquiera, el "imitador inimitable" Julio Sabala, es el **"Homo dominicensis"** más emblemático, por la sencilla razón de que imita a la perfección los gestos, expresiones, ademanes y voces de decenas de artistas conocidos internacionalmente; y en cambio, poca gente es capaz de reconocer el registro de voz de Sabala. El es "todos" y no es "nadie", simultáneamente, ya que Sabala asimila o los demás, y asume la identidad de los otros, sin apenas asumir la suya propia.

PRIMERA PARTE

LOS PROTAGONISTAS DEL GESTEAR

LA EXPRESIVIDAD DE LOS OJOS ESTÁ A LA VISTA

Los ojos son como una calle de doble vía, ya que con ellos vemos a los demás, y a la vez somos vistos por los otros. Todo esto implica que con los órganos de la visión, existe un gran potencial de analizar e interpretar a las personas, pero simultáneamente somos también escrutados; es decir, que constantemente estamos recibiendo y enviando todas esas actitudes y sentimientos, debido a que somos receptores y emisores, en cuanto a la capacidad de expresarnos visualmente se refiere, o sea, de comunicarnos con los ojos.

De una persona, lo que más información le aporta y ofrece a los demás es su cara, y del rostro lo más revelador son los ojos. Por eso se ha llegado a decir que los ojos indican cómo es la persona, naturalmente para quien sepa comprender y descifrar su mensaje.

No obstante, los globos oculares no es que sean tan expresivos que digamos, lo cual significa que un buen porcentaje de la expresividad atribuida a ellos, la facilita aquello que está en sus cercanías, es decir en sus alrededores.

Entre los factores directos más reveladores tenemos: los movimientos, el brillo, la higiene e infecciones, la dilatación y contracción de las pupilas, el color, su tamaño y forma, los defectos oculares, etc.

Los indirectos son igualmente importantes como: las cejas, los párpados, las pestañas, los pómulos, las arrugas, las verrugas posibles, los lunares cercanos, las cicatrices y manchas en el área, entre otros.

El movimiento: cabe la posibilidad de variar la angulación de la mirada, como aquella mística o despistada hacia arriba, la directa de frente, la sumisa, tímida o de paz, hacia abajo, etc. También, entre otras cosas, se pueden girar en círculos para expresar incredulidad o sorpresa. Hay mujeres que son extremadamente expertas en combinar la movilidad de los ojos con el pestañeo, con lo cual pueden producir un efecto devastador en el interlocutor.

El brillo: hay que destacar que en la mujer es superior, porque tienen la esclerótica mayor que los hombres, lo cual intensifica la luminosidad ocular. No obstante, después de los 70 años a ambos sexos les disminuye la brillantez.

La higiene e infecciones: están muy relacionadas y también aportan información acerca de la persona, y de su estado de salud.

La dilatación y contracción de las pupilas: el ojo tiene una pupila que se dilata y se contrae de acuerdo con lo que ve. Se agranda si le agrada, y si le disgusta lo que percibe hace lo contrario, dando lugar a la llamada pupilometría para analizar ese fenómeno. De la misma manera varía de acuerdo con la iluminación; esto significa, que se incrementa y se achica tanto por razones emocionales así como también por motivos lumínicos. La pupila del ojo equivale al diafragma de una cámara fotográfica (1), y el tamaño de ella es imposible de controlar a voluntad (2).

El color: quizá lo que más resalta de los ojos a primera vista sea su cromatismo, ya que pueden aparentar ser azules, grises, verdes, color púrpura, color de miel, marrones, negros, etc, dependiendo de la cantidad de melanina presente. De hecho, la coloración aparente de las piezas oculares no es más que una pura ilusión. Hoy en día con las lentillas de contacto de colores hay más variaciones tonales posibles, pero ya sería algo artificial, aunque revelador de la psicología de la persona.

El tamaño y la forma: son además, otras características las que llaman la atención. Así se habla de ojos normales, rasgados, saltones, hundidos, pequeños, en forma de almendra, etc.

Los defectos oculares: las anomalías de la visión se cuentan por decenas, y algunas de ellas pueden producir efectos caracterológicos y gestuales importantes, conjuntamente con variaciones en la angulación de la mirada y de la cabeza. En ciertas circunstancias hay personas que intentan ocultar su problema a los demás. Los ejemplos sobran, desde el estrabismo y la ceguera, hasta un sinnúmero de dolencias como el glaucoma, las cataratas, y un largo etcétera. El ojo puede también estar enrojecido, amoratado, inflamado, o sea, molestias pasajeras más o menos, en las cuales intervienen tanto el área alrededor del ojo, así como el globo ocular en sí.

Las cejas: pertenecen a la categoría que hemos denominado factores indirectos. En principio sirven para proteger a los ojos del polvo y del sudor (3). En esa zona la piel es gruesa, le ocurre como a toda la dermis facial, que está unida a los músculos, en vez de lo que ocurre en el resto del cuerpo en que está pegada a los huesos. Por esa razón el rostro posee tanta capacidad de expresarse, debido a su potencial de movilidad; otro problema diferente es que la persona se reprima o se vea impelida a cohibirse. Además de la propiedad de moverse que tienen las cejas, poseen formas marcadamente diferentes, incluyendo a los cejijuntos, lo cual ha dado pie para numerosas interpretaciones; entre ellas podemos mencionar: a las razones hereditarias, a la edad, a problemas hormonales, etc. No faltan quienes les atribuyen dotes de mando, o un potencial erótico fuera de lo normal, o una apariencia tenebrosa, a aquellos que tienen las cejas juntas. Se sabe que en la Edad Media las mujeres europeas se las depilaban para que sus frentes lucieran más despejadas y altas. Es mucho lo que se puede hacer con las cejas, ya que son susceptibles, además de ser depiladas, de cubrirlas con maquillaje, de pintarlas en formas de curva o de recta, o de manera menos convencional; de cambiarles el color, de decorarlas de múltiples maneras, de trazarles otras encima, de cubrirlas y así por el estilo.

Los párpados: tienen una piel fina y evidentemente son los responsables del llamado parpadeo que mantiene a los ojos lubricados; también cumplen la función de proteger al globo ocular. Se ha calculado que se pestañea un promedio de 24 veces por minuto. Por su lado las lágrimas cuentan con tres capas; la externa es aceitosa y es producida por unas glándulas en los párpados; la segunda consiste en el fluido lacrimal segregado por las glándulas lacrimales, y por último, una capa mucosa que se forma entre la córnea y la capa lacrimal. Se ha especulado con el brillo superior que tienen los ojos de las mujeres, comparados con los de los de los hombres, y se ha atribuido al hecho de que su humor lacrimal posee una temperatura de medio grado superior al del caso masculino. Es preciso destacar, que existe una diferencia química medible entre las lágrimas producidas por una emoción y aquellas causadas por una irritación. Los seres humanos son los únicos animales terrestres que tienen ojos capaces de llorar.

Tanto las cejas, así como también los párpados, juegan un papel primordial en el llamado "flash de ojo" (4), también conocido como "destello de ceja", el cual se produce en prácticamente todas las sociedades al ocurrir un encuentro amistoso. Este comportamiento consiste en que los ojos se abren más de la cuenta y se arruga la frente para lograr una apertura mayor de los párpados.

En Japón en cambio, hay personas que se operan los párpados para tener los ojos más grandes; lo cual es un tipo de cirugía plástica bastante popular. De la misma manera los párpados se pueden maquillar, pintar, decorar y así sucesivamente; todo ello con la intención de resaltar los ojos, por supuesto.

Las pestañas: también cumplen a cabalidad su función ya que vienen a ser como una "avanzadilla" para detectar cualquier cosa que se acerque al ojo y pueda hacerle daño. Para evitarlo los párpados se cierran; pero evidentemente que si se trata de algo demasiado rápido, pesado o contundente las pestañas de nada valen. No nos olvidemos que las pestañas también se pintan, se rizan, se maquillan, se sustituyen por otras postizas, se depilan, inclusive, se afirma que a Michael Jackson le inyectan un tinte en los párpados para que sus pestañas luzcan mejor resaltadas y de forma permanente (5). A ese afán de los humanos de mejorar su imagen física, Juan Cueto le llama "la mirada de Narciso" (6).

Los pómulos: de los cuales hay que destacar que los más prominentes los suelen tener las personas de raza asiática y muchas de las etnias africanas, (7) aunque esto no impide que pueda aparecer alguien en cualquier otro grupo étnico que también los tenga sobresalientes. De todas maneras ese "hueso par, corto, compacto que está situado a ambos lados de la cara, cerrando la cuenca del ojo en su parte inferior externa" (8); es el área más destacada de la mejilla y forma lo que se denomina como el arco cigomático, para cada ojo por supuesto.

Las arrugas: entre las más importantes que se forman cerca de los ojos, tenemos a las famosas «patas de gallina», las cuales si aparecen, lo hacen a partir del extremo exterior del ojo hacia fuera; suelen ser alrededor de tres y son típicas de la gente risueña, o que tiene alguna dificultad con la vista y se ve obligada a mirar de esa manera, o bien para defenderse del sol o de un brillo excesivo. Debajo de los ojos pueden aparecer las delatadoras ojeras, provocadas por cualquier tipo de exceso: en el consumo de alcohol, en el sexo, por falta de sueño, por agotamiento físico, etc; no se debe de confundir esta arruga con las ojeras hereditarias, las cuales producen un oscurecimiento debajo de los ojos. Otra arruga que influye en la apariencia del ojo, es la que se dibuja en forma de arcos en la frente, normalmente por encima de un solo ojo. Este pliegue provoca que el ojo tome una forma muy especial, e indica escepticismo; o sea, que es típica de las personas que ponen en duda todo. También, están los surcos que pueden aparecer entre los dos ojos, entre los cuales se destacan tres posibles: la arruga horizontal en la raíz de la nariz, que expresa agresividad; las verticales que indican concentración, preocupación y/o problemas visuales; y en tercer lugar están los pequeños altorrelieves arrugados y verticales de la gente compungida. (*Ver esquema del Lenguaje de las arrugas.*).

Las verrugas, los lunares, las cicatrices, las manchas, etc.: tanto las verrugas o excrecencias cutáneas, esas pequeñas manchas redondeadas en la piel llamadas lunares, las cicatrices y todo tipo de manchas, modifican de alguna manera la apariencia del ojo.

Si entramos ahora en el aspecto lingüístico, ahí sí que encontramos mucha variedad materializada en las frases idiomáticas, las cuales incluyen al vocablo ojo, como por ejemplo: mal de ojo, no te quita los ojos de encima, por el ojo de una aguja, tener ojo para los negocios, andarse con ojo, ojo clínico, a ojo de buen cubero, a ojos vistas, eso me abrió los ojos, bajar los ojos, clavar los ojos, comerse con los ojos, en los ojos de uno, delante de mis propios ojos, en un abrir y cerrar de ojos, mirar con buenos/malos ojos, no pegar los ojos/un ojo, poner los ojos en blanco, torcer los ojos, el ojo del amo engorda al caballo, ojo de pez, echarle un ojo a algo/alguien, ojo de gato, bailarle a uno los ojos, cerrarle a uno los ojos, con mucho ojo, dichosos los ojos que te ven, costar un ojo de la cara, a ojos cerrados, hablar con los ojos/decir con los ojos, irse los ojos (por una cosa), ¡mucho ojo!, meterle a uno una cosa por los ojos, ser el ojo derecho de una persona, ante los ojos de la ley, ojo de un huracán, ojo por ojo y diente por diente, un festín para los ojos, mantener los ojos abiertos, ver la paja en el ojo ajeno y no ver la viga en el suyo, poner una venda en los ojos, delante de mis propios ojos, entrar a ojos cerrados, entrar por el ojo de una cerradura, guiño de ojo, más ven cuatro ojos que dos, tener una venda en los ojos, abre los ojos, mantén los ojos abiertos, donde pongo el ojo pongo la bala, y así en ese tenor.

En periodismo, en las imprentas y en los ambientes académicos, se pone la palabra "ojo" al margen de un escrito para llamar la atención. Mucho más llamativo es el emplear un oftalmoscopio de un oculista, para contemplar el ojo de una persona. Es como si se observara un universo en miniatura. Pero si dejamos a un lado el aspecto estético, son muchas las cosas que se pueden averiguar con un oftalmoscopio (9), desde el estado del cristalino, del nervio óptico, de la presión intracraneal sensible al estrés, de un tumor cerebral, etc., hasta numerosas enfermedades como la toxoplasmosis, la anemia, y así sucesivamente. No en vano ha surgido la ciencia del irisdiagnóstico (10), la cual se basa en que cada órgano del cuerpo expresa su sintomatología en un lugar específico del iris.

No obstante, las llamadas ilusiones ópticas no se manifiestan en la morfología del ojo (11), y son provocadas por numerosos factores, muchos de los cuales aún no son bien comprendidos, a pesar de los avances en los estudios de percepción humana. En esta categoría se pueden incluir los llamados espejismos, conjuntamente con una amplia gama de fenómenos que pueden involucrar desde ilusiones cinéticas, cromáticas, morfológicas, entre otros.

Se sabe que cuando nace un bebé, ni su agudeza visual ni tampoco su campo de visión, están totalmente desarrollados ya que la imagen que percibe es borrosa; y es a los 3–4 meses cuando ya empieza a reconocer las caras que ve con mayor frecuencia, especialmente la de su madre por razones obvias. A los 7–8 meses los colores se le van "encendiendo" y logra apreciar los volúmenes. Cuando llega al año, su campo visual se aproxima al del adulto y ya puede calcular las distancias; empero para apreciar el cromatismo en su plenitud de aquello que le rodea, tiene que esperar hasta los dos años y medio, aproximadamente.

La secuencia es como sigue pues: cuando el niño llega al mundo, lo primero que hace es diferenciar la claridad de la oscuridad. Poco a poco, empieza a notar que hay "cosas" que se desplazan delante de él cuando hay luz, y así descubre el movimiento. Más tarde, es cuando las formas de aquello que se mueve son descubiertas por el bebé; y por fin tiene la captación plena de la variedad cromática, como ya comentamos. Esto último significa que los conos y bastones, que son las células especializadas en el ojo para al visión diurna y nocturna respectivamente (12), tardan un tiempo en desarrollarse completamente.

Ahora bien, si se da por descontado que el sentido de la vista ha sido fundamental para la supervivencia y desarrollo humanos, al igual que otros como el del olfato y el de la audición, etc., también puede afirmarse que la visión ha tenido una importancia creciente en la civilización; lo cual quiere decir que la dependencia de los ojos es cada día mayor, incluso, hay autores que le atribuyen hasta un 80% de la información bruta que recibe el cerebro (13). No es de extrañar pues que al **Homo sapiens** del futuro se le represente con la cabeza y los ojos marcadamente más grandes.

En la actualidad cada nervio óptico que lleva las señales de la retina al cerebro tiene un millón de fibras, en cambio, cada nervio auditivo sólo posee treinta mil, por poner una comparación. Esto demuestra la importancia del sentido de la vista. Tanto la apreciación de las formas, así como también la del color, de la profundidad y del movimiento (14), son esenciales para diferenciar las cosas, es decir, son vitales para la supervivencia.

El hombre primitivo tenía que distinguir entre un miembro de su clan o de otro; de la misma manera, le era imprescindible determinar cual animal era peligroso y cual no lo era; sí un árbol era útil o no; si un gruñido o un gesto era una amenaza o si era amistoso, y así sucesivamente. El hombre moderno también se ve obligado a matizar y discriminar entre una cosa y la otra, por idénticas razones de supervivencia. Por ejemplo, el simple acto de cruzar una calle, le obliga a calcular las distancias y velocidades de los vehículos, percatarse de las señales, de los semáforos, etc.; en cambio, si se dispone a abordar un transporte público tiene que reconocer el suyo entre todos los que circulan por esa vía, y así por el estilo.

En los cien mil años que lleva evolucionando el **Homo sapiens** como tal (15), es mucho lo que ha aprendido en cuanto a percepción se refiere, ya que como se comprenderá, no es lo mismo localizar una naranja madura en el árbol (16), por su color y posición, que distinguir la Gran Muralla China desde una estación espacial en órbita terrestre (17). Empero, si bien el hombre cazador estaba habituado a seguir su posible presa mientras se desplazaba a menor o mayor velocidad (18), la cuestión ha cambiado mucho, y como afirma Juan Antonio Ramírez "...las primeras personas que viajaron en ferrocarril nos ofrecen testimonios que demuestran cómo los problemas perceptivos eran los que más les habían impresionado" (19); lo cual induce a pensar en los cambios perceptuales provocados por los grandes inventos y por las nuevas tecnologías (20).

Desde el tren del primer tercio del siglo pasado hasta ahora, la diferencia es notoria en cuanto a incremento en la velocidad a que se desplaza el hombre se refiere; y ello le ha impactado sobremanera en sus hábitos de percepción. Él, se ha visto obligado a adaptar sus órganos de la visión a los nuevos ritmos de vida, naturalmente por razones de supervivencia, como siempre; sin embargo, como un subefecto de lo anterior, le ha servido como entrenamiento para notar con mayor celeridad los mensajes gestuales que le envían sus congéneres.

De forma paralela y buscando sobrevivir también, hay animales que utilizan los diseños de "ojos", falsos por supuesto, en su aspecto exterior, para engañar a sus depredadores. Esto significa que son utilizados para prevenir, amedrentar o despistar a los posibles enemigos; como ejemplo tenemos a la temible serpiente llamada cobra de capello (Naja naja) (21), y otras especies de mariposas, polillas, gusanos, peces, etc., (22).

Si pasamos a la ornitofauna, nos encontraremos con los legendarios buhos y lechuzas (23), los cuales poseen unos enormes ojos; tan impactantes que en la antigua Grecia simbolizaban la sabiduría. Por ese motivo, a la lechuza se la representaba con Atenea, la diosa de la belleza, y además aparecía en las monedas (24). Ya para la Edad Media la simbología había variado, y esta ave de ojos fijos y cuello giratorio, empezó a ser vinculada con las brujas, con lo satánico, con lo oculto, y con otras manifestaciones igualmente negativas (25). Por otro lado, tenemos el plumaje de la cola del pavo real macho, lleno de "ojos" para impresionar a la hembra.

En principio, los periodistas tienen poco que ocultar, pero siempre es importante que tengan buena vista, para poder ser testigos de los hechos, conjuntamente con una gran capacidad de observación (26), y no digamos nada de los espías, quienes realizan trabajos más comprometidos que los de la prensa (27).

No obstante, hay que tener cuidado con lo que se observa, porque existen numerosas "anomalías no orgánicas de la visión y perversiones de la mirada", como afirma Román Gubern (28); desde la ambliopatía (visión borrosa no causada por motivos orgánicos) y la agnosia (incapacidad para reconocer a personas y objetos conocidos), pasando por el déjà vu (cuando se tiene la falsa impresión de que se ha vivido o experimentado en el pasado, un cierto suceso), y la escopofobia (temor morboso a ser visto). En el fenómeno de parataxis (29), la gente le atribuye cualidades de gente conocida, a desconocidos que se parecen físicamente a los primeros, independientemente de que se den cuenta o no, y así sucesivamente.

Hay algo muy interesante con respecto a los ojos, que aún no ha sido bien estudiado, y consiste en el hecho de que las cuencas de los ojos formadas por siete huesos faciales, tienen la forma que más atrae de un cuerpo humano al sexo contrario, es decir, aquella que se asemeja a dos letras U juntas, en posición normal. Dicho patrón aparece en las posaderas (30), en los pechos, un poco en la boca, y en los ojos, etc. Las cejas poseen esta misma configuración, pero de forma invertida, con lo cual sirven esos patrones, de reforzadores del molde básico de la cuenca de los ojos. Todo lo anterior, implica que además de servir para dar y recibir información, los ojos son vitales para la supervivencia de la especie humana, por su magnetismo.

En mucho lo que se ha avanzado investigando al ojo humano, desde los postefectos negativos, o sea, de aquellas ilusiones cromáticas y tonales que se producen en determinadas circunstancias (31), hasta cómo enfoca el ojo (32), pasando por la dirección de la mirada según el problema que se quiere y/o se necesita resolver. Inclusive, se ha fotografiado la imagen invertida que se forma en la retina del ojo humano (33), y se han publicado trabajos de los efectos que se producen cuando al sujeto se le colocan unas gafas especiales que invierten los tonos y colores; así, se ha demostrado que las caras son casi imposibles de identificar en esas condiciones (34). También, se han diseñado aparatos que permiten determinar qué es lo primero que una persona percibe al contemplar un anuncio, una foto, o cualquier imagen, lo cual es muy útil en publicidad (35); además, se averigua cuál es el recorrido de su mirada, o cuánto tiempo se detiene el lector en cada aviso publicitario, y con qué se le dilata o contrae la pupila.

Los ojos se emplean también para tareas prácticas, o sea, para cuestiones que no son del ámbito exclusivo de la investigación, aunque sí precisan de unos conocimientos que les sirvan de apoyo; como ejemplos podríamos mencionar: al ordenador empleado principalmente por los discapacitados físicos, el cual permite encenderlo y teclear empleando la mirada únicamente; además, al ojo se le utiliza para cometidos que no son pacíficos como es el caso del "sistema de búsqueda de objetivos" que emplean helicópteros y aviones de combate (36). Por su parte, los psiquiatras emplean los ojos tanto para determinar la salud del paciente, así como también, para interpretar el empleo de los mismos en el arte psicopatológico, los cuales son muy útiles para diagnosticar la esquizofrenia (37), al ser los ojos uno de los temas preferidos de ese tipo de enfermos. En otro orden de ideas, y como dato curioso, ¡hasta se han hecho estudios acerca de la correlación entre la miopía y el nivel de inteligencia de una persona! (38).

Las miradas son tan especiales que con ellas es posible halagar a alguien, de insultarlo sin decir una sola palabra, sirven para humillar, para reprochar, para reconocer a un compueblano en otro país, etc.; pero en el otro extremo, existen narcisistas que salen a la calle para ser mirados/as y si es posible admirados/as.

Hay personas que se cubren los ojos con gafas, como forma de ocultar su mirada, otras lo hacen para crear un halo de misterio. En cambio, ciertos sujetos lo practican como protección psicológica, o como defensa ante las inclemencias del tiempo; todos estos ejemplos, son independientes de aquellos que emplean gafas especiales por razones de protección laboral o por problemas personales de visión. Incluso, los identikits que realiza la policía de los sospechosos, bien con el sistema antiguo, o bien, a base de un programa de ordenador, traen muchos diseños de gafas, aparte de los diferentes tipos de ojos, para ser más precisos. Comoquiera, las gafas en primer lugar y las lentillas de contacto a continuación, son dos de los principales modificadores artificiales de los ojos. Sin embargo, por más gafas que se empleen, siempre se siguen enviando señales comunicativas con las manos, utilizando la boca, o con cualquier parte del cuerpo, aunque, las de los ojos no dejen de ser importantes.

En las artes tridimensionales, los órganos de la visión son primordiales (39), porque el hecho de tener un par de ojos nos permite apreciar la profundidad o tercera dimensión; pero de la misma manera, los ojos son vitales para poder apreciar toda la variedad de técnicas y procesos visuales, observables en todas las demás artes. Incluso, los ojos han sido destacados o resaltados históricamente, o bien, convertidos en protagonistas de la creación artístico/artesanal, como lo atestiguan esos cráneos con ojos de jade entre los artefactos de la etnia moche precolombina, que habitaba en el legendario Perú; o la mirada nebulosa de un personaje de Francis Bacon (40), o la de un autorretrato de Van Gogh (41). Se ha especulado mucho con relación al efecto de mirada estrábica del David de Miguel Ángel, que se encuentra en la Galleria della Accademia, en Florencia, Italia. Es necesario destacar que existen estilos pictóricos que provocan deliberadamente ilusiones y confusiones visuales en el espectador, como es el caso del op–art (42), o del arte cinético (43).

En la mitología el ojo no se queda atrás, como lo atestigua el ojo de Ra en la cultura del Egipto clásico (44), o el ojo de Horus (el señor de los cielos egipcio); los antiguos griegos creían que Medusa podía convertir a un hombre en piedra sólo con la mirada. Son también famosos, los ojos del jaguar entre los indígenas de Sudamérica, ya que ellos pensaban que los ojos reflectantes del felino eran un conducto hacia el reino de los espíritus (45). Entre las supersticiones más conocidas está el misterioso "mal de ojo", el cual según los creyentes, puede hasta matar a la víctima, persona o animal, y si es un objeto puede hacer que se estropee o que se pierda, etc. Aquí entre nosotros se les coloca un azabache a los niños, para evitarlo.

El ojo también, es diestro en el llamado "monitoreo de una conversación", es decir que sirve para indicar y para detectar cuándo el interlocutor va a hacer uso de la palabra, o en cuáles ocasiones está dispuesto a ceder el turno. Actúa como un verdadero semáforo muy sutil; lo mismo ocurre cuando dos personas se cruzan de frente en la calle, ya que con los ojos señalan hacia qué lado van a pasar, con respecto al que viene en dirección contraria.

Los ojos intervienen, conjuntamente con sus zonas aledañas, en todas las expresiones faciales, desde el miedo y la ira hasta la agresividad y el amor, salvo en pequeños gestos aislados; y son fundamentales, para poder captar los gestos y expresiones de los demás. Tanto en su rol expresivo o en su función perceptiva, los ojos cooperan en la aparición de las arrugas.

A menos que no se pueda remediar, en esta cultura de predominio visual (46), pocas personas se pueden permitir el lujo de practicar aquello de "ojos que no ven corazón que no siente", ya que es mucho lo que está en juego.

REFERENCIAS BIBLIOGRÁFICAS

(1) VV.AA. *LA CÁMARA*. LIFE LA FOTOGRAFÍA. SALVAT EDITORES. BARCELONA. 1973.

(2) WARWICK and WILLIAMS. *GRAY'S ANATOMY*. W.B. SAUNDERS COMPANY. PHILADELPHIA. 1973.

(3) TERRY LANDAU. *ABOUT FACES*. ANCHOR BOOKS. NEW YORK. 1989.

(4) MARK L. KNAPP. *LA COMUNICACIÓN NO VERBAL*. PAIDÓS. BARCELONA. 1982.

(5) CHRISTOPHER ANDERSEN. *MICHAEL JACKSON: Unauthorized*. SIMON & SCHUSTER. U.S.A. 1994.

(6) JUAN CUETO. *MITOLOGÍAS DE LA MODERNIDAD*. SALVAT. BARCELONA. 1982. Pág. 18.

(7) JUAN COMAS. *MANUAL DE ANTROPOLOGÍA FÍSICA*. UNAM. MÉXICO. 1966.

(8) *DICCIONARIO ENCICLOPEDICO LAROUSSE*. PARÍS. 1992.

(9) VV.AA. *Harrison's PRINCIPLES OF INTERNAL MEDICINE*. McGRAW HILL. NEW YORK. 1977.

(10) Dr. VANDER. *DIAGNÓSTICO POR EL IRIS*: conoce tu salud. SINTES. BARCELONA. 1972.

(11) M. LUCKIESH. *VISUAL ILLUSIONS*. DOVER. NEW YORK. 1965.

(12) R. L. GREGORY. *OJO Y CEREBRO*. GUADARRAMA. MADRID. 1965.

(13) C.U.M. SMITH. *EL CEREBRO*. ALIANZA. MADRID. 1972.

(14) REVISTA: DISCOVER. JUNE 1993. Pág. 65.

(15) VV. AA. *EVOLUTION*. A SCIENTIFIC AMERICAN BOOK. W. H. FREEMAN AND COMPANY. SAN FRANCISCO. 1978.

(16) RICHARD E. LEAKEY. *ORIGINS*. DUTTON. NEW YORK. 1978.

(17) VV. AA. *EL HOMBRE Y EL ESPACIO*. LIFE OFFSET MULTICOLOR. MÉXICO. 1968.

(18) CHRISTIAN DOELKER. *LA REALIDAD MANIPULADA*. GUSTAVO GILI. BARCELONA. 1982.

(19) JUAN ANTONIO RAMÍREZ. *MEDIOS DE MASAS E HISTORIA DEL ARTE*. CÁTEDRA. MADRID. 1981. Pág. 53.

(20) VV.AA. *CULTURA Y NUEVAS TECNOLOGÍAS.* MINISTERIO DE CULTURA. NOVATEX. MADRID. 1986.
(21) V. J. STANĚK. *INTRODUCING POISONOUS SNAKES.* SPRING BOOKS. LONDON. 1960.
(22) ROBERT M. McCLUNG. *HOW ANIMALS HIDE.* NATIONAL GEOGRAPHIC SOCIETY. WASHINGTON. 1973.
(23) MARK RAUZÓN. *NATURALEZA Y VIDA DE LAS AVES DEL MUNDO.* LIBSA. MADRID. 1993.
(24) VV.AA. *GREECE AND ROME: builders of our world.* NATIONAL GEOGRAPHIC SOCIETY. WASHINGTON. 1968.
(25) DAVID FONTANA. *EL LENGUAJE SECRETO DE LOS SÍMBOLOS.* DEBATE.SINGAPUR. 1993.
(26) PEDRO ORIVE RIVA. *ESTRUCTURA DE LA INFORMACIÓN: COMUNICACIÓN Y SOCIEDAD DEMOCRÁTICA.* Vol. 2. PIRÁMIDE. MADRID. 1978.
(27) ALLEN DULLES (editor). *GREAT TRUE SPY STORIES.* CASTLE. NEW JERSEY. 1968.
(28) ROMÁN GUBERN. *LA MIRADA OPULENTA.* GUSTAVO GILI. BARCELONA. 1987. Pág. 36.
(29) BERELSON and STEINER. *HUMAN BEHAVIOR: AN INVENTORY OF SCIENTIFIC FINDINGS.* HARCOURT, BRACE & WORLD. NEW YORK. 1964.
(30) DESMOND MORRIS. *EL MONO DESNUDO.* PLAZA & JANÉS, BARCELONA. 1971.
(31) REVISTA: INVESTIGACIÓN Y CIENCIA. FEBRERO 1977. Pág. 18.
(32) REVISTA: SCIENTIFIC AMERICAN. JULY 1988. VOLUME 259. NUMBER 1. Pág. 92.
(33) VV. AA. TÉCNICAS FOTOGRÁFICAS. LIFE LA FOTOGRAFÍA. SALVAT EDITORES. BARCELONA. 1975
(34) REVISTA: DISCOVER. JUNE 1993. Pág. 56.
(35) ALFONSO DURAN. *PSICOLOGÍA DE LA PUBLICIDAD Y DE LA VENTA.* CEAC. BARCELONA. 1987.
(36) REVISTA: NATIONAL GEOGRAPHIC. VOL. 159, No. 1. JANUARY 1981. Pág. 82–83.
(37) WALTER L. BROWN. *INTRODUCTION TO PSYCHO-ICONOGRAPHY.* SCHERING. NEW JERSEY. 1967.
(38) REVISTA: NATIONAL GEOGRAPHIC. VOL.182, No. 5, NOVEMBER 1992. Pág. 11.
(39) RUDOLF ARNHEIM. *ARTE Y PERCEPCIÓN VISUAL.* ALIANZA. MADRID. 1979.
(40) *BACON.* GLOBUS. MADRID. 1994.
(41) REVISTA: NATIONAL GEOGRAPHIC. VOL. 192, No. 4. OCTOBER 1997. Pág. 116, 122.
(42) ROBERT HUGHES. *THE SHOCK OF THE NEW.* KNOPF. U.S.A. 1980.
(43) ELENA DE BÉRTOLA. *EL ARTE CINÉTICO.* EDICIONES NUEVA VISIÓN. BUENOS AIRES. 1973.
(44) *NEW LAROUSSE ENCYCLOPEDIA OF MYTHOLOGY.* HAMLYN. LONDON. 1959.
(45) DAVID FONTANA. *EL LENGUAJE SECRETO DE LOS SÍMBOLOS.* DEBATE. SINGAPUR. 1993.
(46) DANIEL J. CZITROM. DE MORSE A McLUHAN. PUBLIGRAFICS. MÉXICO, 1985.

LAS MANOS COMO "HERRAMIENTAS" BÁSICAS PARA LA SUPERVIVENCIA

Las manos son las principales ejecutoras de todo lo bueno y lo malo que realiza el ser humano en su paso por la vida, desde entregar un caramelo a un infante hasta el lanzamiento de una bomba atómica; y son las "herramientas" todo–terreno más versátiles con que cuenta. Tanto así, que hasta los robots de las fábricas modernas están diseñados para imitar toscamente algunas de sus funciones, con la ventaja de que no se cansan ni se enferman, aunque sí se averían.

Cuando el bebé nace (1), unas manos lo reciben en el parto, le cortan el cordón umbilical, lo ayudan a respirar, lo asean, lo pesan, lo miden, lo visten y lo desvisten, lo acarician, acuden a dormirlo, a cargarlo, a examinarlo, a colocarlo para que se alimente... y cuando fallece, joven o adulto, otras manos lo embalsaman, lo colocan en el ataúd, le ponen flores, le rezan, lo cubren con tierra o con cemento, lo incineran, etc.

El hombre primitivo, por supuesto que no lo hacía de esta manera, pero comoquiera que fuese, lo ejecutaba con las manos también, y en la medida en la cual fue utilizando otra forma básica de sujeción, aparte del agarre de fuerza (de un garrote por ejemplo), en esa misma medida se fue refinando, como se evidencia con el agarre de precisión (de un lápiz, o de un bisturí); no es de extrañar pues, el calificativo de **Homo habilis** a partir de un cierto momento en su evolución (2).

Esa "parte del cuerpo humano que va desde la muñeca hasta la punta de los dedos" (3), también cuenta con sus arterias y venas, tendones, nervios, y músculos, y tiene cinco huesos metacarpianos y tres falanges para cada dedo (salvo el pulgar que posee dos), y algunos huesos sesamoideos (4). Su principal función es la prensión con el pulgar oponible a todos los demás dedos. No sorprende que el pulgar sea considerado por las compañías aseguradoras como el dedo más importante, y por lo tanto es el que logra una compensación pecuniaria más elevada en caso de que se pierda. Para poder efectuar su trabajo, el pulgar ocupa un área de primer orden en el cerebro humano (5), por ese motivo su tamaño con respecto a los demás dedos indica el nivel de inteligencia de un sujeto. Además tiene un músculo único entre todos los primates vivientes, llamado **flexor pollicis longus**, que permite la flexión de la última falange. Es tal su importancia como símbolo, que el escultor francés César, realiza gigantescas obras de pulgares en mármol para adormar espacios públicos (6).

Empero, todos los dedos tienen su simbolismo, independientemente del arte y de su aspecto funcional, ya que por ejemplo el mismísimo pulgar es el dedo de las huellas digitales; también lo usaban los emperadores durante el Imperio Romano para salvar o condenar a alguien en el circo, (hacia arriba o hacia abajo). Modernamente lo utilizan los pilotos de aviones de combate para indicar que todo está en orden antes de tomar la pista, y así por el estilo. Por los anteriores motivos nos atrevemos a llamarle el dedo–juez.

Por su lado, el índice es el que señala, el que acusa, el que indica; viene a ser el origen de la flecha (7), y al ser tan decidido es el dedo voluntarioso. El dedo mayor, al estar en el centro de los otros cuatro, es el dedo del equilibrio. El anular es el dedo del vínculo, porque se usa en las ceremonias religiosas para el **annulus sponsalitius**, además, sirve para los compromisos y para colocarle el anillo de graduación en muchos centros de estudios. El meñique es el más pequeño, el más mimado, el benjamín de todos los demás, es el más consentido y por esos motivos es el dedo del capricho. Todo esto sirve para comprender el lenguaje de los anillos (*Ver esquema del simbolismo de los dedos*).

En cualquiera de los dedos se encuentra el sentido del tacto muy desarrollado, en especial en las yemas; pero en la práctica son cinco los sentidos, ya que además de la sensación táctil, también detectan la presión y la temperatura (frío o calor). También tenemos el sentido proprioceptor, que permite saber la posición de las partes de la mano; por ejemplo, si uno está con los ojos cerrados y le tocan un dedo, sabe cuál le tocaron; y además, se puede conocer si un dedo está flexionado o no, sin verlo. Es preciso destacar que la mano derecha o diestra, está regida por el hemisferio cerebral izquierdo, y que la izquierda, zurda o siniestra está controlada por el lado cerebral derecho; es decir, que los impulsos nerviosos se encuentran cruzados.

Independientemente de su faceta neurológica, la mano al ser tan compleja, puede sufrir numerosas clases de traumatismos (8) y deformaciones, por las diferentes actividades, ya que como se comprenderá no es lo mismo un callo de un violonchelista, que los de un jinete o de un karateca. De la misma manera la vellosidad de la mano puede variar muchísimo, en lo cual existe un componente genético involucrado, al igual que en la forma y tamaño de ella.

Un médico competente, puede inferir mucha información útil de las manos de un paciente, por el color y por otros síntomas como los temblores, la temperatura, los sudores, los hongos, etc. Incluso de las uñas, como cuando aparecen en ellas unas manchitas blancas, lo cual indica una carencia de cinc en el organismo (9), y entre nosotros se interpreta como que la persona va a recibir un regalo, y así por el estilo. Se sabe que la muñeca es el sitio preferido de los galenos para tomar el pulso, por ser el más práctico.

Las manos son tan importantes, que sirven para intentar satisfacer todas las necesidades básicas del hombre, y colaboran con el resto de ellas; se usan para seleccionar las semillas, luego para sembrar, para la cosecha, para cocinar y más tarde para comer, y para todo lo que viene después como limpiar, fregar, colocar, etc.; sirven para construir viviendas, es decir, para tener un techo. Son fundamentales para confeccionar la vestimenta (e inclusive si un pueblo, tribu o etnia no se viste, por lo menos usa adornos hechos con las manos) (10).

Otros requerimientos del ser humano, aunque menos acuciantes que los tres antes mencionados, tales como la educación y la salud, también reciben una ayuda importantísima de las manos. Quede claro, que en determinados momentos estas necesidades pueden ser vitales y determinantes, igualmente.

Los vicios también dependen de las manos en gran medida, como el fumar, inyectarse una droga, sujetar una bebida alcohólica (14), participar en los juegos de azar, y otros más.

Como se puede intuir, las manos son extremistas y plenas de contrastes, ya que por ejemplo: ayudan a que el niño aprenda a caminar y sujetan el bastón del anciano, para que no se caigan en ambos casos. Las usa el pedigüeño (de forma cóncava hacia arriba) para pedir, y el padre (cóncava hacia abajo) como señal de protección hacia su hijo. Se emplean para dar placer (acariciar, masturbar, etc.) o para infligir dolor (golpear, pellizcar). Cabe la posibilidad de sujetar una probeta para realizar un experimento que podría beneficiar a la humanidad, o de lanzar una granada fragmentaria, para destruir todo lo que se pueda. Se hacen obras de caridad con las manos, pero los hábiles carteristas las usan para otros menesteres, en tanto los malabaristas también viven de ellas. Una mano abierta le puede servir a un orador para enfatizar su discurso, o a alguien para propinar una bofetada. Los pirómanos encienden fuegos, y los cleptómanos roban, con las manos también.

Cuando la mano está cerrada, se le llama puño, y sirve como símbolo de fuerza y poder, e incluso de deleite, y ese mismo puño, es práctico para agredir. Un trapecista se sujeta con las manos para no caerse, sin embargo, un paracaidista se agarra con esas mismas manos para caer suavemente con su paracaidas.

Es posible salvarle la vida a uno que se está ahogando por medio del empleo audaz de las manos; pero igualmente, se le puede arrebatar la vida a otro apretando el gatillo de una pistola con el índice, o bien, de una manera más primitiva usando arco y flecha.

Con las manos es factible el desplazarse en los diferentes elementos naturales: conduciendo un vehículo (sobre tierra), o pilotando un avión (en el aire), o una lancha (sobre el agua), llevando un trineo (sobre la nieve), montando un camello, (sobre la arena), etc. De idéntica forma las modalidades pueden ser muy disímiles, como el trotar un caballo sujetando las bridas con las manos, moverse sobre el agua esquiando, ir campo a través en una moto, y así sucesivamente.

El hombre "quiere" tanto a sus manos, que cuando pierde una, o ambas, la mayoría de las personas sigue "sintiendo" con ella(s), picazón, dolores, sensaciones de todo tipo, como por ejemplo: cuando siente que puede "sujetar" cosas, que puede rascarse, etc.; y esto se debe a que las conexiones nerviosas en el cerebro, están todavía ahí, y por eso es una mano–fantasma.

Si abundamos sobre esta faceta, cuando las terminaciones nerviosas de la piel de las manos llamadas receptores (12), reciben los estímulos, esas señales bioeléctricas se mueven por la médula espinal, hasta unas conexiones entre las neuronas conocidas como sinapsis en el tronco del cerebro; de ahí, otros enlaces sinápticos las mandan a un centro distribuidor básico que se denomina el tálamo, y luego van a la corteza somatosensorial, donde son interpretadas. Todo esto en fracciones de segundo.

A pesar de que toma más tiempo, se han hecho varias interpretaciones del clásico apretón de manos, también conocido como el dar la mano; no obstante, la explicación más plausible, aparte de la religiosa, era que en la antigüedad el hombre quería asegurarse de que el otro no echara mano de su arma (garrote, daga, espada, etc.), lo cual se hacía y se sigue haciendo, con la mano derecha a menos que se sea zurdo. Era y es, una forma de demostrarle al posible oponente, que las intenciones no eran, o no son de agredirle, por mediación precisamente del apretón de manos, al sujetarle y dejarse sujetar la mano, con que ambos podrían empuñar su medio de ofensa/ defensa. Hoy en día ha quedado como algo simbólico.

Esto último también es válido para los anillos que adornan las manos (13), los cuales han tenido muchos significados y funciones a través de la historia. La costumbre de muchos pueblos de enterrar a sus muertos con sus pertenencias más queridas, ha permitido y facilitado el seguir la evolución del anillo en la historia. Antes del descubrimiento de los metales, se usaban piedras adecuadas, juncos, huesos, etc. Al incorporarse las gemas a los anillos hechos a base de metales, se convirtieron en talismanes y en evidencias de status y autoridad. Otros anillos se usaban y se usan como símbolo del vínculo de los esponsales. Históricamente han servido además, como "guardapelos" con muestras escondidas del amante de turno o del benjamín, como porta–retratos, o una manera de tener consigo un perfume favorito, o bien, un poderoso veneno para deshacerse de un adversario despistado, o para cometer suicidio. Son también famosos los anillos–reloj, para todos los gustos y bolsillos; los anillos que sirven para sellar documentos, los anillos dobles y así por el estilo. En los años 60, Ringo Starr, el batería de los Beatles, puso de moda el empleo de muchos anillos en los dedos, algo que ya se había hecho en otras épocas. No es de extrañar pues, que los mejores artistas del mundo hayan sido diseñadores de anillos (en los últimos tiempos podríamos mencionar a Dalí, Picasso, Braque, Klee, y un largo etcétera).

De la misma forma que el anillo va al dedo, de esa misma manera, va el guante a la mano, lo cual permite, no sólo escribir cartas delicadas de amor o desesperadas de suicidio, sino, que sirve para mil usos. Cuando el **Homo sapiens** descubrió la tosca manopla, esto le posibilitó el hacer muchas labores sin hacerse daño. Más tarde en su desarrollo, al inventar el guante de cinco dedos, se convirtió en una prenda privilegiada; y hasta para ofrecer la eucaristía se ponían unos guantes de tela. Cuando las féminas lo "descubrieron", incluso llegó a considerarse como un estandarte erótico, de lo cual fueron protagonistas célebres, Marilyn (14) y Marlene. Hoy en día, siguiendo los avances tecnológicos y las necesidades de la vida moderna, es posible encontrar en el mercado una gran variedad de guantes, desde aquellos que usan el catcher de béisbol y el boxeador, con sus formas características, hasta los ajustados y desechables empleados por los cirujanos, sin olvidar los guantes ignífugos recubiertos de asbesto, o los necesarios para manipular materiales radiactivos.

Los artistas no usan guantes, a menos que tengan que manipular ciertos materiales pesados y/o peligrosos, lo cual trae a colación la importancia de las manos en el arte, un recurso comunicacional de primer orden, como se sabe (15). No sólo está la producción artística hecha manualmente, sino, que las propias manos son un tema recurrente en las artes visuales; por ejemplo en Madrid, en la misma arteria citadina, es posible apreciar una escultura opulenta de una mano de bronce, hecha por el artista colombiano Fernando Botero, y más al sur, se encuentra el Museo del Prado, donde se exhiben muestras de El Greco, quien pintaba unas manos leptosomatizadas y manieristas. A uno de sus cuadros más conocidos se le conoce como El Caballero de la Mano en el Pecho. Por su parte, los artesanos que trabajan con el barro desde tiempos inmemoriales, pueden hacer un buen uso de él, con las manos.

Se sabe de gente discapacitada que no tiene brazos y pinta con la boca o con los pies, como una manera de ganarse el sustento.

En el mundo animal hay ejemplos de sustituciones de las manos, como es el caso del elefante y su trompa. Sin embargo, el mono–araña no es que no tenga manos, sino, que tiene cuatro y encima emplea el rabo como una quinta. Otro ejemplo curioso, es el del gorila que camina apoyando las manos de las extremidades superiores semi–cerradas, lo que implica que se apoya en los nudillos (16). Por su parte, cualquier delfín entrenado es capaz de "aplaudir" con sus aletas pectorales, y de lanzar un balón con su cola juguetonamente, a pesar de no tener manos (17).

Las manos son esenciales en casi todos los juegos y deportes, lo que sucede es que su empleo depende, sobre todo, de la especialidad que sea; y fluctúa desde la natación y el remo, con una alta participación, hasta las carreras y el fútbol europeo donde sólo se manifiestan para mantener el equilibrio del cuerpo y coger impulso; debido a que por ejemplo, en este último deporte está prohibido tocar el balón con las manos deliberadamente, salvo el portero, o bien, para los saques.

En la música la participación es también muy desigual, y aunque las manos se utilizan para producir los sonidos, no es lo mismo un arpa, una marimba o una batería, que tocar una sencilla antara andina de un sólo cuerpo, en la cual la función de las manos es de sujeción y para moverla próximo a la boca. Hay que hacer notar, que el compositor de que se trate influye igualmente, ya que por ejemplo en la música culta sobresale Paganini por su dificultad, cuya mejor producción, es sin lugar a dudas para virtuosos del violín (18).

De la misma forma se requiere de mucha destreza para retorcer con gracia y expresividad las manos en el baile flamenco de Andalucía, o en la danza folklórica tailandesa; sin embargo, en otras manifestaciones rítmicas del cuerpo humano, no se requiere de tanta habilidad para las manos, como en el caso de aquellas danzas en que los participantes realizan una especie de saltos, en ciertas tribus africanas; esto implica que la participación de las manos es pobre. Como ejemplo, están los Masai de Kenya y Tanzania.

En cambio, en el lenguaje de los sordomudos los movimientos de las manos suelen ser rápidos, y exigen de la atención visual del interlocutor por razones obvias.

Por su parte, la quiromancia, o interpretación del carácter y del destino de la persona por medio de las líneas y las formas de las manos, también precisa de mucha atención al detalle, lo cual puede hacer variar la apreciación. Este arte antiquísimo ya existía en Grecia, y conjuntamente con la cartomancia (lanzamiento de cartas) y la astrología, son los tres procedimientos adivinatorios más empleados en nuestra época (19). Empero, las manos son protagónicas en otras muchas artes esotéricas, como por ejemplo; en el "oui–ja", el cual es una de las formas del empleo de la tablilla adivinatoria.

Existen técnicas, menos misteriosas, sin lugar a dudas, como las sanaciones, la digitopuntura (curación por medio de los dedos) (20), la acupuntura (curación por mediación de agujas), la grafología (análisis de la escritura) (21), las cuales dependen, utilizan o interpretan la mano.

También, la escritura precisa de una interpretación (22), a pesar de ser uno de los grandes avances en la historia de las civilizaciones, tanto en su forma silábica actual o de la manera ideográfica. Aquello que escribimos, viene a ser un registro del habla y/o del pensamiento, y aunque no puede recoger todos los "canales" de comunicación humanos, de todas formas, es una de las piedras angulares del progreso de la humanidad. Con la escritura es posible, vencer al tiempo porque puede permanecer en él, y al espacio debido a su potencial de ser trasladada de un sitio a otro; las modalidades de la escritura varían en cuanto a su soporte se refiere, desde el papiro y las tablas de arcilla, hasta el diskette de ordenador, pasando por la versión más difundida en el formato de libro y revista. Tanto si es una versión u otra, las manos son las encargadas de sujetar, de pasar las páginas; o bien, si está informatizada, es preciso teclear o manejar un "ratón", etc.; siempre con las manos. En el otro extremo están los que padecen de agrafia, o sea de la pérdida de la capacidad de escribir (23).

Sin embargo, en aquello que se escribe, en el idioma que sea, es posible incluir el término "mano" en numerosas frases idiomáticas, como por ejemplo: una mano de pintura, una mano de plátanos, una mano de ping–pong, mano a mano, hecho a mano, la mano criminal, él es mi mano derecha, tiene mucha mano izquierda para ciertas cosas, mano de obra, arriba las manos, a mano armada, dobla a mano derecha, de primera mano, con las manos en la masa, llegaron a las manos, traer(se) entre manos, meter mano, mano muerta, está en sus manos, echar una mano, apretón de manos, escrito a mano, tiene buena mano, de mano en mano, atado de pies y manos, mojar la mano, dar la mano, de segunda mano, es un manitas, está muy a la mano, a manos llenas, se sentía la mano de la mafia, manos limpias, se frotó las manos de alegría, se lavó las manos, tender una mano, vino de la mano de su mejor amigo, pedir la mano, cogidos de la mano, y otras muchas más.

Donde hay también mucha variedad comunicacional, es en los gestos que se hacen con las manos (24), ellas pueden ser más expresivas incluso que los ojos y la boca, o más que el resto del cuerpo. Hay variantes gestuales que significan por sí mismas y pueden sustituir al habla perfectamente; verbigracia, para decir "está loco", basta con girar el dedo índice alrededor de la sien. Otras recalcan el habla. En cambio, las hay que actúan como verdaderos semáforos en la conversación, porque le indican al interlocutor cuando tomar el relevo; si por ejemplo se toca el antebrazo al otro, se señala que se desea continuar hablando o se quiere intervenir. Por último, están los gestos para manejar nuestros sentimientos, dudas, conflictos internos o situaciones de estrés, como cuando alguien se rasca la cabeza en señal de vacilación.

De lo que no cabe ninguna duda acerca de las manos, es de su gran importancia histórica y religiosa; sin ir más lejos, en la Biblia hay miles de referencias indirectas y directas: cuando Jesús dijo en La Ultima Cena "uno de vosotros me va a entregar" (Mateo 26:21), partía el pan con las manos. En el caso de Moisés cuando golpeó la roca "y sacó agua de ella, para que el pueblo pudiese beber" (Éxodo 17:6), también lo hizo con las manos. El mismo Rey David, mató al gigante Goliat haciendo uso de una honda (Jueces 20:16) (25). Cuando Jesús vino a casa de Pedro y vio a la suegra de éste postrada en cama, según se narra "Y tocó su mano y la fiebre la dejó", (Mateo 8:15), es una alusión directa del empleo de las manos para curar (26). También Poncio Pilato, "se lavó las manos delante del pueblo" (Mateo 27:24).

Es muy conocido el hecho de que a Cervantes le llamaban El Manco de Lepanto, porque perdió el uso de la mano izquierda en esa batalla, al resultar herido; y al Emperador Napoleón, le gustaba posar para los cuadros con la mano derecha escondida en el uniforme, a la altura del pecho (27).

Al nivel que sea y en cualquier área, el cuerpo humano dispone de un instrumento más útil que una navaja de la Swiss Army; amén de que sean coquetas, como se evidencia en una peluquería, al maquillar a alguien, o al decorar las manos con tatuajes o con el henna (28). Son además piadosas, al rezar el rosario o al persignarse uno; resultan sociables al quitar la gorra o el sombrero para saludar, y hacendosas al bordar un mantel. Las manos son maternales al darle el biberón a un niño y halagan en aquellos momentos en que aplauden, empero, también se baten para descargar el estrés como cuando los pasajeros dominicanos lo hacen al aterrizar felizmente el avión en que viajan; son igualmente asesinas al clavar un puñal, o traidoras al disparar por la espalda. Se burlan de los demás con un gesto característico, invitan a bailar o a fornicar, cuentan billetes y monedas de banco, llaman a un camarero, y sirven para acciones menos ortodoxas como el limpiarse la nariz.

Ya los robots creados por el hombre pueden tener "manos" más fuertes que las mismas nuestras, que son las auténticas (29), esas, que han segado y salvado tantas vidas (30); pero siempre si se tienen dos manos, o una, o si se es ambidextro o no, cabe la posibilidad de decir adiós con ella(s).

Empero, las manos no sólo sirven para despedirse al finalizar un encuentro, sino, que son también iniciadoras de vida, tal como lo expresó Miguel Angel en la Creación de Adán, de la Capilla Sixtina, con el famoso toque de dedos entre Dios y el hombre (31).

REFERENCIAS BIBLIOGRÁFICAS

(1) **JOSÉ BOTELLA LLUSIÁ. *TRATADO DE GINECOLOGÍA*. EDITORIAL CIENTÍFICO-MÉDICA. BARCELONA. 1963.**

(2) **RICHARD E. LEAKEY. *ORIGINS*. E. P. DUTTON. NEW YORK. 1977.**

(3) ***DICCIONARIO ENCICLOPÉDICO LAROUSSE*. PLANETA INTERNACIONAL. ESPAÑA. 1992.**

(4) **WARWICK and WILLIAMS. *GRAY'S ANATOMY*. W. B. SAUNDERS Co. PHILADELPHIA. 1973.**

(5) **C.U.M. SMITH. *EL CEREBRO*. ALIANZA EDITORIAL. MADRID. 1972.**

(6) **REVISTA: NATIONAL GEOGRAPHIC. VOL. 162, No.1, JULY 1982. WASHINGTON.**

(7) **JOAN COSTA. *SEÑALÉTICA*. CEAC. BARCELONA, 1987.**

(8) **STERLING BUNNELL. *SURGERY OF THE HAND*. LIPPINCOTT. U.S.A. 1948.**

(9) **EARL MINDELL. *VITAMIN BIBLE*. WARNER BOOKS. NEW YORK. 1979.**

(10) **J.C. FLÜGEL. *PSICOLOGÍA DEL VESTIDO*. PAIDÓS. ARGENTINA. 1964.**

(11) ***BELIEFS, BEHAVIORS, & ALCOHOLIC BEVERAGES*. MAC MARSHALL, EDITOR. U.S.A. 1979.**

(12) REVISTA: DISCOVER. JUNE 1993. VOL. 14. NUMBER 6. WALT DISNEY Co. U.S.A.

(13) DAVID FONTANA. *EL LENGUAJE SECRETO DE LOS SÍMBOLOS*. DEBATE/CÍRCULO DE LECTORES. MADRID. IMPRESO EN SINGAPORE. 1993.

(14) SAM SHAW and NORMAN ROSTEN. *MARILYN AMONG FRIENDS*. MAGNA BOOKS. U.K. 1987.

(15) ROBERT HUGHES. *THE SHOCK OF THE NEW*. KNOPF. U.S.A. 1980.

(16) *SIMON & SCHUSTER'S GUIDE TO MAMMALS*. EDITED BY SYDNEY ANDERSON. N.Y. 1982.

(17) ROBERT KAREN. *AN INTRODUCTION TO BEHAVIOR THEORY AND ITS APPLICATIONS*. HARPER & ROW. NEW YORK. 1974.

(18) OTTÓ KÁROLYI. *INTRODUCCIÓN A LA MÚSICA*. ALIANZA. MADRID. 1986.

(19) GWEN LE SCOUÈZEC. *DICCIONARIO DE LAS ARTES ADIVINATORIAS*. MARTÍNEZ ROCA. BARCELONA. 1973.

(20) F. CABAL. *DIGITOPUNTURA*. COLECCIÓN "CUADERNOS DE DIGITOPUNTURA". MADRID. S/F.

(21) GISÈLE GAILLAT. *LA GRAFOLOGÍA*. EDICIONES MENSAJERO. BILBAO. 1976.

(22) IGNAGE J. GELB. *HISTORIA DE LA ESCRITURA*. ALIANZA. MADRID. 1993.

(23) SAMUEL A. KIRK. *EDUCATING EXCEPTIONAL CHILDREN*. HOUGHTON MIFFLIN Co. U.S.A. 1972.

(24) DESMOND MORRIS et. alt. *GESTURES*. A SCARBOROUGH BOOK, N.Y. 1979.

(25) *EVERYDAY LIFE IN BIBLE TIMES*. NATIONAL GEOGRAPHIC SOCIETY. U.S.A. 1967.

(26) *CRUDEN'S COMPLETE CONCORDANCE*, WINSTON Co. U.S.A. 1949.

(27) *NAPOLEÓN*. PARÍS. HACHETTE. 1960.

(28) JULIAN ROBINSON. *BODY PACKAGING*. ELYSIUM GROWTH PRESS. LOS ANGELES. PRINTED IN HONG KONG. 1988.

(29) REVISTA: NATIONAL GEOGRAPHIC. VOL. 192, No. 1. JULY 1997. WASHINGTON.

(30) *THE AMERICAN RED CROSS, LIFE SAVING & WATER SAFETY*. DOUBLEDAY & Co. INC. NEW YORK. 1967.

(31) VV.AA ART *TREASURES OF THE VATICAN*. SPECTRUM. HOLLAND. 1978.

LA BOCA COMO PORTADORA DE SIGNOS Y FUNCIONES EN LA COMUNICACIÓN

El sistema digestivo no tiene la culpa de que la boca sea políglota, polimorfa, polifacética, a veces pícara y en demasiadas ocasiones hasta perversa. Por algo a la boca, al morder la manzana, se la señala como culpable de que Adán y Eva fueran expulsados del paraíso.

Es políglota porque sirve para articular los sonidos correspondientes a los varios miles de lenguas que se hablan en el mundo, y cada una de ellas modifica la boca de una manera particular. (1) Es polimorfa debido a que genéticamente su forma nunca se repite exactamente igual; y además, proporciona información emocional valiosísima, al poderse colocar de miles de maneras posibles. También es polifacética por la gran cantidad de funciones que tiene, ya que con ella, entre otras cosas podemos: comer, hablar, fumar, beber, hacer gárgaras, tragar, roncar, reír, acariciar, escupir, eructar, lamer, soplar, silbar, cantar, bostezar, sonreír, nos da hipo, tartamudear, regañar, insultar, chupar, saborear, refunfuñar, vomitar, babear, masticar, toser, estornudar, gritar, morder y besar, y así sucesivamente. Por otro lado, es pícara por la sencilla razón de que se emplea hábilmente para el engaño y la simulación. Y por último es perversa, como lo atestiguan los artes amatorias, y las psicologías del chisme y la mentira, del insulto al prójimo, del rumor, y así por el estilo. Hay quienes la usan para respirar, cuando deben y cuando no.

La boca está ubicada en el tercio inferior de la cara, y es la parte inicial del tubo de la digestión que termina en el ano. Es preciso señalar que la boca es un órgano único, a diferencia de los que tenemos por pares tales como los ojos, los oídos, las fosas nasales, y varios más en el cuerpo. (2).

Esta cavidad está limitada por los labios en la zona inicial, y se encuentran alrededor de ella: el paladar y las mejillas en la parte superior, y el suelo bucal en el área inferior; y a su vez comunica con las amígdalas y la pared posterior, y con la faringe y la laringe; y a continuación, están los demás componentes del aparato de la digestión.

Igualmente contiene, la lengua, los dientes, y las glándulas salivares que segregan la saliva. Por su parte, la lengua dispone de aproximadamente tres mil de las llamadas papilas gustativas, las cuales detectan cuando algo que se encuentre dentro es salado, dulce, amargo, o agrio, y otras combinaciones; es necesario aclarar que en el sabor también es determinante el olor que percibimos (3).

Este orificio es tan importante, que hasta se emplea para indicar la posición del cuerpo y la distancia: boca abajo, boca arriba, a boca de jarro, etc.; de la misma manera, se usa el término para indicar el lugar por donde empieza algo, como: boca de riego, boca de puerto, boca de agua, boca de horno, y así por el estilo.

En nuestro idioma existen numerosas frases idiomáticas y refranes, tanto los formales así como también coloquiales y vulgares; que emplean ese vocablo: cerrar la boca, callarse la boca, de boca en boca, en boca cerrada no entran moscas, por la boca muere el pez, no abrir la boca, a pedir de boca, quedarse con la boca abierta, hablar por boca de otro, hacérsele la boca agua (a uno).... También hay ejemplos que se relacionan con ella, pero sin mencionar el término boca: los peces grandes se comen a los chicos, de esta agua no beberé, darle a la lengua, de los dientes hacia fuera, a regaña dientes, diente de ajo, diente de leche, dientes largos, hablar entre dientes, y muchos más. Relacionados con la fraseología, están de igual manera los sonidos guturales, las exclamaciones, las interjecciones, las onomatopeyas, los tacos, y muchas palabras cortas y expresivas. (4).

Pero la boca es capaz de comunicar sensaciones, ideas y sentimientos sin articular palabra alguna; y no sólo las personas, sino los animales incluidos; si vemos a un perro mostrando los dientes y gruñendo, hay que tener cuidado con el animal. (5). En cambio, si una chica saca la lengua y la pasa alrededor de los labios, señala con ese gesto que algo está bueno y que por lo tanto le gusta. No conviene olvidarse de la foto que muestra los labios carnosos de Marilyn, la cual se ha convertido en un estereotipo de mujer sensual; o la boca en forma de morro que pone el niño consentido al llorar. (6) Todo el mundo conoce la expresión de la boca triste y la de boca alegre, con los extremos de las comisuras de los labios hacia abajo, en el primer caso, y hacia arriba en el segundo. Si hacemos la división de la cara en dos mitades de forma vertical, y si juntamos dos mitades izquierdas iguales y lo mismo hacemos con las dos derechas, se podrá comprobar que prácticamente todas las caras y en particular las bocas, son asimétricas.

En algunos pueblos se apunta con la boca para señalar algo, en sustitución del dedo índice; y si ese mismo dedo se coloca verticalmente pegado a la boca, se reconoce internacionalmente como señal de silencio. En cambio, si uno junta la punta de los dedos y se los lleva a la boca, se puede interpretar ese gesto como comida o comer. En la isla de Gomera, los campesinos tienen un idioma silbado, usado para salvar las distancias.

Todas las gesticulaciones faciales se realizan empleando los músculos de ella, donde la musculatura se encuentra unida a la piel, al contrario que otras partes del cuerpo en las cuales los músculos están unidos a la estructura ósea. (7) De ahí surgen las arrugas en el rostro, de ese tira y afloja. Evidentemente que existen numerosos factores que matizan, retrasan o aceleran la aparición de los pliegues faciales, y en el caso que nos ocupa, alrededor de la boca; (8) por ejemplo, a ciertas personas les salen unos pliegues en forma de paréntesis, a ambos lados de la boca; son las arrugas secundarias de la risa y/o de la sonrisa. Hay otras que son numerosas y perpendiculares a la boca, tanto encima como debajo de ella, y son típicas de las mujeres con mucho temple y fortaleza de carácter. Otras arrugas aparecen a partir de los extremos de las comisuras de los labios horizontalmente, y otras hacia abajo verticalmente; las unas son típicas de las personas que se ven obligadas a tratar a otras con mucha frecuencia y ponerles "buena cara", como los dependientes, diplomáticos, vendedores, etc., y por ese motivo revelan hipocresía, cinismo, falsedad, y en el mejor de los casos diplomacia y cortesía; las otras aparecen en la gente amargada y apesadumbrada. Si el individuo está complacido y critica, le puede salir una arruga en diagonal a partir del extremo de la boca; también, significa ensimismamiento y locuacidad. No en vano se ha dicho que la boca demuestra lo que un sujeto ha logrado en la vida; lo cual hay que interpretar dejando un cierto margen por cuestiones de herencia.

Sin embargo, el hecho de vivir tiene también sus satisfacciones y se crean vínculos, como aquellos que desarrollan las hembras de los mamíferos con sus crías; me refiero a esa clase de animales vertebrados y con mamas que tienen en general una reproducción vivípara. En el caso específico del **Homo sapiens**, aparte de los latidos del corazón y del calor maternales, una de las relaciones más duraderas, vitales y satisfactorias se establece por la boca cuando la madre amamanta a su bebé. Todavía, en ciertas etnias, las mujeres alimentan a sus hijos pasándoles el alimento boca a boca.

Entre las notas diferenciadoras más importantes del ser humano, está su capacidad para el habla. El aire pasa a través de las cuerdas vocales y es matizado y modulado por la boca, incluyendo en especial a los dientes, la lengua y los labios. Sin embargo, al hablar se hace algo más que eso, ya que se revela al entendido, su estado de ánimo, su carácter y temperamento, su nivel cultural, e inclusive su coeficiente intelectual (cabe la posibilidad de analizar los gritos, exclamaciones, risas, llantos, bostezos, etc.; y las modulaciones de la voz con todas sus variantes como el tono, altura, volumen, pausas, ritmos y énfasis. También se estudia el lapsus linguae, los temblores, quiebra de la voz, etc.).

Los médicos no se quedan atrás al analizar la boca, ya que el mal olor que despide en algunos sujetos, conocido como halitosis, es una señal clara de problemas estomacales o de otra índole. El color de la lengua por igual, le da información extra al especialista; para el odontólogo, un cambio en el tono de cualquiera de las 28 piezas bucales (sin contar las muelas del juicio), engastadas en la mandíbula, señala una posible caries.

También se fija en las encías, en los desórdenes mandibulares, en los hábitos en el cepillado, en la limpieza e higiene de la boca, y así por el estilo.

Si bien el dentista trabaja para la boca, hay gente que vive de la boca directamente, como la gran mayoría de aquellos que tocan instrumentos de viento (salvo el órgano, el acordeón, el melodeón, el bandoneón y otros más, muy especializados, todos los demás se tocan con la boca); o los cantantes, vendedores callejeros, entre otros. (9) Mención aparte merecen los oradores y los políticos, quienes también se valen de la boca.

Hay quienes han incluido a la boca en sus teorías, como es el caso notorio de Sigmund Freud (10), quien sostenía que la libido, o apetito sexual, se descargaba por la boca y otros órganos. Además, decía que el superego (una creación suya), estaba representado por la sonrisa, y se esforzaba por la perfección moral. En el otro extremo estaba el id, que reflejaba el disgusto y era la fuente de las pasiones humanas e impulsos. Atrapado en medio estaba el ego, el cual trataba de mantener un equilibrio. La personalidad de uno venía a ser una lucha de estas tres fuerzas, cada una de ellas intentando dominar a las otras dos.

Quienes luchan de otra manera son los amantes. Se sabe que tanto la boca, así como también las demás zonas erógenas aumentan de tamaño y su color se vuelve más intenso, durante la excitación sexual. (11) La boca aquí juega un papel de primer orden para los besos, caricias y contactos oro–gentiles si los hubiese. (12).

Sin embargo, la apariencia de la boca tiene sus modificadores tanto naturales como artificiales, para vernos más atractivos en los casos en que tengamos control sobre la situación. La especie humana tiene los labios volteados hacia fuera, y esa particularidad se puede aumentar o disminuir, aparte de muchas otras cosas, con la cirugía estética; si nos fijamos en la inmensa mayoría de las bocas de los mamíferos, comprobaremos que cuando están cerradas se asemejan a una línea, a diferencia de los humanos. Aparte de las intervenciones quirúrgicas, los seres humanos acuden, en especial las mujeres, a otros procedimientos menos drásticos, como los polvos, el maquillaje, el carmín, etc., y en el caso específico del hombre puede jugar con el bigote, y así sucesivamente. Otros modificadores nos afean como podrían ser las cicatrices, las parálisis faciales, los labios leporinos, los dientes en posición incorrecta, y demás causas. Acerca de los lunares alrededor de la boca, se ha desarrollado todo un "arte" interpretativo, independientemente por supuesto, de aquellos que se hacen tatuar los lunares. También existen supersticiones tejidas a costa de la boca, como por ejemplo, cuando se afirma que las mujeres que sudan encima de los labios (donde los hombres tienen el bigote), son celosas, y así por el estilo. Lo que sí es cierto, es que aquellos que se crían respirando por la boca, sufren enfermedades y malformaciones de ella.

Empero, las sonrisas que esboza la boca pueden ser capciosas e insidiosas, y como ejemplos tenemos: la sonrisas de nerviosismo que ponemos ante una situación tensa, la de apertura de los canales de comunicación cuando se desea que alguien converse con uno, también está, la que empleamos para suavizar un mensaje que puede desagradar al otro, es decir, es una manera de intentar quedar bien; la sonrisa de disimulo en circunstancias embarazosas, la del cínico que más bien parece una mueca, por lo falsa que resulta; por otro lado, está aquella que se utiliza para apaciguar a un adversario superior y que tiene la capacidad de hacernos daño, y no nos olvidemos de la sonrisa enigmática, como aquella que exhibe la famosa Mona Lisa de Leonardo en el Museo del Louvre.

Evidentemente que la boca, es y tiene, muchísimas más particularidades que aquellas que hemos podido exponer, pero en definitiva pues, la boca es una de nuestras grandes "ventanas" de la percepción, por donde sale y entra información vitales, y se ingiere alimento; amén de su marcada importancia para la supervivencia de nuestra especie. Tanto así, que incluso el grito de alarma preferido de nuestra "tribu": ¡un ladrón, un ladrón, un ladrón....!, ha de ser esparcido obligatoriamente con, y por, la boca.

REFERENCIAS BIBLIOGRÁFICAS

(1) REVISTA: SCIENTIFIC AMERICAN. APRIL. 1991. Pág. 138.
(2) WARWICK and WILLIAMS. *GRAY'S ANATOMY*. SAUNDERS Co. PHILADELPHIA. 1992.
(3) REVISTA: DISCOVER. JUNE 1993. Pág. 75.
(4) *DICCIONARIO DE LA REAL ACADEMIA ESPAÑOLA.*
(5) IVÁN PAVLOV. *REFLEJOS CONDICIONADOS E INHIBICIONES*. PENÍNSULA. BARCELONA. 1967.
(6) MARK L. KNAPP. *LA COMUNICACIÓN NO VERBAL*. PAIDÓS. BARCELONA. 1982.
(7) TERRY LANDAU. *ABOUT FACES*. ANCHOR BOOKS. NEW YORK. U.S.A. 1989.
(8) FAUSTINO PÉREZ. *TEORÍA DE LA TOMA FOTOGRÁFICA*. CARLOS, S.A. STO. DGO. 1994.
(9) K. B. SANVED. *EL MUNDO DE LA MÚSICA*. ESPASA-CALPE. MADRID. 1962
(10) SIGMUND FREUD. *ENSAYOS SOBRE LA VIDA SEXUAL Y LA TEORÍA DE LAS NEUROSIS*. ALIANZA EDITORIAL. MADRID. 1967.
(11) W. H. MASTERS & V. E. JOHNSON. *HUMAN SEXUAL RESPONSE*. LITTLE, BROWN, BOSTON. 1966.
(12) *THE KAMA SUTRA of VATSAYANA*. PANTHER BOOK. LONDON. 1963.

SEGUNDA PARTE

SOBRE LAS GESTICULACIONES Y GESTEROS

RELACIÓN DE GESTOS INCLUIDOS

1. "**ABANICARSE**" CON LA PARTE INFERIOR–DELANTERA DE LA CAMISA
2. EL **ABRAZO** DE SALUDO
3. "SE **ACABÓ**" (TIPO A)
4. "SE **ACABÓ"** (TIPO B)
5. EL **ACICALAMIENTO** DEL PELO DE LA AMIGA
6. **ACUSANDO** CON ÍNDICE HACIA DELANTE
7. "**ADIÓS**"
8. ¿**ADIVINA** QUIÉN ES?
9. "**AHÍ** AHÍ"
10. "**AHÍ**"
11. "**ALABANZA** O SÚPLICA"
12. "**ALREDEDOR**"
13. "**ALLÁ**"
14. "**AMENAZA**"
15. "ES **ANCHA**"
16. **ANSIEDAD**
17. GOLPE DE **APLAUSO** PARA LLAMAR LA ATENCIÓN
18. EL **APRETÓN** DE MANOS COMO SALUDO
19. "¡NO TE **APURES**!"
20. "**AQUÍ**"
21. "**ARREPENTIMIENTO**"
22. "¡QUÉ **ASCO**!"
23. LLAMAR LA **ATENCIÓN**
24. "ES UN **AVIÓN**"
25. "MÚSICA" CON LAS **AXILAS**

26. "¿**BAILAS**?" (TIPO A)
27. "¿**BAILAS**?" (TIPO B)
28. "MÁS **BAJO**"
29. "¡QUÉ **BAJO**!" (VAHO)
30. "DOLOR DE **BARRIGA**"
31. EL **BESITO** DE SALUDO
32. "TIRAR **BESO**"
33. CERRAR LA **BOCA** CON LOS DEDOS
34. TAPARSE LA **BOCA** DE SORPRESA
35. LA SUBIDA DE LA **BRAGUETA** COMO REAFIRMACIÓN DE LA MASCULINIDAD
36. CUANDO LA **BRAGUETA** DE LA OTRA PERSONA ESTÁ ABIERTA
37. LOS **BRAZOS** CRUZADOS
38. "**BRECHERO**"
39. "¡QUÉ **BUENA** ESTOY!"
40. " 'TÁ **BUENA**"
41. "¡QUÉ **BUENO**!" (TIPO A)
42. "¡QUÉ **BUENO**!" (TIPO B)
43. "¡QUÉ **BUENO**!" (TIPO C)
44. "¡QUÉ **BUENO**/A!"
45. ELIMINAR EL "**CALAMBRE**" DEL OTRO SACUDIENDO LOS PANTALONES
46. "¡ESTÁ **CALIENTE**!"
47. "¡QUÉ **CALOR**!" (TIPO A)
48. "¡QUÉ **CALOR**!" (TIPO B)
49. "**CAMINANDO**"
50. FORMA DE **CAMINAR** DE LAS MUJERES
51. FORMA DE **CAMINAR** DEL "TÍGUERE"
52. "SOY UN **CAMPEÓN**"
53. "SOY EL **CAMPEÓN**"
54. "ÉTE Y UN **COJETE**"
55. "**COMIDA**" (TIPO A)
56. "**COMIDA**" (TIPO B)
57. "**COMPLICIDAD**"

158. "**NO**" (TIPO A)
159. "**NO**" (TIPO B)
160. "¡**NO** SÉ!"
161. "**ÑOÑITO**"
162. **OBSERVARSE** EL CUERPO/ROPA
163. "ES **OBVIO**"
164. "¡NO TE **OIGO**!"
165. LA "CORTADA" DE **OJOS**
166. "¡**OK**!"
167. "**ORANDO**"
168. PASAR LAS **PÁGINAS** CON SALIVA
169. "PASAR **PÁGINAS** PARA LA IZQUIERDA"
170. "HACERSE UNA **PAJA**"
171. "ES UN **PÁJARO**" (TIPO A)
172. "ES UN **PÁJARO**" (TIPO B)
173. **PALMADITAS** EN LA ESPALDA
174. **PALMADITAS** PARA LIMPIARSE LAS MANOS
175. CHOQUE DE **PALMAS** COMO SALUDO
176. "DAR UN **PALO**"
177. "SON **PANAS**" (TIPO A)
178. "SON **PANAS**" (TIPO B)
179. "SON **PANAS**" (TIPO C)
180. LOS DEDOS EN LA BOCA CAUSADO POR EL **PÁNICO**
181. CONTAR **PAPELETAS**/DINERO
182. "**PASE** USTED"
183. "**PATERNALISMO**"
184. "TE VOY A DAR UNA **PELA**"
185. **PELLIZCO** RÁPIDO EN LA BARRIGA/CINTURA COMO SALUDO GRACIOSO
186. **"UN PELLIZQUITO"**
187. **PERPLEJIDAD**
188. "AYUDANDO" A LOS **PERROS** PARA EVACUAR O DESPUÉS DEL COITO
189. "**PESAO**"
190. "TE VOY A **PICOTEAR**"

223. **TAPARSE** LA CARA POR EL SOL/PARA VER MEJOR
224. "**TECATO**"
225. "ES UN **TECATO**"
226. PEDIR **TIEMPO**
227. "DAR **TIJERAS**"
228. "¡QUÉ **TIRE**!"
229. **TODO**
230. EL **TOQUE** DE HOMBRO (BRAZO, ANTEBRAZO O PIERNA)
231. **TOQUE** JUGUETÓN EN EL HOMBRO COMO SALUDO
232. "UN **TRAGO**"
233. "LO **TRANCARON**"
234. "TIENE UN **TRUÑO**"
235. "**TUMBA** POLVO"
236. "**UEJE** UEJE"
237. "LO **ÚLTIMO**"
238. "**UNA** VÍA"
239. MIRARSE LAS **UÑAS** CON "REGALOS"
240. "¡**VENGAN**!"
241. "**VEN**"
242. "¡QUÉ **VERGÜEZA**!"
243. "**VETE**" (TIPO A)
244. "**VETE**" (TIPO B)
245. "LO **VI**"
246. **VOLTEAR** LA CABEZA POR DELEITE VISUAL O POR CURIOSIDAD
247. "**YES**"
248. "SOY **YO**"
249. "**YO** SÉ"
250. "¡**ZAFA**!"

DICCIONARIO DE GESTOS DOMINICANOS

1 "ABANICARSE" CON LA PARTE INFERIOR-DELANTERA DE LA CAMISA

ANTECEDENTES Y DESCRIPCIÓN: Este gesto, podría catalogarse entre los funcionales, que pretenden aliviar el calor que siente el sujeto. La persona afectada toma por los lados, la parte de abajo–delantera de su camisa, y se "abanica" hacia arriba con ella.

Evidentemente, que se trata de una mímica de mal gusto, impropia de ciertos ambientes.

CINETISMO: El movimiento consiste en la subida de la camisa hacia la cara, y a su vez, el rostro se inclina hacia adelante para facilitar la labor.

REPETICIÓN: Se hace tres o cuatro veces, más o menos; aunque, algunas personas que están "desesperadas" por el calor, repiten el gesto cada cierto tiempo.

VOCALIZACIÓN INVOLUCRADA: Se dice cualquier frase, expresión o exclamación referente a las altas temperaturas. En ocasiones, no se dice nada.

SIGNIFICADO(S) SECUNDARIO(S): Algunos sujetos realizan este gesto para disimular o para pasar desapercibidos; o bien, para no ser reconocidos, y así por el estilo.

SEXO DEL PRACTICANTE: Principalmente los hombres.

2 EL ABRAZO DE SALUDO

ANTECEDENTES Y DESCRIPCIÓN: Desde un punto de vista comparativo, a nivel mundial, este es un pueblo donde se producen muchos contactos físicos, entre las personas, en el ámbito social. Dentro de ese contexto, ocurre el típico abrazo, como muestra efusiva de afecto, entre sujetos que se conocen.

Normalmente, el brazo derecho, de cada uno de los dos participantes, pasa por encima del hombro izquierdo del otro, y se dan las correspondientes palmaditas en la espalda de cada uno de ellos. En tanto, el brazo izquierdo, entra por debajo del brazo derecho del otro, y con la mano izquierda, también, se dan palmaditas.

Normalmente, las caras expresan alegría, a menos, que sea una ocasión triste.

CINETISMO: El movimiento es casi dramático, al ser dos cuerpos que se aproximan, y la colocación de los brazos y de las manos, resulta algo perfectamente coreografiado. Hay gente que abraza de un lado o de otro.

REPETICIÓN: El abrazo en sí, se hace una sola vez, normalmente; sin embargo, las palmaditas se repiten tres o cuatro veces. Algunas personas propinan las palmaditas con una fuerza apreciable, lo cual contribuye a que sean más audibles.

En ciertos casos excepcionales, se repite el abrazo, como despedida del saludo inicial.

VOCALIZACIÓN INVOLUCRADA: Siempre se trata de una expresión de alegría, a menos, que sea un pésame o algo triste. En el saludo cordial, se suelen incluir exclamaciones de todo tipo, y muchas veces, la mención del nombre en tono amistoso, del amigo.

SIGNIFICADO(S) SECUNDARIO(S): No hemos encontrado ningún otro, aunque, es preciso aclarar que existen abrazos protocolarios, abrazos adulones, abrazos hipócritas, y toda una serie de ellos. A veces, después de las palmaditas iniciales, se dan otras de impaciencia, para interrumpir el abrazo, y para despedirse.

SEXO DEL PRACTICANTE: Mayoritariamente los hombres. Esto tiene una explicación antropológica, porque el abrazo sirve para comprobar y verificar, la fortaleza y la salud del posible contrincante, o adversario en potencia, aunque, aparentemente, no lo sea en ese momento.

También, ocurre entre sexos contrarios, cuando existen vínculos fuertes de amistad o de parentesco; y no olvidemos al amor, que puede causar un abrazo íntimo o prolongado.

3 "SE ACABÓ", "SE TERMINÓ", "NO SÉ NADA", "NADA", "NO VA", "ESTÁ LISTO", "YA", "YA ESTÁ BUENO", "YA NO MÁS"

ANTECEDENTES Y DESCRIPCIÓN: Este es un gesto muy pragmático, con el cual se comunica que algo ha terminado; es decir, que se trata de una mímica funcional.

Se practica con ambas manos, casi totalmente abiertas, girándolas simultáneamente hacia fuera, con las palmas hacia abajo, o sea, que se doblan un tanto las muñecas hacia los lados. La expresión facial denota una especie de resignación, de pena o de cansancio, etc., según el caso. Los codos forman un ángulo de noventa grados aproximadamente.

CINETISMO: Se trata de un giro de la mano, bastante sencillo, un poco más rápido de lo habitual.

REPETICIÓN: Basta con una sola vez.

VOCALIZACIÓN INVOLUCRADA: Cualquiera de las que aparecen arriba, o algo similar. A veces, no se dice nada, o se opina algo referente al hecho en cuestión.

SIGNIFICADO(S) SECUNDARIO(S): Por extensión, también, puede referirse al final de una vida, o de un gobierno, etc.; esto significa, que la mayoría de las veces se trata de algo relacionado con el significado básico.

En determinados casos puede significar, además: "me aparto", "me lavo las manos", "no hay problema", "tranquilo", "quieto".

SEXO DEL PRACTICANTE: Cualquiera lo puede hacer.

4 "SE ACABÓ, "YA TERMINÉ", "YA ESTÁ LISTO", "CONCLUÍ", "FINALICÉ"

ANTECEDENTES Y DESCRIPCIÓN: Al realizar un trabajo

pesado, es normal que las manos se ensucien, con el polvo, grasa, etc. Por ese motivo, es muy probable, que el gesto de sacudirse las manos al finalizar una tarea, surgió de una situación similar.

Esta mímica es muy sencilla, ya que consiste en sacudirse el "polvo" inexistente o existente, de las manos, alternando el ángulo y la función de cada mano, de tal suerte, que la que está arriba "limpia" la que está debajo, y luego se invierten los papeles.

Una variante importante consiste en golpear las falanges externa de una mano con la interna de la otra mano, alternando el movimiento, y con las manos, con las palmas hacia el ejecutante en posición horizontal.

CINETISMO: Lo esencial es el movimiento de las manos.

REPETICIÓN: Se hace tres o cuatro veces, más o menos.

VOCALIZACIÓN INVOLUCRADA: Normalmente, se dice algo igual o parecido, a las frases del encabezado. En ocasiones, no se dice nada.

SIGNIFICADO(S) SECUNDARIO(S): También, puede referirse a cosas o situaciones intangibles, como podría ser, el terminar una relación, etc. Es evidente, que en esta acepción se trata de una extensión del significado original.

SEXO DEL PRACTICANTE: Probablemente, lo hagan más los hombres.

5 EL ACICALAMIENTO DEL PELO DE LA AMIGA

ANTECEDENTES Y DESCRIPCIÓN: Como una muestra de amistad, halago, cariño, admiración y/o sensibilidad, se hace este gesto delicado.

Se practica entre amigas, cuando existen muchos vínculos de amistad, o entre madres e hijas.

Después del saludo inicial o durante una conversación normal, se procede a acicalar el cabello de la otra, tocándolo, o arreglándole el peinado, a la amiga, hija o madre.

CINETISMO: El movimiento consiste en la labor de acicalamiento, el cual puede ser más o menos detallista y elaborado; o bien, algo muy simple.

REPETICIÓN: Es muy variable, ya que fluctúa desde arreglarle un rizo a la otra, que dura breves segundos; hasta pasarse algunos minutos en la labor.

VOCALIZACIÓN INVOLUCRADA: Lo habitual es que se practique durante una conversación casual; y de la misma manera, se puede hacer un comentario acerca del pelo de quien recibe la atención.

SIGNIFICADO(S) SECUNDARIO(S): Es un arma que también, está a la disposición de las lesbianas; lo cual implica que se practique con otros fines.

SEXO DEL PRACTICANTE: Exclusivamente femenino.

6 ACUSANDO CON ÍNDICE HACIA ADELANTE/ PUYAR/ TENER RELACIONES SEXUALES/ MASTURBACIÓN FEMENINA.

ANTECEDENTES Y DESCRIPCIÓN: Qué duda cabe de que el dedo índice es muy polifacético y/o que interviene en una gran cantidad de gestos.

En este caso se potencia la acción natural de señalar que se exhibe desde la infancia, para convertir al índice en un instrumento de acusación.

La variación consiste en apuntar con el índice, empero, ahora se retrocede con él, y se "lanza" de nuevo hacia delante; o sea, que se hace un vaivén en un plano casi horizontal e imaginario, siempre y cuando se está a un mismo nivel. Esto implica, que la inclinación del dedo puede cambiar dependiendo del lugar donde se encuentre el "acusado". Casi siempre se ejecuta a la altura del pecho.

A veces, se le "pincha" al interlocutor con el dedo, en tanto se le recrimina.

CINETISMO: Se trata del movimiento del índice hacia delante y hacia atrás; aparte, de lo que se pueda expresar con la cara en general, y en particular con la boca.

REPETICIÓN: Está en función de lo que dure la acusación o descripción, ya que el índice sirve de reforzador del habla.

VOCALIZACIÓN INVOLUCRADA: Lo típico es que sea la acusación o la recriminación, o bien, la narración.

SIGNIFICADO(S) SECUNDARIO(S): Cabe la posibilidad de emplear esta mímica para provocar, en especial, cuando se "pincha" con la punta del dedo a la otra persona. Las mujeres prefieren los hombros o el pecho de los hombres, para los "pinchazos".

Un gesto parecido lo hacen las mujeres, principalmente para indicar "puyar", o sea, el tener relaciones sexuales. Si se ejecuta hacia el aparato genital con el dedo doblado, puede significar masturbación, también.

SEXO DEL PRACTICANTE: Ambos sexos.

7 "ADIÓS", ¡"ABUR ABUR!", "¡BA BAI!", "HASTA LUEGO", "NOS VEMOS"

ANTECEDENTES Y DESCRIPCIÓN: Una necesidad social como es el decir adiós, tiene muchas variantes en el mundo. La versión dominicana no difiere casi nada, de la de los otros países del área.

Básicamente, se levanta el brazo derecho, con la mano en posición diagonal, con respecto una vertical imaginaria, y con la palma hacia delante/abajo, entonces, se hace un movimiento hacia ambos lados, empleando el antebrazo y la muñeca, y sacudiendo, un poco, la mano. Los niños suelen hacerlo moviendo la mano hacia arriba y hacia abajo.

CINETISMO: Es un movimiento hacia ambos lados, hecho de forma rítmica.

REPETICIÓN: Lo más corriente, es que se haga cuatro o cinco veces, dependiendo de la efusividad.

VOCALIZACIÓN INVOLUCRADA: Cualquiera de las que aparece en la cabecera, o alguna otra similar. En ciertas ocasiones, no se dice nada. Hay personas, que inclusive, saludan a otra, mientras terminan aquello que está conversando con un interlocutor.

SIGNIFICADO(S) SECUNDARIO(S): En algunas ocasiones, y por añadidura, se puede hacer el gesto, para dejar sobreentendido que se tiene prisas, en ese momento, o sea, que no se dispone de tiempo para detenerse a conversar.

SEXO DEL PRACTICANTE: Este es un gesto muy corriente, que lo hace todo el mundo.

8 ¿ADIVINA QUIÉN ES?

ANTECEDENTES Y DESCRIPCIÓN: Este es un gesto en forma de juego inocente, el cual consta de dos fases: Primeramente, alguien se acerca por detrás sin ser visto/a, y le cubre la cara a otra persona con quien se tiene la suficiente confianza. A continuación, el/la que tiene el rostro cubierto, intenta adivinar el nombre del amigo/a que se lo está tapando, obteniendo información a base del tacto.

De esta manera, le toca las manos, y la cabeza si puede, y empieza a mencionar los posibles amigos/as capaces de hacer esto, de acuerdo con su percepción. Después de unos breves minutos, o se es capaz de decir de quién se trata, o bien, la persona se rinde y se le permite ver al/a la ejecutante del juego. Una vez despejada la incognita, viene el saludo amistoso normal.

CINETISMO: Además de cubrirle la cara a la otra persona, esta última intenta averiguar el nombre de la otra, empleando el tacto, es decir, que mueve sus manos en casi todas las direcciones.

REPETICIÓN: No se repite, sin embargo, dura hasta que se llegue al desenlace final.

VOCALIZACIÓN INVOLUCRADA: En principio, quien inicia el juego gestual, no dice nada, y la "víctima" es quien aventura los nombres. Al final todo se define.

SIGNIFICADO(S) SECUNDARIO(S): Aparentemente, no hay ningún otro, aunque, puedan existir motivaciones ocultas subyacentes.

SEXO DEL PRACTICANTE: Lo hacen más las mujeres.

9 "AHÍ AHÍ", "REGULAR", "ENTRE DOS", "ENTRE LUCA Y JUAN MEJÍA", "ASÍ ASÍ", "QUIZÁS", "TIRANDO", "MÁS O MENOS", "PUEDE SER", "UN TENTE AHÍ", "NI MALO NI BUENO", "NI MAL NI BIEN", "YA TÚ VES", " 'TÁ APRETAO", "QUÉ QUIERES QUE TE DIGA", " 'TÁ FLOJA LA COSA".

ANTECEDENTES Y DESCRIPCIÓN: Esta mímica imita algo que se balancea, y que por lo tanto no ha encontrado su punto de equilibrio o estabilidad. Por otro lado, simboliza el fatalismo que tanto abunda en nuestra sociedad.

Para hacerlo, se balancea la mano hacia los lados, con los dedos juntos casi, y hacia adelante, sin ninguna clase de rigidez. Para iniciarlo, la palma se mantiene hacia abajo, pero, no perfectamente paralela al suelo, sino, más bien ladeada hacia la derecha del ejecutante. El codo forma un ángulo de noventa grados, más o menos.

CINETISMO: Una vez colocado el brazo, el movimiento corresponde a la mano y a la muñeca, conjuntamente con el antebrazo. Es un balanceo con bastante nerviosismo.

REPETICIÓN: El balanceo se hace tres o cuatro veces, con relativa rapidez.

VOCALIZACIÓN INVOLUCRADA: Se emplea con mucha frecuencia para la respuestas o como parte de una narración. Se utilizan frases como las del encabezado, o similares.

SIGNIFICADO(S) SECUNDARIO(S): Algunas personas utilizan este gesto para expresar que hay algo inacabado, o que se encuentra a medias.

Se usa mucho para la salud y para la suerte.
SEXO DEL PRACTICANTE: Ambos sexos.

10 "AHÍ", "MÍRALO AHÍ", "ESE", "CHEQUÉALO", "SEÑALAR A ALGUIEN/ALGO", "TÚ MISMO ERES", "ERES TÚ".

ANTECEDENTES Y DESCRIPCIÓN: Está mímica pertenece al inventario de gesticulaciones primitivas, que aún perduran entre nosotros.

En este caso se emplean los labios para señalar, poniendo la boca en forma de morro. Se usa mucho para contestar preguntas relacionadas con el espacio, por ejemplo, al preguntar: "dónde está", el interlocutor hace el gesto, apuntando hacia el objeto, e incluso, hacia una persona. Sin embargo, conviene aclarar, que si bien son sólo los labios los que apuntan, los que realmente "señalan" son los ojos.

CINETISMO: Es un gesto muy facial, con la boca como protagonista, y los ojos en un segundo lugar aparente.

REPETICIÓN: Se acostumbra a hacer dos o tres veces.

VOCALIZACIÓN INVOLUCRADA: Prácticamente ninguna, debido a que precisamente este gesto sirve para no tener que hablar, es decir, que sustituye casi completamente a la vocalización. Si acaso se dice algo, sería una redundancia, empero, vendría a ser algo igual o parecido a las frases que aparecen en el encabezado.

SIGNIFICADO(S) SECUNDARIO(S): Puede confundirse fácilmente con el lanzamiento de un beso, si se realiza fuera de contexto.

SEXO DEL PRACTICANTE: Lo hacen más las mujeres que los hombres.

11 "ALABANZA O SÚPLICA", "¡GRACIAS SEÑOR!", "¡ESTO SÍ ES GRANDE!", "¡AY DIOS MÍO!".

ANTECEDENTES Y DESCRIPCIÓN: Como se supone que Dios está en los cielos, por parte de los creyentes, cuando se implora, suplica, alaba, etc., las miradas se dirigen hacia el infinito; y las manos, con las que se espera "recibir" lo suplicado, también juegan su papel en su posición receptiva.

En consonancia con lo anterior, los brazos se extienden y se colocan en un ademán intermedio entre el frente del cuerpo y los lados. Las palmas se ponen boca arriba y la vista se dirige hacia lo alto. Algunas personas colocan las manos a la altura del pecho, sin embargo, otras las suben al nivel de la cabeza; de todas formas, la gran mayoría las posicionan en una postura intermedia.

CINETISMO: Apenas hay movimiento, salvo, la colocación de los brazos.

REPETICIÓN: Al ser un gesto muy estático, una vez alcanzada la posición, los brazos permanecen sin ningún tipo movimiento durante minutos, normalmente.

VOCALIZACIÓN INVOLUCRADA: Las que se producen son las típicas de alguien que está implorando o alabando.

SIGNIFICADO(S) SECUNDARIO(S): A veces, se usa para desafiar o para espetar algo; empero, habitualmente se ejecuta con un solo brazo. Se emplea además para pedir clemencia y misericordia, o bien, el ser perdonado, en situaciones de peligro o de emergencia, pero, con ambos brazos esta vez. Hay personas que lo emplean para expresar un alivio, lo cual viene a ser como un "¡por fin!" gestual. La duración varía mucho.

SEXO DEL PRACTICANTE: En el sentido original, se trata de un ademán genuinamente femenino. En cuanto a los otros significados se refiere, para desafiar, por ejemplo, lo usan más los hombres, y en los demás significados lo practican ambos sexos.

12 "ALREDEDOR", "POR LOS ALREDEDORES", "POR AQUÍ", "POR LAS CERCANÍAS"

ANTECEDENTES Y DESCRIPCIÓN: Esta es otra de las gesticulaciones directas que copian de la realidad.

Se practica levantando el dedo índice derecho hacia arriba, y se traza con él, un círculo imaginario horizontal en el aire, a la altura del cuello, más o menos. El ángulo que forma el codo es inferior a los noventa grados.

CINETISMO: Una vez colocada la mano, el movimiento consiste en el círculo aéreo. Siempre el giro del círculo va hacia la derecha del ejecutante.

REPETICIÓN: Se repite un par de veces, aproximadamente.

VOCALIZACIÓN INVOLUCRADA: Se acostumbra a decir algo igual o parecido a lo que pone el encabezado. Cuando se hace como señal o como orden, no se suele decir nada.

SIGNIFICADO(S) SECUNDARIO(S): Hay personas que lo utilizan para significar: "dar vueltas", "estar perdido", "estar mareado", y así por el estilo.

SEXO DEL PRACTICANTE: Los dos sexos.

13 "ALLÁ", "POR ALLÁ", "MÍRALO", "MIRA DONE ESTA", "AHÍ ESTA", "ESE ES"

ANTECEDENTES Y DESCRIPCIÓN: Es posible, que este ademán se derive de aquel que emplea al índice para señalar y para indicar: aunque, no hay que descartar, tampoco, la incidencia de otros gestos. No obstante, esta mímica posee personalidad propia.

Para realizarlo, se extiende el brazo derecho hacia delante, con los dedos juntos lateralmente, y la palma hacia la izquierda, ligeramente ladeada, todo ello a la altura de la cabeza, más o menos.

CINETISMO: Salvo la colocación de la mano, no existe ningún otro movimiento involucrado. A veces, se mueve un poco al brazo, para darle un cierto énfasis al gesto.

REPETICIÓN: No se produce, ya que simplemente, se ejecuta y se mantiene durante breves instantes.

VOCALIZACIÓN INVOLUCRADA: Dependiendo del sentido. Por ese motivo, varía, desde cualquiera de las frases que aparecen arriba, hasta algún epíteto, palabrota o nombre de pila, por poner unos ejemplos. También caben exclamaciones, onomatopeyas, y otras frases enfatizadas.

SIGNIFICADO(S) SECUNDARIO(S): Se utiliza algo parecido, a este gesto, cuando se está argumentando una idea. Sirve, además, para expresar sorpresa, alivio, etc., por haber encontrado a alguien/algo.

SEXO DEL PRACTICANTE: Mayoritariamente masculino.

14 "AMENAZA", "INTIMIDACIÓN", "ELIMINACIÓN", "TE VOY A MATAR", "MACHETAZO".

ANTECEDENTES Y DESCRIPCIÓN: Este gesto sirve para amedrentar, o bien, para expresar una agresión, a base del empleo gestual del cuello como área vulnerable del cuerpo, propicia para degollar a alguien.

Existen dos maneras básicas de ejecutarlo:

a) Empleando el borde externo de la mano "cortando" el cuello sobre la yugular, y con la palma aproximadamente hacia abajo.

b) "Seccionando" el cuello con el borde interior de la mano, o con el índice, sobre la nuez de Adán.

CINETISMO: El movimiento es fluido y contínuo, a menos, que se haga a base de "golpecitos", con el "arma" representada por la mano, evidentemente.

REPETICIÓN: En la variante a), a veces, se dan dos o tres "golpecitos", y en el caso b), se emplea más la forma contínua.

VOCALIZACIÓN INVOLUCRADA: Cualquiera de las expuestas en el encabezado, o alguna otra similar.

SIGNIFICADO(S) SECUNDARIO(S): Puede expresar lo que se conoce coloquialmente como "la serruchadera de palo", es decir, las secuelas negativas de la intriga, y otras malas artes.

Se lo usa, igualmente, para indicar un dolor en el cuello, o el cansancio, fatiga o abatimiento, etc., o que alguien "se embromó".

SEXO DEL PRACTICANTE: Lo emplean en mayor medida los hombres.

15 "ES ANCHA", "ES ESTRECHA"

ANTECEDENTES Y DESCRIPCIÓN: No es que sea un gesto, precisamente contradictorio, sino, que sencillamente el significado varía, dependiendo de la apertura del orificio, que se forma haciendo una especie de círculo con el pulgar y el índice, a la altura del pecho. Evidentemente, que se trata de un símil que representa a la vagina. La posición de la mano puede variar ya que cabe la posibilidad de que el círculo quede hacia adelante o hacia atrás, o en alguna posición intermedia.

Este gesto obedece a la creencia popular, de que una mujer tiene que ser "estrecha" para poder proporcionar placer de tipo sexual en grado superlativo; sin tener en cuenta, que todo es relativo, y además, depende de con quién se junte.

Es un gesto comparativamente nuevo, que aún no está muy difundido, por ese motivo, su interpretación depende mucho del contexto.

CINETISMO: Únicamente, se realiza el "círculo" con los dos dedos.

REPETICIÓN: El gesto se hace, y se mantiene durante unos pocos segundos.

VOCALIZACIÓN INVOLUCRADA: Lo habitual es que se ejecute el gesto, en tanto, se alaba o se desacredita a la pareja. Además, se usa mucho para narrar, como es de suponer.

SIGNIFICADO(S) SECUNDARIO(S): Se puede aplicar a cualquier cosa o circunstancia, desde un estreñimiento hasta una mente "cerrada", y así por el estilo. De la misma manera, sirve para expresar que algo está "vacío" o "lleno".

SEXO DEL PRACTICANTE: Es un gesto típico masculino, aunque, no exclusivo, dependiendo del contexto.

16 ANSIEDAD/ABURRIMIENTO/LLAMAR LA ATENCIÓN/ PENSATIVO/ NERVIOSISMO/ IMPACIENCIA/ OCIO/ VAGANCIA/ TRANQUILIDAD/ RELAX/ DESAFÍO, "PARA QUE LO SEPAS", "TÁ COOL", "BACANERÍA"

ANTECEDENTES Y DESCRIPCIÓN: Este es uno de los gestos más complejos, en cuanto a su ejecución se refiere, dentro de la gestualidad dominicana. Tiene tres fases principales perfectamente diferenciadas: Se inicia con los brazos semi–extendidos hacia fuera, claramente por debajo de la horizontal de los hombros, luego, se hace un chasquido repetido con los dedos siguiendo una "coreografía" predeterminada, y al final se golpea la palma izquierda con la parte superior de la derecha semi–cerrada, con lo cual se completa el ciclo. A veces, se simplifica y no se realizan los chasquidos intermedios.

En ciertas regiones del Brasil se interpreta como una invitación al sexo; aquí, en cambio, se relaciona más con la espera previa a la posible conquista amorosa. En muchas ocasiones el sujeto masculino se recuesta de una pared o de un poste, con uno de los pies hacia atrás, plantado en su soporte. La huella que deja el zapato se podría interpretar como una manera antropológica de "delimitación del territorio". En la medida en la cual se incrementa la conquista amorosa desde los vehículos, en esa misma proporción está cayendo en desuso este gesto.

CINETISMO: Tiene una gran movilidad y abarca un gran espacio en el giro.

REPETICIÓN: Debido a su complejidad, no es posible practicarlo muchas veces sin que los dedos se cansen. Una serie típica constaría de tres a cinco repeticiones.

VOCALIZACIÓN INVOLUCRADA: Normalmente no hay ninguna que destacar, aunque, algunos sujetos silban o cantan durante la espera. La cara suele estar alerta, con los ojos oteando el horizonte.

SIGNIFICADO(S) SECUNDARIO(S): Aparte de los expresados en el encabezado, puede significar que el sujeto no tiene nada que hacer, o que se encuentra en un compás de espera. Este gesto es muy antagónico, y normalmente no se tiene conciencia de lo que se está expresando. En la interpretación hay que tener muy en cuenta el entorno. A veces se emplean de forma simplificada, para expresar alegría.

Es muy interesante el tratamiento que el dominicano le da al tiempo, ya que lo típico es que lo desperdicie en cosa secundaria e irrelevantes; y que luego diga que no tiene tiempo para los asuntos que son importante y primordiales; inclusive, muchas veces no tienen conciencia de lo que fundamental y de lo que es secundario.(*)

SEXO DEL PRACTICANTE: Casi exclusivamente masculino. Hay mujeres que lo ejecutan de forma simplificada, hasta para llamar la atención, o bien, de una forma alegre y desenfadada.

17 GOLPE DE APLAUSO PARA LLAMAR LA ATENCIÓN/PARA MOSTRAR APRECIACIÓN

ANTECEDENTES Y DESCRIPCIÓN: El gesto de batir las palmas, tiene cuatro finalidades básicas:

a) Sirve para mostrar apreciación por algo.

b) Se lo usa para reciprocar el aplauso ajeno dedicado a uno.

c) Cuando es algo brusco, puede significar un "basta ya", un "por fin", o cualquier otra idea parecida.

(*) FAUSTINO PÉREZ: "*DESPREOCÚPATE QUE LO TUYO ESTÁ CAMINANDO*": LISTÍN DIARIO. 27 MARZO 1999.

d) También, se emplea para llamar la atención, por ejemplo, a un camarero, a un dependiente, etc. En esta variante, el gesto suele hacerse con mucha estridencia, energía y aparatosidad.

CINETISMO: Es preciso destacar, que el movimiento de batir las palmas, tiene numerosas variantes, e inclusive, varía el sonido, de hecho. Como ejemplos, podemos destacar: aquellos que golpean con ambas manos en el centro, a la altura del pecho; otros percuten con la palma derecha encima de la izquierda y viceversa; por otro lado, están los que aplauden con las manos muy abiertas; y los que suben la izquierda hacia la derecha inmóvil con la palma hacia abajo, o lo contrario, y así por el estilo.

REPETICIÓN: Dependiendo de la función, y de la intención y/o satisfacción, puede fluctuar, desde dos o tres veces, hasta varios minutos.

VOCALIZACIÓN INVOLUCRADA: También varía muchísimo, dependiendo de la intención, desde un "bravo" de apreciación (caso a), hasta dar las gracias (caso b), pasando por una palabrota o una exclamación (caso c), o bien, llamar a un camarero por su nombre de pila, con el pedido a continuación (caso d), y así sucesivamente.

SIGNIFICADO(S) SECUNDARIO(S): Aparte de los que aparecen arriba, no hemos encontrado ningún otro.

SEXO DEL PRACTICANTE: Es un gesto universal.

18 EL APRETÓN DE MANOS COMO SALUDO

ANTECEDENTES Y DESCRIPCIÓN: Este es el típico saludo occidental, diferente de la reverencia japonesa, o del saludo árabe, por poner dos ejemplos, entre otros muchos.

Se especula con que el apretón de manos, surgió en Europa, como una manera de demostrarle al posible rival que no tenía nada que temer, ya que la mano que empleaba para empuñar el sable, daga o espada, etc., era la que se "ofrecía" a la otra persona; es decir, que era una señal de buena voluntad, en la época de los caballeros andantes.

Hoy en día, se ha convertido en una costumbre; sin embargo, el apretón de manos puede convertirse en todo un arte, ya que la intensidad, la inclinación de la mano, la duración del apretón y la confianza/desconfianza mostrada, pueden variar muchísimo.

Además, la mano izquierda, también, puede jugar su papel, sujetando el codo de la otra persona, tocando su hombro o antebrazo, cubriendo la mano del otro sujeto, dando palmaditas en la mano del saludado, y así por el estilo. La palma derecha mira hacia la izquierda, en el saludo estándar.

CINETISMO: Es un gesto directo, con el que ambas personas se aproximan de frente, y colocan, en principio, la mano derecha con los dedos primero; luego entrecruzan las manos y se propinan un apretón

REPETICIÓN: Habitualmente, se aprieta una sola vez; aunque, en ciertas ocasiones de estrecha amistad, de solemnidad o de algún interés sentimental, se mantiene la sujeción durante un cierto tiempo.

VOCALIZACIÓN INVOLUCRADA: La normal es que se salude oralmente al interlocutor social, mientras, se estrecha su mano.

SIGNIFICADO(S) SECUNDARIO(S): En determinados compromisos sociales, se da la mano a regañadientes, para salvar las apariencias, o por motivos protocolarios, etc.

SEXO DEL PRACTICANTE: Es un gesto universal, practicado en todo el mundo occidental y en gran parte del resto

19 "¡NO TE APURES!", "¡NO TE PREOCUPES!"

ANTECEDENTES Y DESCRIPCIÓN: Esta mímica es muy parecida a otra que se refiere al concepto de "ir despacio", de "frenar", etc.

La diferencia estriba en que en este caso se simplifica; y sobre todo, el tono de voz y el rostro son muy diferentes, para expresar el mensaje de una posible venganza, pero, sin tomárselo muy en serio.

Para realizar este gesto, se levanta la mano derecha, entonces, se coloca a la altura del pecho en diagonal, con la palma, más o menos, hacia el interlocutor, y se mueve un poco, hacia delante y hacia atrás, varias veces. Los dedos permanecen un poco doblados.

CINETISMO: Sólo la colocación de la mano, el leve movimiento de ella, y la sonrisa cómplice esbozada en el rostro.

REPETICIÓN: El movimiento ligero con la mano, se hace dos o tres veces, aproximadamente.

VOCALIZACIÓN INVOLUCRADA: Las frases que aparecen arriba, son las que ya están estereotipadas, con su tono muy particular. Sin embargo, también, se puede decir cualquier otra cosa que se refiera al tema, o incluso, permanecer en silencio.

SIGNIFICADO(S) SECUNDARIO(S): Lo que puede variar es el motivo del enfado simulado y en broma.

SEXO DEL PRACTICANTE: Cualquiera de los dos.

20 "AQUÍ", "AHORA", "HOY", "AHORA MISMO", "EN ESTE LUGAR"

ANTECEDENTES Y DESCRIPCIÓN: Este es un gesto muy difundido, el cual llena la necesidad vital de todo ser humano, de saber dónde se encuentra. Es una manera gestual de reafirmar el lugar del espacio dónde se está, en un momento dado; por este motivo, también, se usa para el tiempo.

Ahora bien, este ademán tiene varios matices, empero, el más usual es aquel que apunta hacia el suelo con ambos índices, con el brazo semi–extendido hacia adelante, y con los dedos que apuntan hacia abajo, en primer plano con respecto al interlocutor.

CINETISMO: Las manos se mueven rítmicamente hacia arriba y hacia abajo, con los dedos índices señalando el suelo. Esto implica que lo que más se mueven son las muñecas.

REPETICIÓN: El movimiento se repite tres veces, aproximadamente. Cuando se ejecuta una sola vez, se pone más énfasis. En otras ocasiones, se emplea únicamente una mano.

VOCALIZACIÓN INVOLUCRADA: Ninguna en específico, pero, siempre refiriéndose al espacio/tiempo, como podría ser alguna del encabezado, o similar.

SIGNIFICADO(S) SECUNDARIO(S): Se emplea, también, para recalcar algo que se esté diciendo; o bien, para señalar un nivel inferior o una dirección, hacia abajo.

SEXO DEL PRACTICANTE: Cualquier sexo.

21 "ARREPENTIMIENTO", "SÚPLICA", "INVOCACIÓN", "GOLPES DE PECHO"

ANTECEDENTES Y DESCRIPCIÓN: Seguramente, esta gesticulación tiene su origen en determinados rituales religiosos. El gesto consiste en golpearse el pecho, repetidas veces, con el puño, colocado de tal forma, que los nudillos queden hacia fuera. La intensidad del golpe puede variar muchísimo.

La mirada es de súplica, de arrepentimiento, de contrición, o con cara de implorar, etc.

CINETISMO: El movimiento consiste en el golpeo del pecho, repetido y firme; aparte, de la expresión facial, incluyendo, a la mirada.

REPETICIÓN: Se realiza tres o cuatro veces, a menos, que sea parte de un rito religioso, en cuyo caso se repite mientras lo exija el ritual.

VOCALIZACIÓN INVOLUCRADA: Lo más normal es que se vocalice el motivo de la súplica, o bien, que se pida perdón, por el mal hecho. Es muy frecuente, que se invoque a Dios, en tanto, se ejecuta el gesto.

SIGNIFICADO(S) SECUNDARIO(S): Hay personas que se golpean el pecho, como reafirmación de su ego; o de la misma manera, para dramatizar la narración.

Cabe la posibilidad de que se haga el gesto por pura hipocresía, o por ambición personal.

SEXO DEL PRACTICANTE: Lo ejecutan con mayor frecuencia, las mujeres.

22 "¡QUÉ ASCO!", "¡CHE!", "¡QUÉ ASQUEROSIDAD!"

ANTECEDENTES Y DESCRIPCIÓN: Cuando hay algo que produce mucho asco, puede provocar esta mímica.

Por una parte, el sujeto se cubre la cara, lo cual se interpreta como que la persona afectada no quiere ver algo desagradable; y por otro lado, pone una cara de disgusto, similar a la que se tiene cuando se come algo que no gusta en absoluto.

CINETISMO: Solamente, las manos en la cara y la boca de disgusto.

REPETICIÓN: No se produce, pero, se mantiene durante breves momentos.

VOCALIZACIÓN INVOLUCRADA: Se utiliza cualquier frase como las del encabezado, o alguna otra parecida. Es frecuente que se exprese la causa del asco.

SIGNIFICADO(S) SECUNDARIO(S): El asco se puede producir, no sólo por motivos tangibles, sino, que también, existen causas morales, sociales, entre otras.

SEXO DEL PRACTICANTE: Ambos sexos, quizá, con predominio femenino.

23 LLAMAR LA ATENCIÓN/PEDIR AUXILIO/SOCORRO/ AYUDA

ANTECEDENTES Y DESCRIPCIÓN: Existe una tendencia universal a levantar los brazos para ser notado, ya que la probabilidad de ser divisado, desde un lugar lejano, se incrementa. Por ese motivo, este ademán es el favorito de quienes quieren llamar a alguien que se encuentra alejado; o bien, cuando se precise pedir ayuda urgente. Este es el gesto típico de los náufragos, o de aquellos que se están ahogando.

Se ejecuta, subiendo los brazos, y a continuación, se agitan hacia arriba y hacia los lados, de manera, más o menos simétrica, y en ocasiones, cuando la situación es muy tensa, el gesto se "desorganiza" y se hace más aleatorio. La cara puede expresar, desde una excitación o interés, hasta la angustia y el desasosiego, pasando por la desesperación.

Algunos sujetos, pegan saltitos, y abren las piernas, para hacerse notar aún más, naturalmente, siempre que sea factible y deseable.

CINETISMO: Al ser un gesto de alarma o de llamada de atención, resulta ser muy agitado de brazos y manos, sin olvidarse del resto del cuerpo.

REPETICIÓN: Dependiendo del interés y de las circunstancias, que pueden ser adversas, se ejecuta mientras sea necesario y/o se pueda.

VOCALIZACIÓN INVOLUCRADA: Está en función de la necesidad, ya que lo mismo se puede mencionar un nombre, que se pide ayuda urgente, o se llama la atención, o bien, no se dice nada.

SIGNIFICADO(S) SECUNDARIO(S): Hay personas que lo hacen con el fin exclusivo de ser vistos, o sea, que lo ejecutan por motivos exhibicionistas.

SEXO DEL PRACTICANTE: Ambos sexos.

24 "ES UN AVIÓN", "ES UN AVIONAZO", "ATERRIZA EN TODAS LAS CAMAS", "ATERRIZA EN TODAS LAS PISTAS", "MUJER FÁCIL", "PICA FLOR", "CALLEJERA", "SE LA BUSCA", "BRINCA MUCHO", "ANDARIEGA", "LE GUSTA ANDAR", "PARA ARRIBA Y PARA ABAJO".

ANTECEDENTES Y DESCRIPCIÓN: Con el dominicanismo

"avión", se quiere señalar a una joven, o no tan joven, promiscua y sin estabilidad emocional, es decir, que cambia de pareja constantemente. Para representar esta condición, se hacen unos chasquidos con los dedos mayor y pulgar , mientras se hace un movimiento semi–pendular invertido, con el brazo. Es una manera de significar que la persona se mueve mucho, o sea, que va de aquí para allá, que anda en demasía, o que da demasiadas vueltas con hombres. Sin embargo, esto no implica que sea una prostituta, lo cual no impide necesariamente, que solicite "regalos", o que la "inviten", constantemente. Algunas hasta tienen "novios" extranjeros.

CINETISMO: El gesto tiene bastante movimiento, ya que la mano se mueve de un lado para otro, con el brazo semi–estirado a la altura del pecho.

REPETICIÓN: Los chasquidos se hacen tres o cuatro veces, normalmente, uno al final del "péndulo", y el siguiente, al llegar al otro extremo.

VOCALIZACIÓN INVOLUCRADA: Aparte de las frases alusivas como las de arriba, a veces, se insinúa o se da a entender de quién se trata, y se diga algo como: "¡tú sabes!", o alguna otra parecida, en tanto se hace la mímica.

SIGNIFICADO(S) SECUNDARIO(S): Cabe la posibilidad de emplear este gesto para indicar movilidad, o que algo/alguien se mueve de aquí para allá sin lugar fijo. Otros ingenuos, lo confunden con la acción de marcar el ritmo musical, e incluso con el movimiento del mismo péndulo.

SEXO DEL PRACTICANTE: La mayoría son hombres, o mujeres que quieren describir o desacreditar a la afectada, para eliminar, o intentar alejar a la competencia.

25 "MÚSICA" CON LAS AXILAS

ANTECEDENTES Y DESCRIPCIÓN: En este supuesto, se trata de una broma gestual. Para hacerlo, se coloca la mano izquierda ahuecada en la parte del cuerpo correspondiente a la axila derecha; entonces, se baja el antebrazo derecho rítmicamente, y se expulsa el aire, que está entre el dorso y la mano, con lo cual se produce un ruido desagradable. Naturalmente, que algunos sujetos son más experimentados que otros.

CINETISMO: Se realiza con un movimiento brusco bajando el antebrazo; aparte, de la colocación de la mano izquierda. Casi siempre la cara expresa alegría.

REPETICIÓN: Es algo impredecible, ya que depende del tiempo que se quiere que dure la broma "musical" y/o del cansancio.

VOCALIZACIÓN INVOLUCRADA: En muchas ocasiones, se refuerza el gesto con frases sarcásticas, risotadas, sorna, etc.

SIGNIFICADO(S) SECUNDARIO(S): Cabe la posibilidad de ejecutarlo como una forma de provocación o para burlarse de alguien.

SEXO DEL PRACTICANTE: Abrumadoramente masculino, y de muy mal gusto.

26 "¿BAILAS?", "¿BAILAMOS", "BAILE", "BAILAR", "BAILANDO"

ANTECEDENTES Y DESCRIPCIÓN: Este es un gesto poco original, por más simpático que resulte, en el sentido de que lo único que imita es la acción de bailar al compás de una música, la cual, curiosamente, siempre se asemeja al merengue.

De lo anterior se deduce que se trata de un ademán con poco refinamiento, al ser tan directo.

CINETISMO: La invitación al baile, se hace con todo el cuerpo, empero, haciendo únicamente los movimientos esenciales, es decir, simplificando.

REPETICIÓN: Se dan dos o tres pasitos al estilo del merengue.

VOCALIZACIÓN INVOLUCRADA: La mayoría de las veces, se invita a la posible pareja a bailar. Si se tiene mucha confianza y el rechazo a la invitación es poco probable, se realiza el ademán y se saca a bailar directamente, sin mediar palabra alguna.

También se usa como "ilustración" gestual de una narración, o sea, para reafirmar aquello que se está diciendo.

SIGNIFICADO(S) SECUNDARIO(S): Puede expresar, por ejemplo, la alegría del baile, lo que significa que prácticamente siempre remite a lo mismo.

SEXO DEL PRACTICANTE: Principalmente los hombres, y las mujeres, cuando tienen mucha confianza.

27 "¿BAILAS?", "¿BAILAMOS?", "¿QUIERES BAILAR CONMIGO?"

ANTECEDENTES Y DESCRIPCIÓN: Con este gesto se traza un paralelismo entre el acto de bailar y el giro del dedo índice.

Con la mano adelantada se coloca el índice hacia abajo, y se gira en el eje vertical, aproximadamente. Los demás dedos permanecen recogidos, y la muñeca se dobla un poco.

CINETISMO: Aparte del giro con el dedo, la cara de la persona interesada suele mostrar una leve sonrisa y/o un aire inquisidor.

A veces, se hace también, un gesto lateral con la cabeza, de invitación

REPETICIÓN: Aproximadamente se hacen tres giros con el índice.

VOCALIZACIÓN INVOLUCRADA: Muchas veces, se le pregunta a la dama que si desea bailar. Ella ya sabe por el gesto y por el movimiento de los labios, lo que él quiere; ya que normalmente, la música dificulta o impide la audición. A veces, el hombre "pide permiso" a los demás acompañantes de la mesa, siempre y cuando, el interesado intuya o deduzca que los demás no está ahí para bailar con la dama.

SIGNIFICADO(S) SECUNDARIO(S): Tiene varios, ya que se usa para indicar "alrededor" de algo, o bien, "que se dé la vuelta", a alguien; además, puede referirse al tiempo, para señalar "que lo deje para cuando vuelva", o "a la vuelta". En ciertos momentos y circunstancias, se emplea para expresar que se está cocinando algo de comer.

SEXO DEL PRACTICANTE: En la acepción de "¿bailas?", normalmente lo utilizan los hombres, a menos que se establezca lo contrario. En los otros significados secundarios, cualquiera lo puede emplear.

28 "MÁS BAJO", "BAJA ESO", "SIGUE BAJANDO", "MÁS HACIA ABAJO"

ANTECEDENTES Y DESCRIPCIÓN: En este caso se refuerza el concepto de "hacia abajo"; lo mismo para referirse a un sonido que molesta, que a una carga que se esté bajando por medio de una grúa, por poner un par de ejemplos.

Es un gesto simple, ya que se coloca la mano a una altura aproximada equivalente a la del pecho del ejecutante, con la mano colocada horizontalmente y la palma hacia abajo; entonces, se baja la mano en la misma posición y se vuelve a subir con suavidad. Nunca se sube la mano por encima de la altura inicial de referencia, previamente establecida. Los dedos apuntan hacia un lugar intermedio entre el frente y los lados. Algunas personas hacen esta gesticulación con ambas manos.

CINETISMO: Consiste en la colocación de la mano, y su movimiento hacia abajo. A continuación, se reinicia el cinetismo, de arriba hacia abajo.

REPETICIÓN: Depende de las condiciones y de las circunstancias. En el gesto más frecuente, se hace dos o tres veces. Si se está dirigiendo la bajada de una caja, por ejemplo, la mímica se realiza mientras se precise.

VOCALIZACIÓN INVOLUCRADA: Se emplean cualquiera de las frases que aparecen arriba, o similares. Cuando no conviene, la vocalización está ausente.

SIGNIFICADO(S) SECUNDARIO(S): Se utiliza, también, para expresar que algo está disminuyendo o decreciendo, etc.

SEXO DEL PRACTICANTE: Ambos sexos; pero, con predominio masculino, por razones profesionales principalmente.

29 "¡QUÉ BAJO!" (VAHO), "SE TIRARON UNO", "FO", "AQUÍ SI JIEDE" (HIEDE)

ANTECEDENTES Y DESCRIPCIÓN: Este es otro de los gestos directos, es decir, sin disimulos con relación al motivo de la perturbación. Naturalmente, que el órgano más afectado es la nariz.

La mímica consiste en apretarse la nariz, a ambos lados, empero, en lugar de hacerlo desde arriba hacia abajo, como si se fuera a sonar uno, se hace desde abajo/delante hacia atrás/arriba, para cerrar mejor las fosas nasales, lo que significa, que con ese gesto se "corta" la respiración momentáneamente. Lo habitual es que se usen el pulgar y el índice. Es un gesto muy primitivo, probablemente aprendido del pasado, cuando el sentido del olfato era más importante para la supervivencia.

CINETISMO: Únicamente, se trata de la sujeción de la nariz, y de la cara de disgusto. Si el mal olor es muy intenso, la mímica involucra al cuerpo entero; ya que, a veces, se dobla el torso hacia delante, y se tiende a bajar la cabeza

REPETICIÓN: Es algo escenificado, que no tiene ninguna repetición, y la sujeción nasal, puede durar desde breves instantes, hasta minutos.

VOCALIZACIÓN INVOLUCRADA: Se usa cualquiera de las frases del encabezado, u otra similar, o bien, algún comentario negativo. A veces, no se dice nada.

SIGNIFICADO(S) SECUNDARIO(S): Puede usarse como una "metáfora" gestual, para expresar que algo "huele mal".

SEXO DEL PRACTICANTE: Cualquiera lo puede hacer.

30 "DOLOR DE BARRIGA", "ME DUELE", "TENGO ALGO AQUÍ"

ANTECEDENTES Y DESCRIPCIÓN: Este es un gesto producido por cualquier problema interno en el área del ombligo; y lo mismo puede obedecer a un asunto grave de salud, que a una simple indisposición intestinal.

Esta mímica se hace colocando la palma de la mano en el lugar que duele, o se tiene la molestia. Hay personas que aprietan hacia adentro, en la zona afectada, con la punta de los dedos.

La cara suele reflejar la mortificación, y de ahí este reflejo.

CINETISMO: Solamente la colocación de la mano en el área del estómago, y la posible expresión facial.

REPETICIÓN: No se produce, a menos que el dolor sea intermitente. No obstante, la mano se mantiene en el lugar específico del cuerpo, mientras persista aquello que molesta, con intervalos de descanso.

VOCALIZACIÓN INVOLUCRADA: Cualquiera de las frases que aparecen en el encabezado, o alguna otra parecida; o bien, algo específico referente al motivo de la dolencia. Las quejas y los llantos no se descartan, si se trata de algo muy doloroso.

SIGNIFICADO(S) SECUNDARIO(S): Un dolor en esta área puede deberse a innumerables causas. Algunas de ellas son leves y pasajeras, y otras en cambio, precisan de una intervención urgente.

SEXO DEL PRACTICANTE: Ambos sexos.

31 EL BESITO DE SALUDO

ANTECEDENTES Y DESCRIPCIÓN: Está claro que el beso en la mejilla como saludo proviene de Europa. Sin embargo, aquí se besa una sola mejilla, a diferencia de España y Francia, que son las dos naciones, que más influyeron en nuestros inicios, como conglomerado social, donde el besito es en ambas mejillas.

Probablemente, el beso tenga su origen en la costumbre primitiva de muchas etnias de alimentar a sus hijos, por el método boca a boca, por parte de las madres; y de ahí el beso tomó su significado de amor y aprecio.

Entre nosotros, la mejilla que se besa es, normalmente, la izquierda, y existen tres variantes básicas:

a) Tocando mejilla contra mejilla, y el besito al aire, simultáneamente.

b) Besando a la otra persona directamente en la mejilla.

c) Existe el besito en la boca, entre personas de mucho aprecio y confianza, o por razones sentimentales; o bien, por una amistad sublime o amor platónico.

CINETISMO: El movimiento consiste, exclusivamente, en la acción de dar el besito. Sin embargo, muchas veces, se toca la parte superior de los hombros de la otra persona; lo cual sirve para que la aproximación sea correcta.

REPETICIÓN: Normalmente, se hace una vez, a menos, que la intención sea otra; o que hacía mucho tiempo que no se veían.

VOCALIZACIÓN INVOLUCRADA: Ya por costumbre, se intercambian saludos y se da el besito. Si la ocasión es triste, también, se expresa el motivo.

SIGNIFICADO(S) SECUNDARIO(S): En estas ocasiones, siempre, cabe la posibilidad de que el saludo sea ficticio, hipócrita, protocolario, o bien, de adulonería.

SEXO DEL PRACTICANTE: Las del sexo femenino, lo hacen con todo el mundo, los hombres sólo con el sexo opuesto y con los niños de ambos sexos.

En otros países esta práctica es diferente, ya que por ejemplo, en Rusia los hombres se pueden besar en la boca, y en Argentina los amigos se besan en la mejilla.

32 "TIRAR BESO", "TE APRECIO", "ME GUSTAS", "TE QUIERO", "ESTOY LOCO POR TI", "ESTOY ENAMORADO DE TI", "PIROPO GESTUAL".

ANTECEDENTES Y DESCRIPCIÓN: Probablemente, el beso

tenga su origen en la antiquísima costumbre de la alimentación boca a boca, que aún subsiste entre ciertas etnias. De ahí su simbolismo como muestra de afecto, cariño, aprecio o amor.

Este gesto tiene cinco variantes principales:

a) Empleando los labios únicamente, formando una protuberancia con ellos.

b) Se hace el gesto de "tirar el beso", y se "recoge" con la punta de los dedos de la mano derecha, a continuación, se "coloca" el beso en la palma de la mano izquierda, y se "sopla" en dirección a la persona querida.

c) Se realiza el gesto, y se recoge con la punta de los dedos de la mano derecha, y se "lanza" como el pitcher de béisbol, o algo parecido.

d) Igual que en c), pero, se "lanza" al estilo del pitcher de softball.

e) Se "tira" el beso con la mano de otra(s) manera(s).

CINETISMO: Varía muchísimo, según la modalidad, ya que puede ser desde discreto hasta muy llamativo, como se comprenderá.

REPETICIÓN: Lo típico es que se haga una sola vez, salvo en el caso a) que suele repetirse unas dos veces.

VOCALIZACIÓN INVOLUCRADA: Este gesto se presta mucho para decir un piropo o una frase que pretenda ser agradable. En ciertas ocasiones se escucha un sonido gutural de agrado, parecido a: «umm".

SIGNIFICADO(S) SECUNDARIO(S): Todos remiten a lo mismo.

SEXO DEL PRACTICANTE: Cualquiera de los dos: sin embargo, las modalidades más exageradas son más frecuentes en los hombres.

33 CERRAR LA BOCA CON LOS DEDOS

ANTECEDENTES Y DESCRIPCIÓN: Esta acción indica algo tan evidente, como "el cerrar la boca", es decir, callarse o ponerse una mordaza. Es una forma de censura, o de que no haga ruido.

Esta gesticulación tiene la particularidad de que se hace con uno mismo, o con otra persona; en especial del sexo opuesto, con quien se tiene mucha confianza, al menos.

Consiste, en apretar los labios con los dedos, formando una especie de protuberancia con ellos, o sea un morro, al apretar un poco; de cualquier manera, los labios quedan aplastados.

CINETISMO: Únicamente, el acto de apretar los labios. Si va acompañado de violencia, los movimientos son impredecibles.

REPETICIÓN: Suele hacerse una vez, y a lo mejor, se sujetan durante breves segundos los labios. Si se incluye la agresividad, es probable que la sujeción se haga con más intensidad.

VOCALIZACIÓN INVOLUCRADA: Si se hace con uno mismo, lo máximo que se puede emitir es un sonido gutural, y lo mismo acontece con la persona pasiva quien, tampoco, puede hablar. En ocasiones, el ejecutor expresa los motivos de su actitud.

SIGNIFICADO(S) SECUNDARIO(S): Puede tener una connotación erótica, o de disgusto.

SEXO DEL PRACTICANTE: Es probable que lo utilicen más los hombres.

34 TAPARSE LA BOCA DE SORPRESA

ANTECEDENTES Y DESCRIPCIÓN: Es una manera gestual de decir que se quedó mudo. Es diferente de aquella otra mímica, en la que el sujeto se tapaba la cara de vergüenza.

La forma de cubrirse la boca puede variar, pero, la más corriente es que se haga con la mano en diagonal, y con la palma hacia adentro. Hay quienes hacen el gesto con ambas manos. En todo caso, la boca se abre expresando sorpresa y el rostro, por su parte, se sonroja. Esto incluye la apertura de los párpados

Además, toda la cara expresa la misma actitud de sorpresa.

CINETISMO: Únicamente, la colocación de la(s) mano(s), y la mímica facial.

REPETICIÓN: Se mantiene el gesto durante breves segundos, hasta que pase la emoción inicial.

VOCALIZACIÓN INVOLUCRADA: Normalmente, se emite una exclamación, o se dice una frase expresando la sorpresa.

SIGNIFICADO(S) SECUNDARIO(S): A veces, se confunde con la mímica de expresar asco o desagrado.

SEXO DEL PRACTICANTE: Las mujeres suelen ser más expresivas al respecto.

35 LA SUBIDA DE LA BRAGUETA COMO REAFIRMACIÓN DE LA MASCULINIDAD

ANTECEDENTES Y DESCRIPCIÓN: Este es un gesto sumamente vulgar, empero, no por ese motivo deja de hacerse, por parte de los hombres dominicanos; debido a su poder como reafirmador de la masculinidad, en una sociedad machista, que está en franco declive como tal.

Esta gesticulación tiene tres variantes principales, siempre, realizadas de forma casual:

a) Utilizando, casi siempre, el índice y el pulgar, se levanta la bragueta, sujetándola por la parte inferior. Esta viene a resultar la modalidad menos evidente.

b) Se sujeta parcial, o totalmente, el aparato genital con la mano completa y por encima de la bragueta, de tal suerte, que se destaque la protuberancia.

c) En este caso, se realiza al estilo a), o bien, de la forma b), pero, empleando ambas manos.

CINETISMO: Únicamente, la subida de la bragueta y/o de los genitales, preferiblemente, estando de pie.

REPETICIÓN: Se suele hacer una sola vez, empero, con bastante o mucha parsimonia.

VOCALIZACIÓN INVOLUCRADA: El sujeto en cuestión puede estar conversando sobre cualquier tema; e incluso, también, se practica en solitario por la fuerza de la costumbre.

SIGNIFICADO(S) SECUNDARIO(S): Cabe la posibilidad de que se realice debido a alguna molestia con la ropa, a la postura, a un escozor, etc.

SEXO DEL PRACTICANTE: Es un gesto masculino, y de unas pocas lesbianas, cuando usan pantalones.

36 CUANDO LA BRAGUETA DE LA OTRA PERSONA ESTA ABIERTA

ANTECEDENTES Y DESCRIPCIÓN: Este es un gesto que obedece a razones prácticas, para que la otra persona, conocida o amiga, no pase la vergüenza de tener la bragueta abierta.

Al detectar el "problema" en el lugar público, se pretende hacerle saber al amigo/a lo que le ocurre, pero, con un cierto disimulo. Por ese motivo, se le mira fijamente a la cara y a la bragueta, y se le insinúa lo que sucede.

CINETISMO: Es una advertencia bastante sutil, la cual pasa, normalmente, inadvertida para los demás, quienes no están al tanto del asunto. Intervienen la mirada y la frase que se dice simultáneamente.

REPETICIÓN: Si se está en confianza se le dice directamente lo que pasa; sin embargo, en un lugar público se insiste mientras el afectado no se percate.

VOCALIZACIÓN INVOLUCRADA: Existen varias frases indirectas, más o menos estereotipadas, que sirven de advertencia, tales como: "Tienes la jaula abierta", "Se te va a escapar el pajarito", etc.; y otras directas como: "Súbete el zipper", "Tienes el pantalón abierto", y así por el estilo.

SIGNIFICADO(S) SECUNDARIO(S): Aparentemente, se trata de hacer un favor, a la otra persona.

SEXO DEL PRACTICANTE: Ambos sexos.

37 LOS BRAZOS CRUZADOS

ANTECEDENTES Y DESCRIPCIÓN: Existe un paralelismo entre la acción de cruzar los brazos y el encerrarse en sí mismo; por ese motivo, este es un gesto defensivo ante las influencias externas.

Ese ensimismamiento gestual suele tener sus variantes, ya que una mano puede estar en la barbilla, en la mejilla, en la frente, en las inmediaciones de la boca, y así por el estilo.

Además, de esa particularidad, en el cruce típico de los brazos cabe, también, la posibilidad de que un antebrazo se coloque justo encima del otro, o bien, que la mano derecha se ponga en la parte interna del codo izquierdo, con lo cual se refuerza aún más el "cierre" hermético.

CINETISMO: Solamente la colocación de los brazos.

REPETICIÓN: No existe, pero, se mantiene durante un tiempo indefinido.

VOCALIZACIÓN INVOLUCRADA: Si se está en compañía, se puede tratar cualquier tema, empero, siempre con reservas.

SIGNIFICADO(S) SECUNDARIO(S): Este gesto sirve, también, para darle calor al cuerpo, cuando el ambiente está fresco.

SEXO DEL PRACTICANTE: Ambos sexos.

38 "BRECHERO", "BRECHANDO", "MIRAR", "TENER EN LA MIRILLA"

ANTECEDENTES Y DESCRIPCIÓN: El "brechero" dominicano, equivale al Peeping Tom de la cultura anglosajona, o al voyeur, de la francesa. Ni más ni menos, se trata del sujeto que experimenta una satisfacción de tipo sexual, al atisbar subrepticiamente.

Para simular la acción de acechar, se cierra el puño derecho, dejando un agujerito para poder mirar a través de él, del lado del pulgar y el índice, donde se coloca el ojo. Hay personas, que al semi–cerrar el puño levantan el dedo meñique, o bien, el meñique y el anular. El puño se lleva al ojo, y el otro ojo que no se utiliza, se cierra, para recrear mejor la acción.

CINETISMO: Sólo en el acto de colocar el puño semi–cerrado en el ojo, y de cerrar el otro ojo. Muchas personas hacen, además, un gesto de torcer la boca.

REPETICIÓN: Se coloca el puño y se mantiene breves instantes.

VOCALIZACIÓN INVOLUCRADA: Se hace el gesto coincidiendo con la narración, o bien, para insinuar o afirmar, que alguien es un "brechero".

SIGNIFICADO(S) SECUNDARIO(S): También se puede referir a "seguirle la pista" a alguien, o cualquier otro significado que se relacione con esa idea, como podría ser el "tener al otro en la mirilla", etc.

SEXO DEL PRACTICANTE: Lo emplean ambos sexos. Quizá, lo utilizan más los hombres para tomar el pelo.

39 "¡QUÉ BUENA ESTOY!", "¡AQUÍ SI HAY!", "¡TODO ESTO ES MÍO!", "REAFIRMACIÓN DE LA FEMINIDAD", "EGOCENTRISMO"

ANTECEDENTES Y DESCRIPCIÓN: A las claras, esto es una ostentación, concretamente, de los encantos femeninos. Se sabe, que el dominicano tiene una fijación psicológica en las posaderas de las mujeres; entonces, no es de extrañar ese alardeo gestual, utilizado como arma. Probablemente esto sea un legado cultural africano.

Este ademán, tiene dos variantes: con una, o con las dos manos. En cualquier caso, la mujer arquea sus caderas hacia atrás, para aumentar el volumen de los glúteos, y a continuación, se golpea o se palmea, una o ambas nalgas, lo cual resulta audible. A veces, para enfatizar la acción se palpan o se sacuden con gracia, con las palmas, repitiendo el gesto hacia arriba y hacia abajo, todo ello después del golpe inicial.

Esta gesticulación también se hace en la intimidad, empero, sin la espectacularidad debida.

CINETISMO: Es toda una coreografía, con el fin de ostentar, la cual puede resultar espectacular, si se sabe hacer. Otro problema distinto es que la mujer se sobreestime, o lo contrario.

REPETICIÓN: Después del "palmetazo" inicial, el "masaje" o "sacudida", produce un pequeño temblor en las posaderas, el cual es aumentado con las manos, oportunamente.

VOCALIZACIÓN INVOLUCRADA: Cualquiera de las frases de arriba, o similares. Muchas veces, se gesticula de esta manera para enseñar a los demás, con qué "arsenal" se cuenta.

SIGNIFICADO(S) SECUNDARIO(S): Este gesto tiene, por supuesto, una cierta dosis de coquetería y de narcisismo; siempre enmarcado dentro de un contexto, que puede ser como mínimo sensual, y como máximo, desafiante y erótico, pasando por provocativo e insinuante.

SEXO DEL PRACTICANTE: Básicamente mujeres, y hombres afeminados.

40 "TÁ BUENA", "¡TIENE UN CULAZO!"

ANTECEDENTES Y DESCRIPCIÓN: Este es un ademán que imita, abiertamente, el aparato genital femenino, y se utiliza con frecuencia, para expresar una admiración, cuando el sujeto que narra cuenta lo que vio. Lo normal es que se exagere.

Para la imitación, se forma una especie de óvalo con las manos, de forma casi simétrica, tocando las yemas de los respectivos pulgares e índices. Las palmas de las manos quedan hacia adentro, y los índices hacia abajo; lógicamente, los pulgares juntos, también, apuntan hacia arriba. Lo normal es que se ejecute a nivel del ombligo, más o menos.

Los dedos que no intervienen, se recogen, de tal forma, que sus yemas quedan hacia atrás/arriba, para emular mejor la genitalia femenina. Son cuatro los dedos que escenifican, y seis los recogidos.

Es un gesto emergente, que aún, no está muy bien establecido; pero es de uso frecuente entre quienes lo conocen

CINETISMO: El movimiento sólo ocurre para la puesta en escena.

REPETICIÓN: No existe, no obstante, las manos permanecen haciendo el ademán durante unos breves instantes.

VOCALIZACIÓN INVOLUCRADA: Normalmente, la gesticulación coincide en el tiempo con la narración.

SIGNIFICADO(S) SECUNDARIO(S): Todos remiten a la misma idea: que la mujer está "muy buena", que está "bien torneada", que está "bien hecha", y así por el estilo. La connotación sexual es muy acusada. Hay que tener presente, que el vocablo "culo", tiene connotaciones diferentes aquí, en comparación con España.

No obstante, y por extensión, se puede interpretar como algo "grande", "con un espacio amplio", o bien, se entiende como "medir" cualquier cosa, etc.

SEXO DEL PRACTICANTE: Por razones obvias, es un gesto típico masculino.

41 "¡QUÉ BUENO!", "¡ESTÁ BUENO/A!", "¡GANÉ!", "ME SAQUÉ", "LO LOGRÉ", "LO CONSEGUÍ", "¡POR FIN!", "TRIUNFÉ"

ANTECEDENTES Y DESCRIPCIÓN: Probablemente, este gesto tan difundido, tenga su origen en el hombre primitivo directamente, ya que simula el tener sujetado un garrote. De todas maneras, esa forma de cerrar el puño es la característica básica del llamado agarre de fuerza, (*) en contraposición al agarre de precisión, que se emplea, por ejemplo, para sujetar un bolígrafo o un bisturí.

(*) RICHARD LEAKEY. *ORIGINS.* DUTTON. NEW YORK. 1978. Pág. 43.

Se realiza cerrando el puño, y se agita o se sacude, por delante y hacia un lado del pecho. Se hace, también, con los dos puños.

CINETISMO: Además de la sacudida en sí, del antebrazo, se suele poner cara de alegría.

REPETICIÓN: Aproximadamente se repite unas tres veces.

VOCALIZACIÓN INVOLUCRADA: Cualquiera de las frases que aparecen en el encabezado, o cualquiera similar.

SIGNIFICADO(S) SECUNDARIO(S): Aparte de la interpretación de que algo o alguien le gusta al sujeto, y que puede ser, también, en el aspecto sexual; cabe la posibilidad de que simbolice la fuerza o la fortaleza, o bien, algo parecido, como podría ser la solidez.

SEXO DEL PRACTICANTE: Cualquiera de los dos.

42 "¡QUÉ BUENO!", "¡ESTÁ BUENO/A!", "¡QUÉ RICO!", "¡QUÉ SABROSO!", "SABOREARSE", "LAMER ALGO".

ANTECEDENTES Y DESCRIPCIÓN: Es probable que este gesto surja de la costumbre de la infancia, de pasar la lengua alrededor de los labios, para saborear, aún más, o para "recoger" con la lengua, lo que quedó de la comida depositada en los labios y sus alrededores, asumiendo, claro está, que le haya gustado mucho el alimento, al infante.

Por extrapolación, se usa para expresar que algo está bien, o que alguien está bueno/a, en el sentido erótico o de atractivo sexual. Esto implica que la persona en cuestión está apetitosa.

Se efectúa, sacando la lengua, y a continuación, se la pasa el sujeto alrededor de los labios.

CINETISMO: El movimiento de la lengua es premeditado y sensual, además de ser contínuo.

REPETICIÓN: Normalmente, el giro completo con la lengua, se hace una sola vez, y a veces, para recalcarlo, se ejecuta dos.

VOCALIZACIÓN INVOLUCRADA: Es posible que se escuche una onomatopeya de placer, como: "uumm"; o bien, que se diga una frase halagadora antes del gesto. Cabe la posibilidad de que se ejecuten combinaciones de frases, piropos y sonidos guturales, incluyendo a las onomatopeyas y a las exclamaciones de turno.

SIGNIFICADO(S) SECUNDARIO(S): Todos los encontrados se relacionan con lo mismo, lo cual abarca, tanto a los signos y señales morbosos de deseo sexual, así como también, a la acción de piropear, o bien, al alimento que ha ingerido.

SEXO DEL PRACTICANTE: Mayoritariamente masculino, aunque, no por mucha diferencia.

43 "¡QUÉ BUENO!", "¡QUÉ CHÉVERE!"

ANTECEDENTES Y DESCRIPCIÓN: Este es otro de los gestos que son reminiscentes del comportamiento del ser humano ante una fogata, como una manera de calentarse las manos. De ahí que esa sensación de bienestar haya sido extrapolada, y hoy en día, se la emplea para mostrar alegría, por algo que le sucede al sujeto.

Se hace, sencillamente, frotándose las palmas de las manos, con los dedos en diagonal hacia arriba. Es un gesto bastante simétrico.

CINETISMO: Existe la tendencia a realizar el frotamiento de las palmas, con rapidez, de tal suerte, que produce un sonido característico.

REPETICIÓN: Lo típico es que se haga tres o cuatro veces.

VOCALIZACIÓN INVOLUCRADA: Cualquier frase o exclamación de alegría, como las que aparecen arriba, o bien, similares.

SIGNIFICADO(S) SECUNDARIO(S): Independientemente, del ejemplo que pusimos de la fogata, como posible origen de este ademán; también, se puede interpretar como nerviosismo, o que se está a la espera de algo, incluso, "que se tiene algo entre manos".

SEXO DEL PRACTICANTE: Ambos sexos.

44 "¡QUÉ BUENO/A", "¡QUÉ RICO/A!", "¡QUÉ SABROSO/A!"

ANTECEDENTES Y DESCRIPCIÓN: Es evidente, que la boca es una fuente permanente de placer para el ser humano. Por otro lado, está claro, también, que este gesto está íntimamente vinculado con la alimentación y con el disfrute.

Se hace con los dientes de la mandíbula inferior, pillando el labio superior, en un ademán que expresa algo placentero y agradable. Por su parte, la mirada expresa admiración, por aquello que le gusta y le place tanto.

CINETISMO: Sólo se hace el movimiento con los dientes, y a lo mejor, se enfatiza con la cara y el resto del cuerpo.

REPETICIÓN: Se ejecuta una vez, y se mantiene durante algunos segundos, empero, "saboreando" la duración del intervalo de tiempo.

VOCALIZACIÓN INVOLUCRADA: Lo más probable es que se escuche un sonido gutural de apreciación, como podría ser: "mmm", o algo parecido. También, son frecuentes las frases apreciativas, como las del encabezado, o similares.

Si se trata de un caso donde el erotismo sea la nota dominante, se pueden escuchar hasta piropos, y otras frases de enamoramiento.

SIGNIFICADO(S) SECUNDARIO(S): Algunas personas hacen un ademán parecido de concentración, empero, la cara se diferencia. Otros, lo practican para rascarse los labios o como señal de nerviosismo, o de intranquilidad.

SEXO DEL PRACTICANTE: Ambos sexos.

45 ELIMINAR EL "CALAMBRE" DEL OTRO SACUDIENDO LOS PANTALONES

ANTECEDENTES Y DESCRIPCIÓN: En realidad no se trata de un calambre, debido a que no es un espasmo muscular, sino, más bien, un problema circulatorio pasajero, causado, principalmente, por una mala postura.

Este es un gesto en etapa avanzada de desaparición, y consiste en sacudirle una de las piernas de los pantalones, sujetándola a la altura de la rodilla, aproximadamente, a la otra persona quien sufre el "calambre".

La idea consiste en que al agitar los pantalones de uno en frente de la pierna de la otra, se agiliza el proceso de recuperación. Es una especie de estimulación psicológica, o de gesto deferente, si se quiere, con cierta carga de humor.

CINETISMO: Únicamente, la acción de sacudir los pantalones, y la inclinación del cuerpo hacia delante, para poder sujetar la tela a la altura apropiada.

REPETICIÓN: Es típico que se haga cuatro o cinco veces.

VOCALIZACIÓN INVOLUCRADA: Por una parte, la persona afectada se queja del "calambre" al levantarse de su asiento, e intenta caminar, pero no lo puede hacer con normalidad. Entonces, acude en su ayuda la otra persona, quien le asegura que con ese gesto se va a reponer. Casi siempre, el sujeto que realiza el ademán es un amigo o familiar.

SIGNIFICADO(S) SECUNDARIO(S): En otro contexto, este gesto se podría confundir con un baile folklórico. Hay sujetos morbosos que hacen una mímica parecida, para dejar escapar una ventosidad por la parte inferior de la prenda de vestir, o bien, como chanza o burla.

En otro orden de ideas, también, se puede referir a los atributos sexuales, exagerando la cuestión.

SEXO DEL PRACTICANTE: Mayoritariamente masculino, aunque, hay mujeres que lo hacen con las faldas.

46 "¡ESTÁ CALIENTE!", "¡ESTÁ QUE ARDE!", "¡ESTÁ QUE QUEMA!", "¡AY!", "¡ME DUELE!", "¡QUÉ DOLOR!"

ANTECEDENTES Y DESCRIPCIÓN: Este gesto es una secuela de un reflejo de supervivencia, en otras palabras, de auto–protección ante el peligro que representa algo que está muy caliente; o debido a un golpe como podría ser un martillazo.

Consiste en sacudir la mano con brusquedad, a base, de un movimiento rápido de los antebrazos y de las muñecas; todo a la altura del pecho. Es una manera de ventilar o de airear la parte afectada.

Es tan frecuente su ejecución con una mano, que con dos, dependiendo de las que estén afectadas.

Si se trata de un dedo, hay personas que se lo introducen en la boca, para aliviar la sensación desagradable de la quemadura, o del golpe, con la saliva.

CINETISMO: Suele provocar mucha agitación con todo el cuerpo, y mientras más daño se recibe, mayor será el "alboroto". De hecho, esta respuesta ante el calor, o al dolor, puede inclusive, provocar reacciones muy erráticas y desconcertadas, sin descartar a los llantos y gritos.

REPETICIÓN: El ademán más sencillo se hace unas cuatro o cinco veces, empero, si el asunto es grave, las reacciones pueden ser imprevisibles.

VOCALIZACIÓN INVOLUCRADA: Las quejas típicas de dolor, incluyendo a las palabrotas.

SIGNIFICADO(S) SECUNDARIO(S): Sirve, también, como una metáfora gestual, ante una situación tensa, desde la situación política hasta un niño que tema un castigo por haber hecho algo malo.

Se usa, además, como una amenaza, en el sentido de: "te embromaste", "ya me enteré", "lo supe", y así por el estilo.

SEXO DEL PRACTICANTE: Cualquier persona afectada.

47 "¡QUÉ CALOR!", "ME ESTOY QUEMANDO", "ME ESTOY ASFIXIANDO"

ANTECEDENTES Y DESCRIPCIÓN: Este es un gesto muy

pragmático, porque pretende reducir el calor que agobia al ejecutante.

Se realiza en una o en dos fases, indistintamente. La primera, consiste en sujetar la camisa por la parte superior delantera, con el pulgar y el índice de ambas manos, entonces se mueven las muñecas hacia arriba y hacia abajo, lo cual contribuye a la ventilación de la parte alta del cuerpo, algo muy importante aquí en el trópico.

La segunda fase, consiste en "echarse fresco" con las manos, moviéndolas desde afuera hacia la cara, de tal suerte, que los dedos mayores queden apuntando hacia la boca, cada vez que se complete el gesto de "abanicarse" con las manos.

CINETISMO: Las fases son independientes, o bien, se pueden hacer una a continuación de la otra. En cualquier caso, se trata de movimientos rítmicos y un tanto nerviosos, ante el desespero que produce el calor.

REPETICIÓN: Se hace(n) repetidas veces, dependiendo del grado de calor que tenga el sujeto.

VOCALIZACIÓN INVOLUCRADA: Normalmente, cualquier cosa que se diga, se refiere al calor, como las frases de arriba, e incluyendo las palabrotas y otras exclamaciones posibles.

SIGNIFICADO(S) SECUNDARIO(S): Existe, de hecho, una gesticulación parecida, para comprobar cómo le sienta una camisa o un traje a un hombre; es decir, similar a la primera fase del gesto.

SEXO DEL PRACTICANTE: Más o menos por igual.

48 "¡QUÉ CALOR!", "¡QUÉ SUDOR!", "EL SUDOR DE MI FRENTE", "¡CUÁNTO TRABAJO!"

ANTECEDENTES Y DESCRIPCIÓN: Este ademán es una respuesta gestual ante una reacción fisiológica, producida por el calor.

Normalmente, esta mímica consta de dos fases, cuando se hace con el dedo, ya que hay gente que se seca el sudor de otra manera.

En la primera fase, se pasa el índice por la frente, de izquierda a derecha, con el dedo hacia abajo, formando una especie de U invertida con él. Existe una minoría que lo hace con el índice hacia arriba. En la segunda, se sacude el sudor en el suelo, del lado derecho del cuerpo. Algunas personas, inclinan el cuerpo hacia adelante, para que las gotas de sudor que recoge el índice, caigan directamente al suelo.

CINETISMO: Este gesto se coordina perfectamente en sus dos partes.

REPETICIÓN: Normalmente, se hace una vez, o a lo sumo dos, cuando el sudor es muy copioso. Se ejecuta también con ambas manos, pero es raro.

VOCALIZACIÓN INVOLUCRADA: Cualquiera que se relacione con el calor, o bien, no se dice nada. También, se dicen onomatopeyas y palabrotas.

SIGNIFICADO(S) SECUNDARIO(S): Cabe la opción de emplear el gesto como una metáfora gestual, para expresar que algo cuesta sudor y esfuerzo.

SEXO DEL PRACTICANTE: Lo practican más los hombres, empero, siempre es algo de muy mal gusto.

49 "CAMINANDO", "ANDANDO", "IR A ALGÚN SITIO"

ANTECEDENTES Y DESCRIPCIÓN: Este ademán imita con los dedos la acción de caminar. Se emplean el índice y el mayor para la emulación.

Es una manera muy sencilla, y muy visual, de expresar una idea. Hay que destacar que es un gesto muy universal, del cual se ha aprovechado la publicidad.

CINETISMO: Únicamente, se hace el movimiento con esos dos dedos; y si se apoyan los dedos en cualquier superficie horizontal, queda mejor.

REPETICIÓN: Se dan, aproximadamente, tres "pasos" con los dedos.

VOCALIZACIÓN INVOLUCRADA: Se emplea para reforzar la narración, o para indicar una forma de locomoción.

SIGNIFICADO(S) SECUNDARIO(S): No hemos encontrado ningún otro.

SEXO DEL PRACTICANTE: Ambos sexos.

50 FORMA DE CAMINAR DE LAS MUJERES

ANTECEDENTES Y DESCRIPCIÓN: Entre los gestos convertidos en hábito, tenemos esta forma particular que tienen muchas mujeres al caminar, la cual expresa un afán de protegerse y/o de llamar la atención hacia una zona específica del cuerpo, o sea, hacia sus caderas y posaderas.

Para hacerlo, la dominicana "traza" un semi–círculo imaginario alrededor de su torso con los brazos, los cuales se mueven en diagonal hacia abajo. Una minoría de ellas, hace también, un movimiento con la mano hacia atrás, al llegar al tope posterior del giro.

Esta es una gesticulación en decadencia, debido a los cambios en las costumbres, a la interacción con mujeres de otros países al viajar más, a la globalización en los medios de comunicación que tengan un componente visual, etc.

Esta mímica es independiente del contoneo al caminar, típico de la mujer dominicana; y muchas de ellas realizan el gesto sin apenas haber tomado conciencia de ello.

CINETISMO: Consiste en la manera de caminar con el giro exagerado de los brazos. Esta gesticulación se entorpece o se dificulta cuando la mujer va en compañía de alguien.

REPETICIÓN: Se realiza mientras se camine.

VOCALIZACIÓN INVOLUCRADA: Ninguna que se relacione con el gesto, es decir, que es independiente del posible tema de conversación.

SIGNIFICADO(S) SECUNDARIO(S): Las mujeres que caminan de esta manera, no piensan en el motivo de la misma. Es muy probable, que lo hagan por pura imitación.

SEXO DEL PRACTICANTE: Es una gesticulación típica femenina.

51 FORMA DE CAMINAR DEL "TÍGUERE"

ANTECEDENTES Y DESCRIPCIÓN: Este es un ejemplo típico de un gesto convertido en un hábito inveterado. Su origen podría atribuirse a la esclavitud, en la que los esclavos caminaban con los grilletes puestos. Sin embargo, esto suscita la pregunta, de por qué no produjo la esclavitud un andar similar en Haití, por no irnos a otros lugares más lejanos. Probablemente, se deba a que en el vecino país la esclavitud duró menos que aquí, y los esclavos procedían de etnias africanas distintas. Pueden haber otros factores, aún por determinar.

El hecho es que el "tíguere" dominicano camina elevando su cuerpo en cada paso de la misma pierna, a base de emplear su pie y su pantorrilla para elevarse, lo que produce un andar disparejo. Esto puede ir acompañado con un movimiento muy peculiar de los brazos, o sea, lo que se conoce coloquialmente como "coger cuadre". Todo esto produce ciertos vínculos de pertenencia al mismo conglomerado, pero, de forma inconsciente: Debido a las modas foráneas, este gesto se va perdiendo.

CINETISMO: Únicamente la manera peculiar de andar. Hay que destacar que la mayoría de los jóvenes "ensaya" la manera cómo lo va a hacer, pero, sin tener conciencia de ello.

REPETICIÓN: Se realiza mientras dure la caminata.

VOCALIZACIÓN INVOLUCRADA: Si se va acompañado, cualquier tema es válido, es decir, el gesto es independiente de lo que se vocaliza.

SIGNIFICADO(S) SECUNDARIO(S): Este gesto produce una identificación con los semejantes, y una sospecha, desconfianza, o recelo, de quién no camina de esa manera.

SEXO DEL PRACTICANTE: Es una mímica típica masculina. Sin embargo, hay que aclarar que hay mujeres que también lo hacen.

52 "SOY UN CAMPEÓN", "GRACIAS", "LO AGRADEZCO", "ME CONGRATULO AL VERLOS"

ANTECEDENTES Y DESCRIPCIÓN: Esta es una mímica con dos vertientes, ya que cuando se trata de uno mismo, como protagonista, está relacionado con el orgullo, inclusive, con el narcisismo. En cambio, cuando se realiza como una respuesta, ante los demás, tiene que ver con el agradecimiento.

Este gesto consiste en una especie de darse la mano a sí mismo, por encima de la cabeza, en el primer caso; o bien, con las manos más cerca del pecho, en el segundo.

Las manos se colocan palma con palma, de manera casi diagonal, y se agitan, suavemente, hacia delante.

Esta es una gesticulación, que suele practicarse de cara a una audiencia o público.

CINETISMO: Una vez realizada la colocación de las dos manos, el movimiento hacia delante y hacia atrás es bastante lento, por no decir ceremonioso.

REPETICIÓN: Se hace tantas veces como sea conveniente y prudente, dependiendo de la respuesta o del estímulo de los demás, según el caso.

VOCALIZACIÓN INVOLUCRADA: Se dice alguna frase parecida o igual a las del encabezado, o bien, no se dice nada; y se pone, por supuesto, una cara de satisfacción o de agradecimiento.

SIGNIFICADO(S) SECUNDARIO(S): Puede significar que alguien/algo está unido o vinculado con fuerza. También, se usa para expresar poder o fortaleza.

SEXO DEL PRACTICANTE: Lo usan mucho los atletas, artistas o figuras públicas, de ambos sexos; quizá, con predominio masculino.

53 "SOY EL CAMPEÓN", "SOY EL VENCEDOR", "VOY A GANAR", "EL TRIUNFO"

ANTECEDENTES Y DESCRIPCIÓN: Este es un gesto típico de los boxeadores y de los políticos.

Se trata, de elevar ambas manos semi–cerradas verticalmente. Otra variante consiste en que dos o más personas ejecuten la gesticulación, al alimón; en cuyo caso las manos se unen y se levantan hacia lo alto. Los rostros reflejan alegría o excitación.

CINETISMO: Exceptuando la colocación de los brazos, no hay ningún otro movimiento involucrado.

REPETICIÓN: No se produce ninguno en esta mímica; de todas maneras, puede mantenerse desde breves instantes, hasta varios minutos.

VOCALIZACIÓN INVOLUCRADA: Las cosas que se dicen son, las típicas de las actividades boxeísticas o de los actos políticos.

SIGNIFICADO(S) SECUNDARIO(S): Cierta gente puede confundirlo con el gesto de estiramiento del cuerpo, si se hace fuera de contexto.

SEXO DEL PRACTICANTE: Ambos sexos, haciendo la salvedad, de que al haber más hombres en el boxeo y en la política, es seguro, que los hombres predominan.

54 "ÉTE Y UN COJETE", "COGE ÉTE", "MÓNTATE AQUÍ", "MÉTETE UN DEO", "TU MALDITA MADRE", "MIERDA PA'TI", "PENDEJO", "A JODER A OTRO".

ANTECEDENTES Y DESCRIPCIÓN: Este gesto constituye una vulgaridad mayúscula, y equivale al "fuck you" estadounidense. Empero, en vez de hacerlo mostrando el dedo mayor, en oposición a los demás que permanecen recogidos; aquí, se hace golpeando la cara exterior de la mano derecha en la palma de la izquierda, con el dedo mayor en la posición sobresaliente. Evidentemente, que con el dedo mayor se pretende imitar al falo.

CINETISMO: Se realiza un movimiento ininterrumpido, de la mano derecha hacia la izquierda, la cual "aguarda" al golpe. Es un cinetismo bastante rápido y sonoro, al percutir en la palma izquierda la mano derecha.

REPETICIÓN: Se acostumbra a realizarlo una sola vez, si es con fuerza, o varias veces, si es con menor intensidad. Otra variante consiste en hacerlo "in crescendo", es decir, aumentando gradualmente la vehemencia del golpe.

VOCALIZACIÓN INVOLUCRADA: Cualquiera de las frases del encabezado, siendo la más corriente: "Ëte y un cojete", la cual ya está estereotipada.

SIGNIFICADO(S) SECUNDARIO(S): Se puede emplear para indicar que alguien se fastidie o se moleste, entre otros significados; los cuales están emparentados con los principales, pero, más atenuados.

SEXO DEL PRACTICANTE: Normalmente, lo hacen los hombres mayoritariamente, o bien, las mujeres liberadas o de baja estofa.

55 COMIDA", "COMER MUCHO", "PAPEO", "CUCHAREO", "HAMBRE", "TRAGAR". "LAMBE"

ANTECEDENTES Y DESCRIPCIÓN: Esta mímica equivale a otras que simulan el llevarse la comida a la boca; lo único que varía es la forma de hacerlo.

En este caso, se usa la mano derecha, con los dedos de frente hacia la boca, con la palma hacia el suelo. Todas las falanges de los cuatro dedos, exceptuando al pulgar, hacen un movimiento similar, al "abanicar" la boca de frente. Es un gesto muy primario.

CINETISMO: Es muy simple, ya que con la mano se realiza el ademán de comer con las manos. Este gesto sirve a una necesidad básica de supervivencia.

REPETICIÓN: El acto de "abanicar" la boca de frente, se suele hacer una o dos veces.

VOCALIZACIÓN INVOLUCRADA: Cualquiera de las ya

mencionadas arriba, o similares. En ciertos casos, con el gesto solo basta.

SIGNIFICADO(S) SECUNDARIO(S): Se utiliza para expresar una "hartura", o para referirse al alimento, etc., los cuales remiten al significado inicial. Algunos incautos lo confunden con una invitación o una llamada.

SEXO DEL PRACTICANTE: Cualquiera de los dos.

56 "COMIDA", "VOY A COMER", "TENGO HAMBRE"

ANTECEDENTES Y DESCRIPCIÓN: Este es un gesto muy primitivo y muy difundido, ya que reproduce de forma simplificada, el acto de llevarse el bocado de comida a la boca, sin el empleo de cubiertos, claro está.

Se realiza, juntando los dedos en la punta, y se llevan repetidamente a la boca.

CINETISMO: Se trata de un movimiento de todo el brazo, sin interrupciones.

REPETICIÓN: Se acostumbra a realizar dos o tres veces.

VOCALIZACIÓN INVOLUCRADA: Muchas veces no se dice nada; sin embargo, hay personas que emiten ciertos sonidos guturales, apenas audibles, o bien, alguna exclamación u onomatopeya. Otros, por su parte, se refieren a la acción, con cualquier frase igual o similar a las del encabezado.

SIGNIFICADO(S) SECUNDARIO(S): Además de los ya comentados, todos los demás giran alrededor del mismo tema, como podrían ser: alimentación o alimento, etc. o bien, que algo va "pa' dentro", introducir el alimento en la boca, "el cuchareo", el "papeo", entre otros.

SEXO DEL PRACTICANTE: Ambos sexos.

57 "COMPLICIDAD", "COMPADREO", "COMADREO", "ATIENDE", "PRESTA ATENCIÓN", "FÍJATE", "MIRA", "OBSERVA", "AHÍ VIENE", "ESE/A ES"

ANTECEDENTES Y DESCRIPCIÓN: Cuando se requiere una señal de alerta rápida y directa, este gesto es una opción a emplear; ya que es una manera de llamar la atención al acompañante, de forma sencilla, y un tanto discreta, por su rapidez.

Consiste en darle con el codo al costado del brazo o del cuerpo, de la otra persona; para realizarlo, se levanta el brazo lateralmente a partir del hombro, en tanto, el codo forma un ángulo de noventa grados aproximadamente.

CINETISMO: Lo único que se hace, es el "aleteo", empero, si las circunstancias lo permiten, cabe la posibilidad de hacer otro gesto para señalar, como podría ser con la boca, con los ojos, con la mano, incluso oralmente.

REPETICIÓN: Dependiendo de la personalidad del ejecutante y/o de la premura y/o de la discreción deseada, se suele hacer una o dos veces, más o menos.

VOCALIZACIÓN INVOLUCRADA: Desde una frase o palabra, relacionada con lo que se quiere señalar, hasta el silencio cómplice.

SIGNIFICADO(S) SECUNDARIO(S): Prácticamente siempre, sirve para crear una complicidad, de cualquier tipo.

SEXO DEL PRACTICANTE: Ambos sexos lo practican, empero, la versión masculina es más ruda, por supuesto.

58 CONTAR CON LOS DEDOS

ANTECEDENTES Y DESCRIPCIÓN: Aún en las sociedades más primitivas, los gestos se usan para contar, (*) y es casi seguro que el empleo del sistema decimal se deba a que tenemos diez dedos en las manos.

(*) *MATHEMATICS.* LIFE SCIENCE LIBRARY. NEW YORK. 1963. Pág. 19.

En nuestra sociedad, se pone la mano izquierda con la palma inclinada, más o menos, hacia quien está contando; y con el dedo índice de la mano derecha, se van tocando y contando simultáneamente, los dedos de la izquierda. Casi siempre, se empieza por el meñique, pero no siempre, y se va subiendo, cambiando de dedo. En ocasiones, se cuenta levantando los dedos en secuencia, de la mano izquierda, sin tocar los dedos con la derecha.

A veces, se agrupan dedos de la izquierda con la mano derecha, o sea, cuando el cómputo lo amerita.

Todo ello a una altura alrededor del pecho, dependiendo de la posición.

CINETISMO: Lo más probable es que se produzca una secuenciación con los dedos contados de la mano izquierda. Claro está, todo está en función de la cantidad de que se trate.

REPETICIÓN: Si se están enumerando propiedades o características de algo, o bien, se desea recalcar algo, se puede detener la cuenta en un dedo determinado, más que en otro. Esto implica que la repetición o el tiempo que se permanece en un dedo cualquiera, es impredecible para el interlocutor.

VOCALIZACIÓN INVOLUCRADA: Cabe la opción de utilizar, bien los números ordinales, o los cardinales, aparte de lo que se está narrando.

SIGNIFICADO(S) SECUNDARIO(S): Lo único que puede cambiar es el tema del cómputo, ya que puede ser cualquier cosa.

SEXO DEL PRACTICANTE: Ambos sexos.

59 CONTENTO/ALEGRE/SEÑAL DE ALEGRÍA/COMPÁS DE ESPERA/"MAQUINANDO" ALGO/ TENER FRÍO

ANTECEDENTES Y DESCRIPCIÓN: Probablemente, este gesto tenga su origen, en la acción de calentarse las manos delante de una fogata.

Por extensión, pasó a significar que algo producía placer y alegría, y de ahí, el significado empezó a usarse como sinónimo de que algo estaba bueno.

La mímica consiste en manosearse a sí mismo las manos, mientras se giran las muñecas, para que el roce sea más completo, tanto en el interior de las palmas, así como también en la parte exterior de las manos. En su ejecución, se alternan las manos, para que se pueda hacer bien. Normalmente, se hace a la altura del pecho, más o menos.

CINETISMO: Es un movimiento cuasi–circular, dentro de lo posible, o sea, dándole vueltas a las manos. Si el frío es de verdad, dura más.

REPETICIÓN: Se realiza dos o tres veces, habitualmente.

VOCALIZACIÓN INVOLUCRADA: No existe ninguna que esté ya estereotipada; no obstante, se suele decir cualquier palabra o frase, que exprese el motivo del gesto.

SIGNIFICADO(S) SECUNDARIO(S): Esta gesticulación, no ha perdido su significado de origen, es decir, que aún se emplea para expresar la condición de tener frío, en especial, en las manos. Obviamente, este gesto lo hacen más aquellos que han pasado por la experiencia de haber estado o vivido, en un lugar donde la temperatura baje apreciablemente.

Por otro lado, puede simbolizar el lavarse las manos como Pilatos.

SEXO DEL PRACTICANTE: Cualquiera de los dos. En todo caso, puede convertirse en una gesticulación con mucha carga de sensualidad.

60 CONVERGENCIA/CONFLUENCIA/PENETRACIÓN INTELECTUAL/ INVESTIGACIÓN/ PROFUNDIZACIÓN/ APORTE/ PARA RECALCAR ALGO/ PARA SUBRAYAR ORALMENTE.

ANTECEDENTES Y DESCRIPCIÓN: Este ademán utiliza a

los dos índices como protagonistas, en una especie de metáfora gestual.

Para realizarlo, se juntan ambos índices lateralmente, y se mueven hacia delante y un tanto hacia abajo, sin despegarlos; con respecto al plano horizontal imaginario. Los demás dedos se recogen.

CINETISMO: Es un movimiento muy simple hacia delante/abajo, con los índices juntos. Se desplazan unas cinco pulgadas, aproximadamente.

REPETICIÓN: Se suele emplear durante el curso de una conversación, tantas veces como sea necesario.

VOCALIZACIÓN INVOLUCRADA: Puede tratarse de cualquier tema.

SIGNIFICADO(S) SECUNDARIO(S): Se usa mucho en conversaciones y debates de contenido.

Por otra parte, también se lo puede confundir con el gesto de ir juntos, y con otros similares.

SEXO DEL PRACTICANTE: Lo utilizan más los hombres; aunque, hay que aclarar que no es una gesticulación tan corriente.

61 "DE CORAZÓN", "CON TODO MI CORAZÓN"

ANTECEDENTES Y DESCRIPCIÓN: Este ademán refuerza la antigua creencia popular, que le atribuye al corazón, el ser el centro de las emociones.

Se ejecuta, colocando o tocando suavemente, con la palma derecha, el área del corazón. Probablemente, por razones ideológicas, hay quienes cierran el puño, al colocarlo en esa área. Si se golpea con fuerza el pecho, casi siempre el significado cambia, y lo más probable es que sea una reafirmación del ego.

CINETISMO: Aparte de la colocación de la mano, apenas existe.

REPETICIÓN: No se repite, empero, se mantiene con una duración variable, desde breves instantes, hasta varios minutos.

VOCALIZACIÓN INVOLUCRADA: Cualquiera de las frases del encabezado, o alguna otra similar; siempre en ese sentido amoroso.

SIGNIFICADO(S) SECUNDARIO(S): Un ademán parecido se hace cuando existe algún problema torácico o cardíaco, no obstante, la cara es diferente, inevitablemente.

Se usa además para pedir perdón o de arrepentimiento.

Por otra parte, este ademán puede referirse a: "yo mismo", "a mí", "yo", etc.; con posibles variaciones en la colocación de la mano, la cual siempre va hacia el pecho.

SEXO DEL PRACTICANTE: Cualquiera de los dos.

62 "SALIÓ CORRIENDO", "SALIÓ JUYENDO", "SE MANDÓ", "SE MANDÓ A JUÍ", "EN BOLA DE HUMO", "EN LO QUE CANTA UN GALLO", "SACÓ EL PIE", "A CORRER COMO COSA LOCA", "DEJÓ EL HUMITO"

ANTECEDENTES Y DESCRIPCIÓN: Este gesto pretende imitar la rapidez o celeridad con que una persona cualquiera huye o se escapa.

Para realizarlo se usa el borde de la palma derecha, (si es diestro), haciendo un movimiento, como si se tratase de un cuchillo, y hacia atrás, en la palma de la mano izquierda semi–cerrada. Otra variante involucra, también, el anverso de la mano derecha, conjuntamente con el borde de la misma mano, y colocando la mano izquierda, en una posición semi–emcogida, y menos inclinada.

CINETISMO: El movimiento hacia atrás de la mano derecha, se hace con mucho énfasis. Naturalmente, emulando al que sale corriendo.

REPETICIÓN: Lo más normal es que se haga una sola vez.

VOCALIZACIÓN INVOLUCRADA: Con mucha frecuencia, este gesto se realiza simultáneamente con la descripción de lo que aconteció, es decir, la huida. En otras ocasiones, los detalles de lo ocurrido provocan la hilaridad de los interlocutores y del narrador, al ser un ademán que se presta, sobre todo, para ser dramatizado. A veces, se emite una especie de silbido, más bien onomatopéyico, que indica igualmente la precipitación de la acción descrita.

SIGNIFICADO(S) SECUNDARIO(S): Además de todo aquello que se relacione con una partida precipitada, se lo emplea, igualmente, para recalcar cualquier ocurrencia o hecho que sea rápido. También, se emplea para expresar que alguien se marchó de un lugar, pero, al utilizarlo no se pone el énfasis en la narración jocosa. Como una derivación de todo lo anterior, este gesto sirve, de la misma forma, para señalar que a una persona lo dejaron fuera de algo, o bien, que otra persona lo dejó plantado.

SEXO DEL PRACTICANTE: Lo utilizan mayoritariamente los hombres.

63 "CORTAR", "TERMINAR", "ALGO QUE SE CIERRA", "PUERTA QUE SE CIERRA"

ANTECEDENTES Y DESCRIPCIÓN: Este gesto traza un paralelismo, entre el cierre de la puerta doble de un ascensor, y el fin o corte de algo.

Se hace golpeando los dos bordes exteriores de las palmas, a la altura del centro del pecho, con las palmas hacia el gesticulador y los dedos hacia arriba. Es un ademán comparativamente reciente.

Es un gesto bastante simétrico, con respecto a la vertical del cuerpo que pasa por el ombligo, es decir, por el frente.

CINETISMO: Imita, en todo caso, la rapidez con que se cierran las puertas de un ascensor, en el centro del espacio disponible.

REPETICIÓN: Alrededor de un par de veces.

VOCALIZACIÓN INVOLUCRADA: Se utiliza cualquiera de las que aparecen arriba, o bien, alguna otra similar. De la misma manera, se usa mucho simultáneamente con la narración de un hecho, como forma de enfatizar la idea.

SIGNIFICADO(S) SECUNDARIO(S): Sirve, también, para expresar un golpe, o un choque físico o emocional.

SEXO DEL PRACTICANTE: Preferiblemente masculino.

64 "NO ME CREAS", "ES MENTIRA" "PICARDÍA", COQUETERÍA", "HOLA", "QUÉ TAL", "SER PROVOCATIVO", "GUILLÁNDOLA", "TÁ GUILLAO", "UN GUILLE", "TÁ FRIQUIAO", "AGRADAR", "GUSTAR", "COMPLICIDAD"

ANTECEDENTES Y DESCRIPCIÓN: "La picada de ojo" es un gesto muy simple, pero, con muchas sutilezas, en cuanto a sus interpretaciones se refiere; lo cual manifiesta que es muy antiguo, a pesar de tener un origen incierto.

Se realiza simplemente guiñando un ojo. Hay quienes le dan preferencia a un ojo en específico, en cambio, otros lo hacen con cualquiera.

CINETISMO: Además del guiño, algunos ponen una cierta cara de malicia, según sea la intención. Esta mímica puede ser una señal para hacer otra cosa.

REPETICIÓN: Lo más corriente es que se haga una sola vez.

VOCALIZACIÓN INVOLUCRADA: Casi nunca se dice nada, que se relacione con lo que se pretende, aunque, se puede decir algo para disimular.

SIGNIFICADO(S) SECUNDARIO(S): Dependiendo del contexto, en este gesto todos los significados pueden ser primarios o secundarios; tanto si se utiliza para llamar la atención del sexo opuesto, o para indicar complicidad; o bien, para advertirle a alguien que hay algo fuera de lo normal, en el sentido de que lo que se le está diciendo es mentira.

SEXO DEL PRACTICANTE: Para el enamoramiento, lo usan más los hombres; en cambio, para la complicidad o para la mentira, lo utilizan ambos sexos, prácticamente, con una frecuencia similar.

65 EL CRUCE EN LA ACERA DE SEXOS OPUESTOS

ANTECEDENTES Y DESCRIPCIÓN: Normalmente, si dos personas se cruzan de frente en la acera, cada una de ellas toma su "carril" de forma espontánea y natural, guiándose por un sistema de señales sutiles, las cuales se aprenden inconscientemente. Pueden darse casos de titubeos gestuales, sobre todo, cuando alguien se empeña en ir por un sitio y forzar a la otra persona a cambiar de lado, o bien, cuando el encuentro se produce súbitamente.

Sin embargo, en el supuesto de que la acera sea estrecha, lo lógico sería que las dos personas que se cruzan, giren el cuerpo hacia un lado, para no chocar entre sí; empero, en el caso dominicano, la mujer aprende culturalmente a no girar, o hacerlo lo menos posible, principalmente, cuando se cruza con un hombre.

CINETISMO: Aparte de la acción de caminar, solamente se produce el giro, o no, del cuerpo, al cruzarse con alguien.

REPETICIÓN: Se hace o se deja de hacer, tantas veces como se tropiece uno con alguien.

VOCALIZACIÓN INVOLUCRADA: No se dice nada, a menos que se conozcan.

SIGNIFICADO(S) SECUNDARIO(S): Independientemente de las connotaciones idiosincrásicas, de los significados psicológicos para el género, y de los matices culturales, no hemos encontrado ningún otro.

SEXO DEL PRACTICANTE: Ambos sexos, con diferencias notorias dependiendo del género.

66 "CRUZ Y RAYA", "SE ACABÓ", "ES LO ÚLTIMO", "¡DIOS ME LIBRE!"

ANTECEDENTES Y DESCRIPCIÓN: En los rituales religiosos, se imparte la bendición al final. Este gesto viene a ser como una extrapolación, para expresar, precisamente, lo opuesto del sentido original. Se trata de un caso típico de un anti–simbolismo.

Se hace, a base de "trazar" una "bendición" en el aire, empero, con la diferencia de que se coloca el brazo bastante extendido hacia delante, y por otro lado, se simplifica la señal de la cruz. Los dedos que más intervienen, son el índice y el mayor, con el movimiento de muñeca, e inclinados en diagonal hacia delante. La mímica empieza arriba y luego baja, y a continuación, se pasa a la izquierda y de ahí a la derecha.

Probablemente, este gesto tenga su origen, en las prácticas sincrético–religiosas.

CINETISMO: Es un movimiento muy estereotipado, el cual no tiene mucho cinetismo, debido a que la señal de la cruz se hace de forma muy simplificada.

REPETICIÓN: La "bendición" se ejecuta una vez, o dos veces, a lo sumo.

VOCALIZACIÓN INVOLUCRADA: Lo más habitual, es que se diga: "cruz y raya"; o alguna otra frase como las del encabezado, o parecida.

SIGNIFICADO(S) SECUNDARIO(S): Todo gira alrededor de la misma idea, es decir, que ya se terminó, o que no le van a dar más oportunidades al interlocutor.

Se puede interpretar, también, como un maleficio o maldición, pero, esos ya serían agravantes.

SEXO DEL PRACTICANTE: Lo practican ambos sexos.

67 PARA PEDIR LA CUENTA

ANTECEDENTES Y DESCRIPCIÓN: Esta mímica emula la acción de escribir algo, pero, de manera un tanto imperativa.

Primeramente, se le chista al camarero, y a continuación se "escribe" en el aire a la altura de la cabeza, llevando la misma, ligeramente hacia atrás.

CINETISMO: Al ser un gesto para llamar la atención del camarero, es bastante notorio en su "coreografía". Puede involucrar una o dos manos. En este último supuesto, la derecha "escribe" o "garabatea", y la izquierda "soporta" una libreta inexistente. Por otro lado, también interviene la cabeza, y la cara expresa atención, abriendo un poco los ojos.

REPETICIÓN: La mano derecha realiza unos tres trazos en el aire, aproximadamente.

VOCALIZACIÓN INVOLUCRADA: Lo habitual es que el camarero pregunte: "¿la cuenta?", a lo cual el cliente asiente con una "sacudida" de cabeza hacia delante, confirmando aquello que le están preguntando.

Otra variante consiste en que al contestarle al mozo, el cliente haga una mímica con la boca, prácticamente inaudible, repitiendo afirmativamente la frase.

SIGNIFICADO(S) SECUNDARIO(S): Ningún otro conocido, en ese contexto. Fuera de ahí significa: copiar, escribir, tomar nota, firmar, etc.

En ciertos países, por ejemplo, en Inglaterra, el chistarle a un camarero se interpreta como una grosería o vulgaridad, ante lo cual reaccionan con un desprecio olímpico.

SEXO DEL PRACTICANTE: Normalmente lo hacen más los hombres, por la inveterada costumbre de querer pagar siempre la cuenta.

68 "PEGA CUERNO", "LOS CUERNOS", "EL VENAO", "SER INFIEL", "LOS CACHOS", "LOS CHIFLES"

ANTECEDENTES Y DESCRIPCIÓN: Este es un gesto sumamente insultante. La versión más internacional del mismo, se hace levantando el meñique y el índice, mientras los otros dos dedos se sujetan con el pulgar. Esta manera de expresar la idea, es poco reconocible aquí.

En el caso dominicano, se emplean ambas manos, con los dedos índices colocados de tal forma que sobresalgan a los lados de la frente, en posición diagonal.

En España a la versión original del gesto, la llaman "poner los cuernos". Nosotros decimos "pegar los cuernos", es decir, que le atribuimos más permanencia al acto.

En un gesto con un origen tan remoto, parece inconcebible que un animal que se considera muy viril, sea tomado como referente para la infidelidad. Aquí también se le llama al marido engañado "el venao", quizá a raíz de una canción que se puso de moda. Es preciso aclarar que los venados fueron introducidos en el país en la Era de Trujillo, y se especula que quedan aún unos cuantos en las cercanías del pueblo de Guerra.

CINETISMO: Aparte de la colocación de los índices, no hay ningún otro.

REPETICIÓN: Con una vez que se haga es suficiente.

VOCALIZACIÓN INVOLUCRADA: Cualquiera de las ya mencionadas o similares.

SIGNIFICADO(S) SECUNDARIO(S): A veces, se hace el gesto por detrás de la cabeza del que se tiene al lado, al posar para una foto, como nota humorística. Pero, se practica preferiblemente con el índice y el mayor de una mano.

SEXO DEL PRACTICANTE: Principalmente los hombres; y para el caso de la broma, lo practican ambos sexos indistintamente.

69 "¡QUÉ CUERPAZO!", "¡QUÉ MONUMENTO!", "¡QUÉ BUENA!", "¡QUÉ MUJERÓN!", "CUERPO DE GUITARRA", "MUJER CON CURVAS", "BIEN PROPORCIONADA" "SILUETA FEMENINA", "MUJER"

ANTECEDENTES Y DESCRIPCIÓN: Este es un ademán muy difundido internacionalmente, y consiste en "trazar" en el aire, empleando ambas manos, un cuerpo femenino imaginario e ideal, poniendo, muchas veces, la cara de satisfacción y lascivia. A veces se pasa la lengua o se muerden los labios. Naturalmente, que siempre se exagera en el "trazado" de las curvas.

Es un gesto bastante simétrico, y se hace de arriba hacia abajo, trazando las debidas curvas en el aire. Lo habitual es que los dedos estén juntos, mientras se realiza.

CINETISMO: Es una mímica fluida y sin interrupciones, imitando el cuerpo de guitarra.

REPETICIÓN: Se hace una sola vez, y en casos excepcionales, se realiza un par de veces, y a lo mejor, una de ellas no se completa.

VOCALIZACIÓN INVOLUCRADA: Cualquiera de las que aparecen en el encabezado, o alguna similar. También, se puede realizar el gesto simultáneamente con la descripción, la cual puede incluir frases halagadoras.

SIGNIFICADO(S) SECUNDARIO(S): Cabe la posibilidad de que se emplee como una metáfora gestual, con el fin de expresar que algo está bueno.

Para el caso del cuerpo femenino, es preciso aclarar, que el grado de admiración puede variar, ya que el gesto se interpreta desde que se trata de una mujer a secas, hasta que se refiere a un "monumento".

SEXO DEL PRACTICANTE: Por razones obvias, es un gesto típicamente masculino.

70 "CURVERO", "CULEBRO", "CON MUCHAS CURVAS", "SINUOSO", "QUE SERPENTEA" "EN ZIGZAG"

ANTECEDENTES Y DESCRIPCIÓN: Dentro de la categoría más numerosa, es decir, la de los gestos imitativos, se encuentra este ademán.

Normalmente, se usa la mano derecha, y con los dedos juntos

y la palma hacia la izquierda a la altura del pecho, se "trazan" las curvas hacia delante con la mano; imitando, aproximadamente, la forma de desplazarse de una serpiente sobre el suelo, pero, con mayor rapidez relativa, casi siempre.

CINETISMO: Se trata de un movimiento sinusoidal con la mano, hacia delante, y los dedos en primer plano en todo momento.

Este gesto admite otras variantes, dependiendo de lo que se esté describiendo.

REPETICIÓN: Normalmente, se hace una o dos veces.

VOCALIZACIÓN INVOLUCRADA: Cualquier tema que se preste, ya que el ademán se suele emplear simultáneamente con la narración.

SIGNIFICADO(S) SECUNDARIO(S): Además de los expresados en el encabezado; esta gesticulación es muy útil para exagerar aquello que se dice.

SEXO DEL PRACTICANTE: Ambos sexos.

71 "UN CHIN", "UN CHINCHÍN", "UN CHINCHILÍN", "UN POCO", "DAME UN POCO", "CHIQUITO", "UNA PIZCA", "POR UN PELITO", "POR UN CECÉ", "POR UN POQUITO"

ANTECEDENTES Y DESCRIPCIÓN: Este ademán sirve para indicar la cantidad, que en este caso se desea que sea poca, o bien, para expresar una distancia pequeña. Es un gesto muy típico y representantivo.

Se realiza, sencillamente juntando el índice y el pulgar, colocando a ambos dedos casi de frente, al juntar ambas yemas, y formando algo parecido a una especie de óvalo con ellos, pero, algo aplastado.

CINETISMO: Ninguno, salvo la colocación de los dedos en sí.

REPETICIÓN: Una vez que se realiza el gesto, se mantiene por unos pocos segundos, más o menos, a la altura pecho, y con el antebrazo formando un ángulo que puede variar.

VOCALIZACIÓN INVOLUCRADA: Cualquiera de las del encabezado, o alguna parecida. Ya se sabe que el dominicanismo "chin", significa "poco".

SIGNIFICADO(S) SECUNDARIO(S): Puede tener connotaciones sexuales, dependiendo del contexto. Es evidente que no se desea precisamente un "poco" de amor, de todas formas, resulta simpático.

Inclusive, la frase "dame un chin", puede tener derivaciones picarescas.

SEXO DEL PRACTICANTE: Cualquiera de los dos.

72 "ACTITUD DE CHISMOSA", "IMPERTINENTE", "PLEBE", "INSULTANTE", "DESAFIANTE", "DESAFÍO", "QUÉ SWING", "¡NO TE APURES!"

ANTECEDENTES Y DESCRIPCIÓN: Esta mímica es una de las mejores escenificadas, dentro del repertorio gestual dominicano. Es típico de ciertas mujeres, quienes con actitud desafiante, se colocan una o ambas manos en las caderas; y preferiblemente, con el pie izquierdo, dan "palmadas" con él en el suelo; o sea, con el tacón anclado, levantan la punta del zapato y la dejan caer.

Existen cuatro formas básicas de colocarse las manos en las caderas:

a) Con el puño cerrado, y de frente, hacia los lados de las caderas.

b) Con el "hueco" del pulgar y el índice, con los dedos hacia el ombligo, el pulgar hacia atrás, y con las palmas pegadas al cuerpo.

c) Con la palma hacia atrás del cuerpo, pegada, y con el pulgar hacia adelante, o sea, lo contrario que en b).

d) Con los dedos metidos en un cinturón o correa.

Para este gesto se emplea el tipo a), el cual es precisamente, el más desafiante; de lo contrario, las manos se agitan reforzando el habla.

CINETISMO: Implica una coreografía del cuerpo entero, con la cara descompuesta, las manos en agitación o en una pose desafiante descansando en las caderas, y el pie en movimiento nervioso.

REPETICIÓN: Dura todo el tiempo que sea necesario, para que el insulto sea más efectivo.

VOCALIZACIÓN INVOLUCRADA: Todo tipo de improperios y de insultos, conjuntamente con desafíos y cuestionamientos.

SIGNIFICADO(S) SECUNDARIO(S): Cuando no se insulta, puede expresar una impaciencia, una incomodidad, una desesperación, etc. También significa un "agentamiento", o lo que es igual, un afán de darse importancia.

SEXO DEL PRACTICANTE: Es un gesto típico femenino, empleado, también, por los hombres afeminados.

73 "CHULERÍA", "PARA LLAMAR LA ATENCIÓN", "FLIRTEO", "VAGANCIA" "ESPERA", "DISTRAÍDO"

ANTECEDENTES Y DESCRIPCIÓN: Este es un gesto que está en franca decadencia, debido a que han cambiado sustancialmente las costumbres del flirteo. Antes, el galanteo se hacía a pie, o con transportes ligeros, como una bicicleta; empero, hoy en día, se usa, principalmente, el automóvil. Por esos motivos es ya un clásico, representativo de una época.

Por otro lado, este gesto traía aparejado otro hábito con repercusiones antropológicas, ya que los sujetos involucrados, solían recostarse de una pared o de un poste, y colocaban una de las plantas de los zapatos hacia atrás, de tal forma, que muchas veces la dejaban marcada en el soporte. Esta era, y sigue siendo, una forma de "acordonar" un territorio; evidentemente, que esta costumbre no resulta tan interesante para el dueño de la propiedad afectada.

La práctica se complementaba haciendo girar la cadenita de un llavero, alrededor del dedo índice, en tanto, la otra mano se mantenía en un bolsillo lateral, o bien, en la cintura, etc.

Cuando se trata de un galanteo, la mirada permanece alerta, oteando el "horizonte".

CINETISMO: El protagonista en el movimiento, es el dedo índice, apuntando hacia delante y girando.

REPETICIÓN: No tiene un tiempo definido de duración, dependiendo de las circunstancias. Por consiguiente, se repite tantas veces como sea necesario.

VOCALIZACIÓN INVOLUCRADA: Se entablan diálogos, con la finalidad de obtener información vital, acerca de la enamorada. Por otra parte, se intenta conseguir "aliados" para la causa, y de paso, se pretende eliminar la competencia simultáneamente. Es toda una estrategia.

SIGNIFICADO(S) SECUNDARIO(S): Los ya expresados arriba.

SEXO DEL PRACTICANTE: Es una mímica típica masculina.

 "CHUPARSE EL DEDO"

ANTECEDENTES Y DESCRIPCIÓN: Hay niños que no se resignan a superar la etapa, en la cual el placer oral es fundamental para su supervivencia, ya que el reflejo de succionar resulta imprescindible para poder ser amamantados.

Por ese motivo, desarrollan un mecanismo alternativo, que consiste en "chuparse el dedo", en especial el pulgar. En algunos casos extremos, después de varios años en su práctica, hasta llegan a deformarse el dedo.

Normalmente, se introduce el pulgar en la boca, con la uña hacia abajo.

CINETISMO: Se trata de la acción de llevarse el pulgar a la boca y la succión con los labios.

REPETICIÓN: Hay niños y jovencitos que repiten este gesto compulsivamente, cada vez que no tienen nada que hacer. Otros lo practican para poder dormirse, etc.

VOCALIZACIÓN INVOLUCRADA: No hay ninguna envuelta, puesto que la boca está ocupada; sin embargo, a veces se escuchan sonidos procedentes de ella, debido a la acción de succionar.

SIGNIFICADO(S) SECUNDARIO(S): Lo más probable es que este ademán delate una manera sobreindulgente de crianza, un mimo excesivo, o bien, una inseguridad latente. Cuando llegan a la adolescencia, suelen ser objeto de burlas.

SEXO DEL PRACTICANTE: Ambos sexos, y la mayoría de los practicantes llega hasta pasada la pubertad con su hábito.

75 "TE VOY A DAR", "TE VOY A METER", "DAR GOLPES", "METER EL PUÑO", "AGOLPIAR", "A LOS PUÑOS", "PELEA", "AMENAZA"

ANTECEDENTES Y DESCRIPCIÓN: Entre los gestos más primitivos y burdos, se encuentra éste, el cual expresa bien a las claras, la intención de la persona. Es un "grito de guerra" gestual.

Se realiza a base de golpear con el puño derecho, de frente, la palma de la mano izquierda. Nada más golpear la palma, los dedos de la mano izquierda, cubren al puño lo más que pueden. Todo ello a la altura del pecho, pero, hacia el lado izquierdo del cuerpo, debido a que el puñetazo se propina con el puño derecho.

CINETISMO: Este es un movimiento bastante violento del puño derecho, y de la palma izquierda, que sale "al encuentro" del puño.

REPETICIÓN: Se suele hacer dos o tres veces, como mucho. Cuando se repite más, indica un gran estrés y/o disgusto y/o capacidad para fingir.

VOCALIZACIÓN INVOLUCRADA: Cualquier amenaza,

incluyendo a las del encabezado. También se emplea para animar a los otros.

SIGNIFICADO(S) SECUNDARIO(S): Siempre se relaciona con la agresión, o bien, para amedrentar o asustar al otro. Tiene un componente sádico.

SEXO DEL PRACTICANTE: Lo emplean en mayor medida, los hombres.

76 77 78 "DERECHO, "RECTO", "SEGUIDO", "EN ESTA DIRECCIÓN", "SUBIENDO", "BAJANDO"

ANTECEDENTES Y DESCRIPCIÓN: El transporte de "concho", consiste en la utilización de vehículos diseñados para el uso privado, como unidades al servicio del transporte colectivo de viajeros. De esa manera, existen las llamadas "líneas de concho", las cuales, normalmente, no se anuncian en ningún sitio, y obedecen, con sus notorias excepciones como es el caso de Santiago, en la región del Cibao, a la ley de oferta y demanda; lo cual implica que al igual que algunas rutas desaparecen, otras por el contrario, surgen, para atender las necesidades de la población.

Los usuarios de esta red, se enteran de oídas que existe una determinada ruta. Al menos en la capital, los "conchos" no tienen una identificación exterior, para diferenciarlos de los privados, ni mucho menos, poseen algún letrero que señale el recorrido; así, se ha creado un sencillo, pero curioso, código de señales aprendidas, que cumplen la función, por una parte, de avisarle al conductor hacia dónde se quiere ir, y por otro lado, le hace un cuestionamiento gestual, simultáneamente. Desde el punto de vista del conductor, él también, se aprovecha del código para indicar hacia donde va.

Si los gestos coinciden, y hay espacio disponible en el vehículo, entonces, se detiene, le pregunta, o no, al pasajero su ruta para confirmar, y este último corrobora o consulta, a su vez, antes de abordarlo. Naturalmente, que si no hay espacio disponible, el conductor no hace ninguna señal.

Existen tres casos básicos:

a) Para pedir "DERECHO", se encoge un poco el codo derecho, y con el índice y el dedo mayor, se hace la señal. Con los mencionados dedos se hace un movimiento paralelo a la calle donde está el interesado, pero, apuntando hacia el suelo. Los dedos se desplazan una, seis pulgadas, más o menos, con el predominio del antebrazo y de la muñeca. Todo ello, a la altura del ombligo, aproximadamente.

b) Para pedir "SUBIENDO", se señala con el pulgar, preferiblemente, con los demás dedos bastante recogidos, a la altura de la cabeza. El pulgar apunta, más bien, hacia atrás.

c) Para pedir "BAJANDO", se apunta con el índice derecho hacia delante, es decir, perpendicularmente a la acera y al cuerpo, formando un ángulo aproximado de noventa grados con el codo.

CINETISMO: En el caso a), el movimiento es rítmico; en el b), es prácticamente nulo, aunque hay personas que mueven el pulgar un poco para enfatizar. En el ejemplo c), apenas se mueve el dedo, sin embargo, a veces, se cabecea un poco, como una forma de insistir.

REPETICIÓN: Tantas veces como sea necesario, y el tiempo que se permanece, cada vez, depende de las circunstancias, hasta que por fin se logra el objetivo. Normalmente, estas señales se realizan al aproximarse el vehículo que se supone es de "concho". En Santiago, los automóviles están señalizados, pero en Santo Domingo es lo contrario; y no digamos nada de los llamados "piratas".

VOCALIZACIÓN INVOLUCRADA: Muchas veces las gesticulaciones van acompañadas de la vocalización de la ruta que se está "pidiendo"; con un volumen que puede ser variable. Para los casos específicos de "subiendo" o "bajando", se suele anteponer el nombre simplificado de la calle, por ejemplo: "Gómez subiendo", o "Gómez bajando".

SIGNIFICADO(S) SECUNDARIO(S): Cualquiera de estos gestos se pueden utilizar para indicar el sentido o dirección de algo/alguien, sin que tenga nada que ver con el transporte.

El caso a) se interpreta, también, en otro contexto, queriendo significar: "para arriba y para abajo", en el sentido de que se va y se viene; o bien, cabe la posibilidad de entenderlo como que una persona es andariega. Por otro lado, esta señal se confunde, a veces, con algo/alguien en posición horizontal. Una mímica parecida a la variante b) sirve además, para señalar algo/alguien de forma un tanto indirecta, y a veces hasta despectiva.

SEXO DEL PRACTICANTE: Ambos sexos.

79 " ¡QUÉ DESGRACIA!", "¡QUÉ COSA TAN MALA!", "¡AY DIOS MÍO!", "¡QUÉ GOLPE!", "¡ANDA EL DIABLO...!", "¡QUÉ PROBLEMA!", "GUAY MI MAI", "SE LO LLEVÓ EL DIABLO", "DOLOR", "LAMENTO", "PENA"

ANTECEDENTES Y DESCRIPCIÓN: Este es un gesto muy primitivo que puede observarse en todas las latitudes.

Básicamente, consiste en llevarse ambas manos, desde los lados de la cabeza hasta los ojos o sus cercanías, con la cara compungida de dolor o de preocupación, y muchas veces llorando.

Otra variante consiste en realizar el gesto con una sola mano, y/o en una postura cabizbaja. Es una manera de expresar que se tiene que "sujetar" la cabeza, por haber sufrido una pérdida o una desgracia.

CINETISMO: Salvo los movimientos faciales, en especial de la boca, y los posibles llantos y sollozos, tiene muy poco cinetismo en las manos. A veces, ciertas personas se cubren la cara con el antebrazo.

REPETICIÓN: Este es un gesto que se realiza, y una vez colocadas las manos, tiene una duración bastante dilatada e indefinida.

VOCALIZACIÓN INVOLUCRADA: Cabe la posibilidad de que se produzcan gritos de dolor, o, exclamaciones relacionadas con el suceso. En ciertos casos no se expresa oralmente nada y se sufre o se lamenta en silencio, aunque sí facialmente.

SIGNIFICADO(S) SECUNDARIO(S): Un ademán similar a este se hace para disipar el calor, pero, sin la cara específica, a base de levantar los antebrazos; de esta forma el calor se irradia en buena medida, por las axilas.

Otras variantes serían el cubrirse la cara, parcial o totalmente, por motivos de vergüenza. También, se puede interpretar como que alguien solicita una ayuda o auxilio, que suplica o implora, que está invocando a Dios; o por lo menos, que tiene una inconformidad, una preocupación, que "ha metido la pata", o ha cometido una estupidez, etc.

Hay quienes lo confunden, con el dolor de cabeza.

SEXO DEL PRACTICANTE: Principalmente las mujeres.

80 "DESPACIO", "AL PASO", "CON CALMA", "ESPERA", "UN MOMENTO", "UN MINUTITO"

ANTECEDENTES Y DESCRIPCIÓN: Al menos en apariencia, esta mímica intenta reproducir el movimiento del pie de un conductor, al frenar.

Sin embargo, hay que aclarar que, también existe un reflejo de protección, en el que la mano se coloca de forma parecida. Probablemente, este reflejo sea el origen del gesto.

Para ejecutarlo, se coloca la mano con la palma hacia delante, en diagonal, y se mueve la mano en un eje diagonal imaginario hacia abajo y hacia arriba.

CINETISMO: Es un movimiento de "freno" suave, con la mano derecha.

REPETICIÓN: Se suele ejecutar una sola vez, moviendo la mano con bastante lentitud, o bien, un par de veces, aproximadamente, pero, con un poco más de celeridad. A veces, se ejecuta insistentemente, según sea.

VOCALIZACIÓN INVOLUCRADA: Cualquiera de las que

aparecen arriba o similares. En otras ocasiones, no se dice nada. De todas formas, es un gesto imperativo, aunque, sin ninguna agresividad.

SIGNIFICADO(S) SECUNDARIO(S): Puede expresar, además, algo así como: "paulatinamente", "reducir", "amainar", etc., todos los cuales se relacionan con el significado original.

SEXO DEL PRACTICANTE: Los hombres y las mujeres.

81 "DESPUÉS", "MÁS TARDE", "MÁS ADELANTE", "AHORITA", "MUCHO TIEMPO" "MAÑANA", "PASADO MAÑANA"

ANTECEDENTES Y DESCRIPCIÓN: Este ademán es más completo, evidentemente, que aquel que se ejecuta empleando una sola mano, aparte, de ser casi simétrico.

Se utilizan ambas manos, haciendo los arcos hacia fuera/adelante, y tiene tres variantes principales.

a) Se hace un semi–arco hacia fuera, desde abajo hacia arriba, con las dos manos.

b) Se realiza la circunferencia completa, con las dos manos.

c) Se traza un círculo imaginario perpendicular al pecho, con los dos índices, de forma no sincronizada. En este caso se trata de uno pequeño.

El caso c), es más parecido al que se usa en baloncesto.

CINETISMO: En los tres casos que hemos descrito, el movimiento aparece, en orden creciente, lo cual implica, que el a) tiene menos y el c) tiene más.

REPETICIÓN: En los supuestos a) y b), se suele hacer una vez; en cambio, en el c), se traza el "círculo" unas tres veces.

VOCALIZACIÓN INVOLUCRADA: Cualquier frase relativa al tiempo, como las del encabezado, o similares.

SIGNIFICADO(S) SECUNDARIO(S): Esta mímica tiene la particularidad, de que se confunde mucho con aquella que se hace con una sola mano, y al no estar bien establecida, la confusión es aún mayor.

SEXO DEL PRACTICANTE: Ambos sexos.

82 "DINERO", "BILLETES", "PAPELETAS", "LOS CUARTOS", "MONEY"

ANTECEDENTES Y DESCRIPCIÓN: Este es un gesto simplificado, que se deriva, sin lugar a dudas, del hecho de contar billetes de banco.

Se realiza frotando el índice con el pulgar, con el antebrazo hacia delante. El índice y el pulgar siempre sobresalen de los demás.

CINETISMO: Los dedos involucrados son los que más se mueven. Por razones anatómicas los demás se mueven un poco, también, pero no es la intención.

REPETICIÓN: Alrededor de tres veces.

VOCALIZACIÓN INVOLUCRADA: Cualquiera de las que aparece arriba. En determinadas ocasiones no se dice nada.

SIGNIFICADO(S) SECUNDARIO(S): Se asemeja en algo al gesto de llamar a un perrito cariñoso, pero, este último tiene una vocalización característica.

SEXO DEL PRACTICANTE: Cualquiera.

83 DISIPANDO EL CALOR CON LAS MANOS EN LA CINTURA

ANTECEDENTES Y DESCRIPCIÓN: Debido a las altas temperaturas que se alcanzan en el trópico, el dominicano ha desarrollado ciertos mecanismos gestuales con la finalidad de disipar el calor, de los cuales apenas se da cuenta.

Una de las maneras de lidiar con el exceso térmico, consiste en abrir los brazos con las manos descansando en la cintura, para que las axilas queden en contacto con el aire directamente. Lo habitual es que el pulgar se coloque hacia atrás, con los otros cuatro dedos hacia delante; o bien, con los puños en la cintura sin cerrar del todo la mano. Otra variante, sería con los pulgares en los bolsillos laterales, y así por el estilo.

CINETISMO: Aparte de la colocación de las manos, apenas se mueven los codos, dependiendo de la aglomeración de gente, etc. Normalmente, este ademán se hace cuando el sujeto está de pie.

REPETICIÓN: Se mantiene mientras convenga, y/o se pueda, con una variación en el tiempo muy impredecible.

VOCALIZACIÓN INVOLUCRADA: Puede ser cualquier tema, si se está en compañía.

SIGNIFICADO(S) SECUNDARIO(S): Si la colocación de las manos se hace con ellas dobladas en la muñecas, con los dedos hacia atrás, aquí se interpreta como una pose afeminada, para un hombre, y se dice que el sujeto está "partido"; en cambio, en otros países, por ejemplo, en Italia, no tendría mayor importancia.

También, se usa para "delimitar" un territorio en el espacio alrededor de uno. Otras personas lo usan para bloquear momentáneamente el paso de alguien.

SEXO DEL PRACTICANTE: Ambos sexos.

84 DISPARAR CON LA MANO

ANTECEDENTES Y DESCRIPCIÓN: Se trata de una mímica simpática, que intenta emular el disparo con un revolver.

Para realizarlo, existen dos variantes principales:

a) Se apunta con el índice, y se mueve el pulgar arriba, imitando el movimiento del gatillo. Los otros tres dedos permanecen doblados próximos a la palma.

b) Se emula el movimiento de apretar el gatillo con el índice, y el pulgar se mantiene encima del dedo mayor que se encuentra doblado al igual que los otros dos dedos.

CINETISMO: Solamente la acción de apuntar, y de apretar el "gatillo", de cualquiera de las dos maneras descritas; inclusive, cabe la opción de dramatizar el disparo de muchas formas.

REPETICIÓN: Se suele "disparar" dos o tres veces, más o menos.

VOCALIZACIÓN INVOLUCRADA: Hay personas que vocalizan alguna onomatopeya, como podría ser: "ban, ban" ; y otras, dicen cualquier frase graciosa relacionada con el tema en cuestión.

SIGNIFICADO(S) SECUNDARIO(S): La gesticulación de "matar" a otro, puede tener muchos significados: desde pillar desprevenido a alguien, hasta sacar de un letargo, pasando por querer dar un susto, etc.

SEXO DEL PRACTICANTE: Lo usan más los hombres.

85 "ME DUELE LA CABEZA", "TENGO UN DOLOR AQUÍ", "TENGO JAQUECA", "UN LAMENTO"

ANTECEDENTES Y DESCRIPCIÓN: Se ha demostrado que existen más de 165 causas posibles del dolor de cabeza; sin embargo, con este gesto no se matiza en absoluto, aparte, de que no resultaría práctico.

Esta gesticulación se hace llevando las puntas de los dedos al área comprendida entre los lados de la frente y las sienes. Los dedos que más intervienen son el pulgar, el índice y el mayor.

El rostro suele mostrar el dolor o desasosiego, inclusive, en los casos en que se finja, la expresión siempre indica que algo anda mal. Muchas veces, se baja o se inclina la cabeza.

CINETISMO: Aparte de los dedos colocados en la frente/sienes, de la cara compungida, y de la posible inclinación hacia delante de la cabeza, hay muy poca movilidad

REPETICIÓN: Hay personas que pueden pasarse, desde breves momentos hasta un largo rato, lo cual implica que la duración de la mímica es muy variable.

VOCALIZACIÓN INVOLUCRADA: Si se está acompañado, suelen decirse frases relacionadas con el hecho; de lo contrario, o se habla solo, al expresar la queja, o a lo mejor, lo más probable es que no se diga nada. En todo caso, la cara expresa el motivo.

SIGNIFICADO(S) SECUNDARIO(S): Este gesto también se hace por una pena, o por una preocupación. Hay quienes lo confunden con la acción de pensar, o con la brusquedad de la sensación de olvido.

SEXO DEL PRACTICANTE: Cualquiera de los dos.

86 "¡QUÉ DURO!", "¡QUÉ TACAÑO!", "¡QUÉ PIEDRA!", "¡NO FLOJA!", "TIÑOSO" "INFLEXIBLE", "PICHIRRE"

ANTECEDENTES Y DESCRIPCIÓN: Aquí se emplea una parte conveniente de la anatomía, para indicar que a alguien no le gusta gastar, o sea, que no posee el hábito del derroche o despilfarro, ni tampoco es manirroto.

Es un gesto muy antiguo y difundido. Probablemente se refiera a que el sujeto es "duro" de convencer o de carácter, con respecto al dinero.

Se hace, golpeando repetidamente con los nudillos de una mano, en el codo del brazo contrario. Esto implica, que para los diestros los nudillos de la mano derecha golpean el codo izquierdo. El antebrazo izquierdo se encoge algo, para que el codo quede accesible, y este último se levanta un poco; aunque, hay quienes bajan el codo bruscamente, para darle mayor énfasis a la mímica.

CINETISMO: Aparte de la posición básica del codo izquierdo, es el brazo derecho el que se mueve, con el fin de golpear al codo con los nudillos de la derecha. A veces, se gira ligeramente la cabeza, como si se estuviera diciendo que no, para expresar una incredulidad aparente, y simultáneamente se contraen los labios, para acentuar el dramatismo.

REPETICIÓN: Cuando se hace con énfasis, se ejecuta una sola vez. En los casos normales, se ejecuta unas tres veces.

VOCALIZACIÓN INVOLUCRADA: Si acaso, se hace un comentario, como los ya expresados arriba, o se emite un sonido gutural, parecido a "uujuu..."

SIGNIFICADO(S) SECUNDARIO(S): Todos remiten a lo mismo.

SEXO DEL PRACTICANTE: Cualquiera.

87 EL EMPUJÓN DE INICIO DE PELEA

ANTECEDENTES Y DESCRIPCIÓN: Este gesto es una expresión inicial de agresividad, el cual puede traer aparejada más violencia, ya que suele ser el preludio de subsiguientes puñetazos, bofetadas, patadas, arañazos, golpes de todo tipo, y así por el estilo.

En definitiva, pues, cabe la posibilidad de interpretarlo como una manera de quitarse al adversario de al lado, a base del empujón.

A veces, el empellón en mutuo. Normalmente, quien empuja, también, da unos pasos hacia atrás.

CINETISMO: Interviene todo el cuerpo. Aquel que empuja usa los brazos y recula, y el empujado, es echado hacia atrás.

REPETICIÓN: Lo típico es que se haga una sola vez, a menos que exista una disparidad muy grande entre los que están involucrados, en cuyo caso, puede darse que uno empuje repetidas veces al otro.

VOCALIZACIÓN INVOLUCRADA: Es habitual que se produzcan expresiones orales cargadas de mucha emotividad, incluyendo toda clase de palabrotas, improperios y recriminaciones.

SIGNIFICADO(S) SECUNDARIO(S): Algo parecido se estila, no para pelear, sino para quitar a alguien de en medio de forma brusca y expedita.

SEXO DEL PRACTICANTE: Ambos sexos. Se practica entre miembros del mismo sexo, o de sexos contrarios.

88 "ENCOJONAMIENTO", "CRISPACIÓN", "NERVIOSISMO"

ANTECEDENTES Y DESCRIPCIÓN: En este caso se expresa gestualmente la agresividad.

Para hacerlo, se ponen los dedos crispados y rígidos, de ambas manos, hacia delante, con las palmas hacia abajo, a la altura del pecho y con los antebrazos, algo recogidos para aumentar la idea de crispación.

CINETISMO: Aparte, de la colocación de los dedos y las manos, y de la cara furiosa, es un gesto bastante estático.

REPETICIÓN: No tiene repetición; únicamente, se colocan las manos, y se mantienen así por varios segundos.

VOCALIZACIÓN INVOLUCRADA: Esta gesticulación se emplea mucho para dramatizar una narración. De la misma manera, cabe la posibilidad de utilizar cualquier frase o palabra parecida a las del encabezado, o alguna otra parecida.

SIGNIFICADO(S) SECUNDARIO(S): También, se utiliza para trazar un paraleleismo con el hecho de "sacar las uñas", imitando a los felinos.

SEXO DEL PRACTICANTE: Quizá, lo usen más las mujeres.

89 "ENEMIGUITOS", "NO ME HABLES", "ESTOY DISGUSTADO/A", "NO VAMOS A SEGUIR", "NO VOY A SEGUIR NUESTRA RELACIÓN", "EXPRESIÓN DE DISGUSTO", "AMAGO DE RUPTURA".

ANTECEDENTES Y DESCRIPCIÓN: Probablemente, este gesto pretende expresar que el vínculo, lazo de unión, amistad o acercamiento, se encuentra resentido o por lo menos, debilitado.

Se hace entrelazando los dedos meñiques de dos personas distintas, y a continuación realizan un giro hacia la derecha con el dedo respectivo. Lo típico es que sea una manera simpática de expresar un disgusto, sin que normalmente llegue a más.

CINETISMO: Con los brazos extendidos hacia delante, se efectúa el giro con los meñiques. Un grupo minoritario lo hace con el índice.

REPETICIÓN: Por razones prácticas, se hace una sola vez, debido a que se trata de una expresión de disgusto o de desagrado, que puede ser más o menos pasajero.

VOCALIZACIÓN INVOLUCRADA: Normalmente se dice: "enemiguitos", y a lo mejor se ofrece una explicación de la causa.

SIGNIFICADO(S) SECUNDARIO(S): Hay personas que lo realizan de nuevo para hacer las paces, o sea, para restablecer las relaciones normales. De todas formas, es un gesto que está en franca decadencia.

SEXO DEL PRACTICANTE: Ambos sexos. Es uno de los gestos más emblemáticos del país.

90 "ENFATIZAR", "DAR ÉNFASIS", "PONER ÉNFASIS", "RECALCAR", "DEJAR CLARO", "ACLARAR"

ANTECEDENTES Y DESCRIPCIÓN: Existe un gesto bastante utilizado cuando se quiere enfatizar, recalcar o reafirmar algo.

Para ejecutarlo, se forma una especie de óvalo con los dedos índice y pulgar, y con la palma de la mano hacia el suelo, más o menos; entonces, se hace un movimiento en vertical hacia abajo, todo ello a la altura del pecho aproximadamente.

CINETISMO: Consiste en la colocación de la mano, y su posterior movimiento hacia abajo.

REPETICIÓN: Se suele realizar una sola vez, a menos, que aquello que se quiera enfatizar exija su repetición.

VOCALIZACIÓN INVOLUCRADA: Esta mímica se emplea para recalcar cualquier cosa que se desee, por ese motivo no se puede determinar lo que se vocaliza.

SIGNIFICADO(S) SECUNDARIO(S): Sirve, además, para

enfatizar ciertas ideas acerca de la integridad personal, sobre la pureza de algo, relacionadas con la formalidad y la pulcritud, y otros conceptos parecidos.

SEXO DEL PRACTICANTE: Posiblemente, lo utilizan más los hombres; empero, las mujeres no se quedan muy a la zaga.

91 ENTRESACAR/ SELECCIONAR/ ELEGIR/ ESCOGER

ANTECEDENTES Y DESCRIPCIÓN: Este es otro de los gestos dentro de la categoría de los primarios, porque imita abiertamente la acción de entresacar.

Se empieza con la mano derecha colocada a la altura de la cabeza, entonces, se dobla la muñeca y se "selecciona" hacia abajo, como si se estuviera tomando algo, y a continuación se sube la mano de nuevo.

CINETISMO: Se trata de la colocación de la mano y de la acción de "entresacar", de arriba hacia abajo.

REPETICIÓN: Se hace dos o tres veces, más o menos.

VOCALIZACIÓN INVOLUCRADA: Se acostumbra a realizar el ademán, simultáneamente con la descripción o narración.

SIGNIFICADO(S) SECUNDARIO(S): Lo que varía es el tema de conversación, ya que la "selección", lo mismo puede referirse a un empleado elegido que a una fruta madura, etc.

SEXO DEL PRACTICANTE: Ambos sexos.

92 "ESPANTANDO GALLINAS", "MUÉVETE", "ÁNIMO", "VÁYANSE", "LÁRGUENSE", "VETE", "RÁPIDO", "SE ME VAN DE AQUÍ"

ANTECEDENTES Y DESCRIPCIÓN: Evidentemente, que se trata de un gesto de origen rural. Su función original, que todavía es válida, era la de espantar a ciertos animales caseros o de patio.

En otro contexto se emplea para animar a alguien, o para hacer que se mueva o para que se despabile. La forma más ruda y agresiva, se usa para echar a alguien de un lugar.

Este gesto es parecido a un aplauso, pero, hecho por debajo de la línea imaginaria del ombligo, encorvando más o menos el cuerpo hacia delante, y por ese motivo las puntas de los dedos quedan ligeramente hacia abajo.

CINETISMO: Aparte de esta variante de un pseudo–aplauso, no hay ningún otro movimiento involucrado. A veces, se dice algo o se emite un sonido.

REPETICIÓN: Se hace aproximadamente un par de veces.

VOCALIZACIÓN INVOLUCRADA: En el gesto original, se solía decir algo parecido a "¡shiii!", o "¡shió gallina!", o a lo mejor "¡zape!", cuando se trataba de un gato, etc.

Cuando son personas en vez de animales, es posible que se diga una frase imperativa o de ánimo, y así en ese tenor, iguales o parecidas a las de arriba.

SIGNIFICADO(S) SECUNDARIO(S): Cabe la posibilidad de que se interprete como el acto de matar mosquitos. También, se lo utiliza para despertar a alguien que se esté durmiendo delante de los demás, o bien, para darle un pequeño susto.

SEXO DEL PRACTICANTE: Cualquiera de los dos.

93 ESPERA Y DISIPACIÓN DEL CALOR

ANTECEDENTES Y DESCRIPCIÓN: Esta es una de las formas más funcionales que existen para disipar el calor, tanto de las axilas, así como también, un poco de la zona genital. A la vez, se emplea para esperar a alguien, o a que ocurra cualquier suceso.

Para realizar este gesto, se apoya una mano en algo, como podría ser un poste, pared, etc.; a la altura de la cabeza o un poco más alto, en tanto, el pie de ese costado se cruza por delante del otro y se coloca de punta en el suelo. Naturalmente, el cuerpo queda inclinado.

La otra mano se pone en la cintura de su mismo lado, de cualquiera de las cuatro modalidades básicas, o bien, en un bolsillo.

A veces, cuando el sujeto está cansado, abatido o aburrido, sitúa la cabeza, especialmente su frente, en la parte de la mano–muñeca–antebrazo que está ubicada en el soporte. En otras ocasiones, se apoya el hombro en el punto de apoyo, en lugar de la mano.

CINETISMO: Es una gesticulación muy estática, con una alta dosis de pose.

REPETICIÓN: No hay repetición, pero, se mantiene durante un tiempo indeterminado.

VOCALIZACIÓN INVOLUCRADA: Si se está solo, normalmente no se dice nada, y si es con algún acompañante, el tema puede ser cualquiera.

SIGNIFICADO(S) SECUNDARIO(S): Una mímica similar a ésta, pero simplificada, se usa con relativa frecuencia con el fin de posar para una foto, con la variante de que la persona no se recuesta de un soporte.

SEXO DEL PRACTICANTE: Lo usan más los hombres.

94 ESTIRARSE HACIA ATRÁS

ANTECEDENTES Y DESCRIPCIÓN: El estiramiento más corriente se hace con los brazos hacia arriba; sin embargo, en este caso se disimula un poco y se ejecuta hacia atrás.

Para realizarlo, se suben un tanto los hombros y se lanzan con lentitud relativa ambos codos hacia atrás, formando con ellos un ángulo aproximado de noventa grados. La idea consiste en estirar los músculos de todo el torso, ya que con ello se alarga la musculatura de los pectorales y del abdomen, y se contraen simultáneamente los músculos de la espalda de forma simétrica, con respecto al eje vertical de la columna vertebral. Por su lado, los brazos y los hombros, también se estiran.

Otra variante sería el agarrarse las manos en la zona de la espalda baja y estirarse hacia atrás. Algunos sujetos intentan subir las manos agarradas por detrás, lo más que pueden; con lo cual el estiramiento es más completo, pero más difícil de realizar.

CINETISMO: Únicamente, la acción de estiramiento hacia atrás.

REPETICIÓN: Varía mucho, aunque, normalmente se hace dos o tres veces. Cuando el sujeto lo que desea es el ejercitarse, entonces, suele aumentar las repeticiones.

VOCALIZACIÓN INVOLUCRADA: Si acaso, se puede escuchar el aire de los pulmones al respirar, o quizá, se diga algún comentario, suspiro, onomatopeya, etc.

SIGNIFICADO(S) SECUNDARIO(S): Se realiza, también, por ostentación, por vanidad, o para amedrentar, etc., dependiendo de la musculatura que se tenga.

SEXO DEL PRACTICANTE: Ambos sexos, pero con predominio masculino.

95 ESTREMECIMIENTO/GRAN DOLOR/PROFUNDA PENA/DESESPERACIÓN/SUFRIMIENTO/ "MONTADERA"

ANTECEDENTES Y DESCRIPCIÓN: En momentos de un gran dolor o pena, o bien, por razones de religiosidad popular, se produce este gesto de estremecimiento total, quizá, como un reflejo de la conmoción sufrida, o por lo que se espera; y a su vez, sirve como una especie de descarga corporal de la crisis.

Para ejecutarlo, se elevan los brazos en posición intermedia, entre el frente y los lados, entonces, se agitan los puños de forma descontrolada y trémula. Casi siempre, va acompañado de gritos, llantos o invocaciones, y puede ser un preludio de un ataque más serio.

Algunas personas patalean y se revuelcan, haciendo de esta gesticulación algo más dramático, aún.

CINETISMO: Suele producir mucho movimiento en todo el

cuerpo, pero, sin control, pudiendo llegarse hasta el desmayo. El rostro expresa una profunda pena, o el éxtasis, dependiendo del caso.

REPETICIÓN: Esto es imposible de predecir, ya que se puede repetir cada vez que la persona recuerda el motivo, o bien, como manera de llamar al "ser". En este último caso, el estremecimiento cesa cuando se recibe al "espíritu".

VOCALIZACIÓN INVOLUCRADA: Están involucrados todo tipo de frases que se relacionan con la causa o motivo, incluyendo, los llantos, gritos y sollozos. Si se trata de una "montadera", se grita, empero, sin expresar dolor o pena.

SIGNIFICADO(S) SECUNDARIO(S): En esta mímica lo que varía es la causa del gran dolor. En los rituales mágico–religiosos, la cara es de éxtasis, antes de que "el caballo" (persona recipiente), reciba al "ser" (espíritu).

SEXO DEL PRACTICANTE: Mayoritariamente femenino, en ambos casos.

96 ESTRÉS EN EL ASIENTO

ANTECEDENTES Y DESCRIPCIÓN: Una de las formas universales de mostrar estrés, se manifiesta en la manera de sentarse, debido a la tensión acumulada en el plexo solar.

En este caso, la persona tiende a encorvarse algo, con el cuerpo inclinado hacia adelante, con respecto al espaldar vertical; e incluso, algunas de ellas cruzan los brazos a la altura del ombligo.

Hay sujetos que se sientan en el mismo borde delantero del asiento, aparte de la inclinación.

CINETISMO: Además de la posición adoptada, existe muy poco movimiento.

REPETICIÓN: Se mantiene, en tanto el sujeto no sea capaz de relajarse o de descargar la tensión.

VOCALIZACIÓN INVOLUCRADA: Puede tratarse de cualquier tema.

SIGNIFICADO(S) SECUNDARIO(S): Una forma de sentarse similar, la adoptan quienes tienen la espalda sudada por cualquier circunstancia, o cuando el espaldar es incómodo; o bien, para tratar de ver algo mejor, conversar con alguien delante, etc.

SEXO DEL PRACTICANTE: Ambos sexos.

97 ESTRÉS SEXUAL EN LAS MUJERES

ANTECEDENTES Y DESCRIPCIÓN: La necesidad de experimentar un alivio sexual, conduce a muchas mujeres a realizar un gesto, que tiene mucho de reflejo, el cual suele iniciarse espontáneamente, aunque, luego pueda convertirse en una práctica habitual.

No obstante, muchas féminas lo hacen inconscientemente, y se trata de abrir y cerrar las piernas rítmicamente, mientras están sentadas, acostadas etc.

CINETISMO: Consiste en el movimiento de las piernas independientemente, de otras reacciones que pueda provocar.

REPETICIÓN: Depende de las circunstancias, y se ejecuta desde unos pocos instantes, hasta varios minutos. Cuando dura mucho, lo típico es que se detenga la acción por momentos, para reanudarse de nuevo.

VOCALIZACIÓN INVOLUCRADA: Es un gesto que se prefiere hacer en la intimidad, pero, también, surge como algo muy compulsivo o inconsciente. La vocalización varía mucho, desde un silencio ensimismado, o unos gemidos delatores, que se producen en la soledad, hasta un diálogo sobre cualquier tema, en los casos en se esté en compañía de alguien.

SIGNIFICADO(S) SECUNDARIO(S): Este movimiento de piernas, también, se puede deber a cualquier tensión; o debido al aburrimiento, el cual provoca un deseo de evadirse.

SEXO DEL PRACTICANTE: Por motivos sexuales, sólo las mujeres lo hacen. En cambio, por nerviosismo, los hombres realizan un movimiento parecido, pero, mucho más simplificado.

98 "EY TÚ", "MIRA", "OYE", "ESCÚCHAME", "MIRA PARA ACÁ", "VEN ACÁ", "DESPIERTA", "PARA LLAMAR LA ATENCIÓN", "LLAMAR A UN CAMARERO"

ANTECEDENTES Y DESCRIPCIÓN: Se ejecuta a base de provocar un chasquido con los dedos pulgar y mayor, normalmente. El sonido se produce cuando el dedo mayor golpea el tercio más cercano al pulgar, de la palma derecha. En algunos países se considera un gesto vulgar y de mal gusto.

CINETISMO: Para llamar la atención la mano sube un poco por encima del nivel de la parte superior de la cabeza.

Cuando la mano queda a la altura del pecho, el significado y la intención varían, ya que puede ser una señal para marcharse, especialmente cuando va acompañado de un "golpe" lateral de la cabeza.

REPETICIÓN: Lo habitual es que se ejecute dos veces, a lo sumo, para llamar la atención; y una vez, para marcharse.

VOCALIZACIÓN INVOLUCRADA: Lo más que se dice es "ey", para el primer caso. En muchas ocasiones no se dice nada.

SIGNIFICADO(S) SECUNDARIO(S): A nivel de pecho puede, también, significar que algo ocurrió en un abrir y cerrar de ojos. En otro contexto se usa para despertar a alguien que se está durmiendo. De la misma manera se utiliza para dar ánimo a alguien.

SEXO DEL PRACTICANTE: Ambos, pero con predominio masculino.

99 REAFIRMACIÓN DE LA FEMINIDAD CON EL PELO

ANTECEDENTES Y DESCRIPCIÓN: En un pueblo mayoritariamente mestizo, como el nuestro, uno de los recursos femeninos que más preocupa a la mujer dominicana, es el pelo.

Unas, en minoría, porque lo tienen como lo desean, y se sienten orgullosas de ello; y las otras, en mayoría, todo lo contrario, ya que no nacieron con el cabello según mandan sus cánones de belleza. Por ese motivo, tienen que modificárselo con numerosos procesos de peluquería, para sentirse, más o menos, a gusto.

Probablemente, debido a la necesidad de retirarse el pelo de la cara, cuando tiene la longitud apropiada, por supuesto; surgió un gesto de reafirmación de la feminidad, y consiste en echarse el pelo hacia atrás con la mano, haciendo la gesticulación cerca de las orejas. Se hace con una o con dos manos.

CINETISMO: Es un movimiento brusco de echarse el cabello hacia atrás.

REPETICIÓN: Cuando es por coquetería, se suele hacer una o dos veces. Si es por problemas de calor, se incrementa la agitación de la afectada.

VOCALIZACIÓN INVOLUCRADA: Ninguna en específico, empero, muchas de ellas practican el gesto ante la expectativa de que el hombre que tienen a la vista, les diga algo halagador. Esto implica que es uno de los movimientos preferidos del coqueteo y para llamar la atención.

SIGNIFICADO(S) SECUNDARIO(S): Hay mujeres que lo hacen cuando están muy enfadadas, como una manera de dramatizar su disgusto y de expresar que están dispuestas a todo; lo cual encaja perfectamente con la ejecución del gesto por motivo de las altas temperaturas, y como reafirmación del ego. En algunas mujeres puede convertirse en un tic nervioso.

SEXO DEL PRACTICANTE: Es un gesto típico femenino, y de una minoría de hombres con el pelo largo, incluyendo ciertos travestis. Con variantes en las connotaciones, también se hace en otras latitudes.

100 "EN FILA INDIA", "UNO DETRÁS DEL OTRO", "UNA COLA", "SEGUIR LA CORRIENTE"

ANTECEDENTES Y DESCRIPCIÓN: Este ademán entra de lleno dentro de la categoría de los imitativos.

Para hacerlo, se coloca una mano detrás de la otra, con los dedos bastante juntos y hacia delante. La palma de la mano derecha queda, más o menos, hacia la izquierda, y la de la mano izquierda hacia la derecha. Se coloca la mano izquierda delante de la derecha.

A continuación, se hace un "cabeceo" repetido hacia delante, empleando ambas manos de forma simultánea, siempre partiendo de la posición inicial.

CINETISMO: Además de la colocación de las manos, solamente se produce un "cabeceo" moderado y sincronizado, con ellas.

REPETICIÓN: Habitualmente, se hace tres o cuatro veces, aproximadamente.

VOCALIZACIÓN INVOLUCRADA: Se suele hacer, acompañando a la narración o descripción. En ciertas ocasiones, no se dice nada.

SIGNIFICADO(S) SECUNDARIO(S): Algunas personas lo emplean en sentido peyorativo, para referirse al "borreguismo"; es decir, a la falta de personalidad y de criterio propios. En definitiva, con ello se pretende criticar la actitud de aquellos que siguen la corriente sin miramientos.

SEXO DEL PRACTICANTE: Ambos sexos, quizá, con predominio masculino.

101 "ESTÁ FLACO/A", "ESTÁ COMO UN PALILLO", "ESTÁ COMO UN ALFILER", "ESTÁ DELGADO/A", "ESTÁ TRANSPARENTE", "SE ESTÁ MURIENDO DE FLACO/A"

ANTECEDENTES Y DESCRIPCIÓN: En este caso, el protagonista es el dedo meñique, ya que se trata del dedo más delgado, el cual se presta mucho para expresar la idea.

Para hacerlo, simplemente se coloca el meñique en posición vertical, con los demás dedos recogidos, y la palma de la mano, preferiblemente hacia el ejecutante, más o menos; aunque, a veces, se coloca hacia el interlocutor, o en alguna posición intermedia.

CINETISMO: Únicamente la colocación del meñique en la posición vertical.

REPETICIÓN: No existe ninguna repetición, ya que el meñique se muestra verticalmente, durante breves instantes.

VOCALIZACIÓN INVOLUCRADA: Casi siempre se hace el gesto durante la narración, para enfatizar la idea. Las frases más socorridas durante el diálogo, son las que aparecen en el encabezado, o alguna otra similar.

SIGNIFICADO(S) SECUNDARIO(S): Siempre se utiliza para los casos de pérdida de peso, sea cual sea la causa. A veces, se puede confundir con el inicio del gesto de contar con los dedos.

SEXO DEL PRACTICANTE: Ambos sexos.

102 "¡QUE FRÍO!", "¡ESTOY TEMBLANDO!", "MIRA CÓMO ESTOY"

ANTECEDENTES Y DESCRIPCIÓN: Este es un ademán, producto de las circunstancias, es decir, que se trata de una reacción o reflejo, ante el frío imperante. Básicamente, corresponde a un mecanismo de supervivencia, tan antiguo, como el mismo **Homo sapiens.**

Para defenderse del frío, cuando la indumentaria no es suficiente, o bien, por razones de enfermedad o psicológicas, etc.; la tendencia consiste en adoptar la posición fetal, o alguna otra similar, de acuerdo con las circunstancias. Todo ello, con la finalidad de conservar el calor del cuerpo y de producir un movimiento que acelere la circulación de la sangre. Por esos motivos los brazos se repliegan contra el pecho, con los puños cerrados, el cuello, por su parte, se encoge hacia adentro, y el cuerpo se encorva hacia delante.

CINETISMO: Una vez adoptada la postura, el único movimiento que hace el cuerpo es de tiritar.

REPETICIÓN: Mientras persistan las mismas condiciones, el sujeto tenderá a tiritar por tiempo indefinido.

VOCALIZACIÓN INVOLUCRADA: Cualquiera que se vincule con el hecho en sí, como las del encabezado, o similares.

SIGNIFICADO(S) SECUNDARIO(S): Puede simbolizar, la protección y el abrigo. Por otro lado, se relaciona con el miedo, y con ciertas enfermedades mentales.

SEXO DEL PRACTICANTE: Al ser un mecanismo de supervivencia, es una mímica universal.

103 "ESTOY FUERTE", "ESTÁ FUERTE", "POTENCIA", "FORTALEZA", "MUSCULOSO", "FUERZA FÍSICA", "SACAR MOLLEROS"

ANTECEDENTES Y DESCRIPCIÓN: Uno de los músculos más utilizados es el bíceps, aparte, de ser muy visible, sobre todo aquí en el trópico. Por lo tanto, no es de extrañar que la fortaleza se manifieste y se aprecie tanto en ese músculo.

Este ademán se ejecuta de dos formas básicas:

a) Tocando el bíceps izquierdo con la mano derecha, después de haberlo flexionado y de haber formado un ángulo de aproximadamente, noventa grados, con el brazo casi a la altura del hombro.

b) Dejando el brazo en posición natural, se forma el ángulo con el codo, entonces, se aprietan los músculos del brazo; lo normal es que se toque el brazo con la punta de los dedos juntos, con cierta fuerza, o bien, con toda la mano.

CINETISMO: Además de la colocación, el golpeo que se produce es rítmico, en especial en el caso b), al ser más fuerte.

REPETICIÓN: Aproximadamente, unas tres veces.

VOCALIZACIÓN INVOLUCRADA: Lo típico es que se le diga al otro: "¡toca, toca!, "¡toca ahí!", "¡mira!", y así entre otras frases.

SIGNIFICADO(S) SECUNDARIO(S): Todos los encontrados se vinculan con la misma idea. Puede tener connotaciones narcisistas.

SEXO DEL PRACTICANTE: Normalmente, lo hacen los hombres, y a veces, ciertas mujeres deportistas, etc.

104 GESTO DE FUERZA/DE AUTORIDAD/PARA IMPONERSE/PARA DOMINAR/PARA GANAR

ANTECEDENTES Y DESCRIPCIÓN: Lo más probable, es que este gesto se derive de la forma como el hombre primitivo, sujetaba al garrote. Eso significa, que también, está emparentado con aquel gesto de golpes con el puño, de frente, en la palma de la mano izquierda.

En el caso que nos ocupa, se golpea con la base del puño, sobre una superficie, como podría ser, una mesa, una pared, un vehículo, etc. A veces, se utilizan ambos puños.

El rostro expresa disgusto, agresividad, frustración, etc., entre otras manifestaciones.

CINETISMO: Solamente, la pegada con la base del puño, con cierta o con mucha fuerza, para enfatizar. También se golpea con la mano abierta.

REPETICIÓN: Normalmente, se hace una o dos veces, a menos que se tenga mucha rabia, en cuyo caso aumentan los golpes.

VOCALIZACIÓN INVOLUCRADA: Dependiendo de quien lo haga, varía mucho. Puede fluctuar, desde una palabrota o exclamación, hasta cualquier frase alusiva al enojo. Las mujeres, suelen utilizarlo cuando golpean en el pecho, o en los hombros, de sus hombres de confianza, para dramatizar, reafirmar, expresar una frustración, o celos, y así en ese tenor. En el caso de las féminas, el llanto, forma parte del gesto, con cierta frecuencia.

SIGNIFICADO(S) SECUNDARIO(S): Esta gesticulación, se usa, además, para recalcar una idea, o bien, para "posicionar" una opinión. Algunas mujeres, lo utilizan para provocar, o para llamar la atención, etc.

SEXO DEL PRACTICANTE: Lo emplean ambos sexos, pero, casi siempre con fines distintos e intenciones diferentes.

105 "ES UN GATO", "GANAS DE ROBAR", "LADRÓN", "ROBAR", "ROBO", "SUSTRACCIÓN"

ANTECEDENTES Y DESCRIPCIÓN: Esta mímica imita de forma algo delicada, el mal hábito del hurto.

Para su ejecución, se mueven los dedos, de la mano derecha, de manera exagerada y secuenciada, trazando un arco imaginario, hacia la derecha, con ellos. La muñeca y el antebrazo derechos, apenas se mueven, en tanto, el codo forma un ángulo aproximado de noventa grados.

CINETISMO: Es uno de los movimientos gestuales más fluidos. Parece una pequeña "coreografía" de dedos.

REPETICIÓN: Se suele ejecutar una o dos veces.

VOCALIZACIÓN INVOLUCRADA: Cualquiera que se refiera a la acción de sustraer. Arriba aparecen algunas frases típicas, para estos casos; empero, cabe la posibilidad de emplear alguna otra similar.

SIGNIFICADO(S) SECUNDARIO(S): Sirve como una metáfora gestual, ya que como se sabe, se pueden "hurtar" cosas imaginarias como el amor, o el tiempo, por citar sólo dos ejemplos.

SEXO DEL PRACTICANTE: No existe una preferencia sexual.

106 EL GIRO CON LA MANO

ANTECEDENTES Y DESCRIPCIÓN: Se trata de un ademán emulativo, ya que imita el giro, lo mismo de una bombilla, que ilustra un cambio de opinión, etc.

Para hacerlo, se colocan los dedos hacia arriba, con la mano colocada de forma natural, sin rebuscamientos ni exageraciones, y a continuación se gira la mano hacia la derecha, normalmente.

CINETISMO: Es un gesto sencillo de girar la mano hacia la derecha, en el eje vertical.

REPETICIÓN: Lo típico es que se haga una vez, o como mucho, dos.

VOCALIZACIÓN INVOLUCRADA: Suele hacerse simultáneamente con la descripción de algo, o bien, de alguien que varía o cambia.

SIGNIFICADO(S) SECUNDARIO(S): Algunos cantantes o bailarines, realizan algo parecido, como una gracia o estética gestual del escenario, o quizá, del propio espectáculo.

SEXO DEL PRACTICANTE: Ambos sexos.

107 CUANDO LOS GLÚTEOS PILLAN LA PRENDA DE VESTIR

ANTECEDENTES Y DESCRIPCIÓN: Debido a razones involuntarias, en ciertas ocasiones los glúteos de una persona pueden pillar la ropa interior, los pantalones, las faldas, y otras prendas de vestir; de tal forma, que al levantarse de un asiento se note el hecho.

Tanto si la persona afectada se dé cuenta, o bien, si alguien se lo dice; para resolver la incomodidad, se levanta una pierna ligeramente, se tuercen los glúteos, y se saca la prenda de ellos con una mano; casi siempre la que esté más cerca de las posaderas dobladas.

CINETISMO: Es un movimiento fluido, sin interrupciones y bastante rápido.

REPETICIÓN: Se suele hacer una o dos veces, hasta resolver la situación embarazosa.

VOCALIZACIÓN INVOLUCRADA: Existen algunas frases, más o menos, estereotipadas para los casos en que la persona afectada no se dé cuenta, como por ejemplo: “Tienes el guardia preso”, “Arréglate el pantalón/ falda”, etc.

SIGNIFICADO(S) SECUNDARIO(S): Aparentemente, lo que

se pretende es ayudar a la otra persona; sin embargo, el hecho en sí se presta mucho para cualquier comentario jocoso; incluso, para un piropo, si el caso lo amerita y es prudente.

SEXO DEL PRACTICANTE: Ambos sexos.

108 PARA HACER UNA GRACIA DURANTE LA TOMA FOTOGRÁFICA/CHISTE/BURLA/MOFA

ANTECEDENTES Y DESCRIPCION: Esta gesticulación tiene algo de gracia, ya estereotipada, porque no suele dirigirse en contra de alguien en específico, sino, al que se tiene delante, y en algunos casos al de al lado, durante la toma fotográfica; esto significa, que viene a ser una especie de chiste o burla gestual, pero, de ahí no suele pasar la cosa, a menos que se ofenda el afectado.

Evidentemente, que se hace entre aquellos que están posando, y de lo que se trata es que la "víctima" no se dé cuenta. Hay dos modalidades para realizar este ademán:

a) Se colocan los dos índices hacia arriba, detrás de la cabeza de la persona; de tal suerte, que en la foto aparezcan los dedos, como si se tratase de unos "cuernitos", en la cabeza, al sobresalir por encima.

b) Se emplean el meñique y el índice de la misma mano, en tanto el anular y el mayor, son sujetados por el pulgar, y con la palma cerca de la cabeza del sujeto afectado; siempre en la parte de atrás de la cabeza, para que no se dé cuenta.

CINETISMO: Consiste, únicamente, en la colocación de los dedos para que sobresalgan por encima de la cabeza del otro.

REPETICIÓN: Ninguna, ya que se hace con una finalidad específica. Otro problema distinto es que el ejecutante lo intente varias veces para no ser detectado, por el afectado, quien siempre está delante o al lado del bromista. Para las fotos sucesivas, cabe la posibilidad de hacerlo de nuevo, si se puede.

VOCALIZACIÓN INVOLUCRADA: Ninguna, empero, en el rostro del ejecutante se nota la malicia de la broma.

SIGNIFICADO(S) SECUNDARIO(S): Cabe la posibilidad de interpretarlo, como si le estuvieran llamando "cuernudo", a la "víctima".

SEXO DEL PRACTICANTE: Cualquiera, en especial los jóvenes con ganas de divertirse.

109 "¡QUÉ GRAJO", "MAL OLOR", "¡QUÉ BAJO" (VAHO), "MACHETE"

ANTECEDENTES Y DESCRIPCIÓN: Esta es una mímica directa y sin ambages, que vincula, sin disimulos, a la fuente de la perturbación.

Para realizar esta mímica, se huele la axila izquierda, y a veces , la derecha, también, y a continuación, se frunce la nariz, exhibiendo las arrugas finas a los lados de las fosas nasales, las cuales expresan la irritabilidad que produce el mal olor.

CINETISMO: Es un gesto "coreografiado" que se ejecuta sin interrupciones.

REPETICIÓN: Se hace una sola vez, tanto si se olfatea una axila, o si se realiza con las dos.

VOCALIZACIÓN INVOLUCRADA: Se emite un sonido por la nariz, similar a un "jii", casi sin abrir la boca, justo cuando el apéndice nasal llega a la axila, es decir, que ya está ritualizado, ese comportamiento. A continuación, viene el comentario, igual o similar a los que aparecen en el encabezado.

SIGNIFICADO(S) SECUNDARIO(S): La misma acción de oler y emitir el sonido, se puede hacer con otras partes del cuerpo, propias o ajenas. También, se presta para criticar o para burlarse de alguien.

SEXO DEL PRACTICANTE: Cualquiera de los dos, aunque, las mujeres detectan el mal olor con mayor celeridad, al tener un mejor sentido del olfato.

110 "GRANDE", "DE ESTE TAMAÑO", "ASÍ DE GRANDE"

ANTECEDENTES Y DESCRIPCIÓN: Esta mímica emula el tamaño físico de algo.

Con los codos bastante extendidos, y las palmas frente a frente, los brazos determinan el tamaño, a base de abrirse o angostarse; en tanto, los dedos permanecen casi juntos, lateralmente.

Es otro gesto bastante simétrico.

CINETISMO: Muy poco, salvo la colocación de los brazos y de las manos, indicando el tamaño estimado.

REPETICIÓN: No se produce, porque el gesto se mantiene durante breves segundos.

VOCALIZACIÓN INVOLUCRADA: Cualquiera de las frases que aparecen arriba, o similares. También sirve para ilustrar gestualmente una narración. Cuando se trata de algo muy grande, los brazos se abren al máximo, formando, prácticamente, un ángulo de ciento ochenta grados.

SIGNIFICADO(S) SECUNDARIO(S): El "tamaño", también, puede ser algo intangible; y con el gesto se confirma la "dimensión" que tiene en la mente de quien habla. Incluso, tiene connotaciones sexuales, a veces.

SEXO DEL PRACTICANTE: Ambos sexos.

111 "HALAR", "TIRAR DE ALGO", "JALAR"

ANTECEDENTES Y DESCRIPCIÓN: Este es un ademán imitativo, puesto que emula la acción de tirar de una cuerda, o de algo similar.

Se hace con una mano o con las dos, y se colocan los puños, uno detrás del otro en una posición casi horizontal, con los pulgares hacia delante; es decir, que la "cuerda" imaginaria, se encuentra perpendicularmente, más o menos, al sujeto que gesticula.

CINETISMO: Aparte de la colocación de los puños, también, se mueven dichos puños hacia atrás "tirando" de la cuerda imaginaria.

REPETICIÓN: Se ejecuta el "tirón" dos o tres veces, pero, sin la fuerza que tiene la acción real.

VOCALIZACIÓN INVOLUCRADA: Normalmente, se hace el gesto para reforzar la narración. Con las dos manos se dramatiza más, y la izquierda va antes.

SIGNIFICADO(S) SECUNDARIO(S): Se puede referir, además, al egoísmo, o sea, a aquellas personas que quieren mucho para sí mismas. De la misma manera, se usa el gesto para expresar que el sujeto atrae, es decir, que tiene magnetismo o arrastre personales.

SEXO DEL PRACTICANTE: Ambos sexos.

112 "¡ESTOY HARTO!", "¡ESTOY HASTA AQUÍ!", "TENGO EL AGUA HASTA EL CUELLO", "ESTOY HASTA LA CORONILLA"

ANTECEDENTES Y DESCRIPCIÓN: Esta es una manera gestual, de expresar un nivel simbólico de disgusto, enfado, desagrado, ocupación, agobio, estrés, de mucho trabajo, etc.; y por ese motivo, la altura, a la que se coloca la mano varía, según lo que se desee expresar.

Este gesto recuerda vagamente un saludo militar, pero, sin la rigidez que lo caracteriza. No obstante, en lugar de hacerlo con la mano sobre la ceja, se ejecuta encima de la frente, sobre la parte inferior de la nariz, sobre el cuello, etc.

La palma siempre permanece hacia abajo, y en todos los casos, con los dedos juntos; preferiblemente, de la mano derecha.

CINETISMO: Solamente consiste en la colocación de la mano, a diferentes niveles.

REPETICIÓN: No hay ninguna. No obstante, la mímica se mantiene durante breves momentos.

VOCALIZACIÓN INVOLUCRADA: Cuando se coloca la mano a distintos niveles, cambia la frase: "tengo el agua hasta aquí", "tengo el agua hasta el cuello", "estoy hasta la coronilla"...

Este gesto se emplea mucho como parte de una narración, en la cual se incluye la frase que corresponda, tales como las que aparecen en el encabezado, o similares.

SIGNIFICADO(S) SECUNDARIO(S): Siempre se refiere a lo mismo. Algo parecido a este gesto, se hace para indicar la altura, empero, el contexto sería muy distinto.

SEXO DEL PRACTICANTE: Ambos sexos.

113 HIGIENE DE LAS FOSAS NASALES CON EL MEÑIQUE

ANTECEDENTES Y DESCRIPCIÓN: Este es un gesto funcional y contrario a las buenas costumbres e higiene; el cual muchas veces, se hace de forma inconsciente.

Consiste en la limpieza de las fosas nasales con el meñique, o bien, con el índice; incluso, algunos son más originales y lo ejecutan con el pulgar. Se trata de retirar las mucosidades que se han endurecido, y que permanecen adheridas a las paredes de la parte interna de la nariz.

CINETISMO: Únicamente el movimiento del dedo hurgando dentro de la nariz.

REPETICIÓN: Puede durar desde un breve momento hasta varios minutos. Hay personas que se dedican a higienizar sus fosas nasales, y se olvidan de todo lo demás; e inclusive, lo practican en cualquier sitio y momento.

VOCALIZACIÓN INVOLUCRADA: Normalmente, este gesto suele producir, una especie de ensimismamiento del sujeto. Si acaso dice algo, se trata de una conversación que casi nunca se refiere al gesto en sí.

SIGNIFICADO(S) SECUNDARIO(S): No hemos encontrado ningún otro. No obstante, es necesario recalcar que esta es una de las formas favoritas de acicalamiento que tiene el **Homo sapiens.** Puede tener una connotación de desconsideración hacia los demás, o de darle lo mismo todo; en cualquier caso, es de mala educación.

SEXO DEL PRACTICANTE: Ambos sexos.

114 "¿QUÉ HORA ES?", "¿TIENE RELOJ?", "¿ME DICE LA HORA?", "¿LA HORA?" "¿POR FAVOR, TIENE HORA?"

ANTECEDENTES Y DESCRIPCIÓN: Está claro, que en este gesto interrogativo, el protagonismo recae sobre el reloj, como instrumento usado para saber la hora.

Para preguntar la hora gestualmente, se toca con los dedos índice y mayor, la parte superior, más o menos, de la muñeca de la mano izquierda.

Normalmente, quien pregunta no lleva puesto ningún reloj, aunque, a veces si; en cuyo caso, o no funciona, o no está seguro si tiene la hora correcta.

El rostro de quien pregunta denota la curiosidad.

CINETISMO: El movimiento consiste en los leves toques o en la colocación de los dedos encima de la muñeca.

REPETICIÓN: Se hace un par de veces, aproximadamente.

VOCALIZACIÓN INVOLUCRADA: Se utiliza cualquiera de las frases del encabezado, o alguna otra parecida. Muchas veces, no se dice nada, y sólo se hace la mímica.

Es importante señalar, que la mayoría de los que preguntan no dicen "por favor", ni mucho menos dan las gracias, después de haber solicitado y recibido la información.

SIGNIFICADO(S) SECUNDARIO(S): Hay gente que lo usa para expresar que "no tienen tiempo", o "que van a llegar tarde", etc.

SEXO DEL PRACTICANTE: Ambos sexos.

115 "¡QUÉ ME IMPORTA A MÍ!", "¡POLTAMÍ!", "ME DA LO MISMO", "ME DA IGUAL" "NO ME MOLESTES", " 'TÁ BUENO YA", "DÉJAME TRANQUILO", "AY OMBE", "NO OMBE"

ANTECEDENTES Y DESCRIPCIÓN: Esta gesticulación demuestra a las claras, un desprecio olímpico por alguien/algo, es decir, que al sujeto le es indiferente, o que se desentiende de algún asunto.

Consiste en "sacudir" bruscamente las manos hacia fuera, a la altura de la cabeza. Se suele ejecutar con mayor frecuencia, empleando una sola mano.

En la cara se refleja una sensación de hastío, o de disgusto, y a veces, se mira hacia un lado/abajo.

CINETISMO: Es un movimiento bastante rápido, con aire de fastidio.

REPETICIÓN: Lo más corriente es que se haga una vez; o a lo sumo dos, cuando se quiere enfatizar y/o el disgusto es muy acusado.

VOCALIZACIÓN INVOLUCRADA: Se ha puesto de moda el decir: "poltamí"; no obstante, cualquiera de las que aparece en el encabezado es válida, o alguna otra similar. En muchas ocasiones, se utilizan vulgaridades, como: "pal carajo", "que se joda", y así en ese tenor.

Existen sujetos que expresan el motivo de su disgusto, simultáneamente con el gesto.

SIGNIFICADO(S) SECUNDARIO(S): Se puede confundir con "vete", o algo parecido; o bien, con el "qué fue", de uso tan corriente.

SEXO DEL PRACTICANTE: Mayoritariamente masculino.

116 DÁNDOSE IMPORTANCIA/DOMINANDO LA SITUACIÓN/COMPÁS DE ESPERA/MEDITANDO/ PENSANDO/IMITANDO A ALGUIEN/PONDERANDO LA SITUACIÓN

ANTECEDENTES Y DESCRIPCIÓN: Esta mímica tiene

mucho de pose, y de ahí su empleo para darse importancia, en un momento determinado, al ser tan artificiosa.

De la misma manera, sirve para "dominar" una situación específica. Otras personas lo ejecutan cuando están meditando o ponderando algo, y otros, en cambio, lo hacen por simple imitación .

El gesto consiste en formar un "triángulo" con las manos, a base de tocarse las yemas de los dedos de ambas manos; o sea, que cada dedo de una mano, toca el mismo dedo de la otra mano, en las yemas. Los dedos de cada mano, no se tocan lateralmente entre sí, y las palmas de las manos, tampoco hacen contacto. Suele hacerse a la altura del pecho, con el sujeto sentado o de pie. Se acostumbra a combinarlo con otro ademán, es decir, con el de colocar el índice hacia arriba al tomar la palabra.

Es una de las gesticulaciones más simétricas.

CINETISMO: Es una pose muy estática, y el único movimiento consiste en la colocación de las manos.

REPETICIÓN: Ninguna, empero, se mantiene durante un tiempo indeterminado, desde breves momentos hasta varios minutos.

VOCALIZACIÓN INVOLUCRADA: No tiene ninguna que esté estereotipada, ya que el sujeto habla o medita, mientras, hace el gesto.

SIGNIFICADO(S) SECUNDARIO(S): Aparte de lo expresado arriba, no hemos encontrado ningún otro.

SEXO DEL PRACTICANTE: Ambos sexos, probablemente, con predominio de los hombres.

117 "ES INTELIGENTE", "¡QUÉ SABIO!", "¡CUÁNTO SABE!", "MATERIA GRIS"

ANTECEDENTES Y DESCRIPCIÓN: Se sabe que existen diferentes tipos de inteligencia, empero, en todo caso el cerebro es el órgano más importante de toda una red o sistema.

En este gesto se alude particularmente al cerebro, a base de tocarse la sien con la yema del dedo índice, en especial el dedo derecho.

CINETISMO: Aparte del toque en sí, hay poco que resaltar, desde la vertiente del movimiento.

REPETICIÓN: Alrededor de un par de veces.

VOCALIZACIÓN INVOLUCRADA: Lo más habitual es que se use una frase alusiva a la inteligencia del individuo, o bien, a su capacidad intelectual; a menos, que sea una burla, en cuyo caso se dice algo con sorna.

Sirven cualquiera de las frases de las que aparecen en el encabezado, o alguna otra parecida.

SIGNIFICADO(S) SECUNDARIO(S): Puede referirse, también, a que una persona sea, precisamente, todo lo contrario, es decir, sin luces intelectualmente hablando; en cuyo caso sería un gesto de ironía, de sarcasmo o de la típica burla.

En ocasiones, esta mímica significa: "yo sé", "a mí no me engañan", "lo sabía", "dar mente", o de "acordarse de algo", etc.

SEXO DEL PRACTICANTE: Lo utilizan ambos sexos.

118 "¡JEY!", "¡EY!", "¡MIRA!", "MIRA ESO", "ALLÍ", "QUÉ LO QUÉ"

ANTECEDENTES Y DESCRIPCIÓN: Esta es una manera de llamar la atención, aunque, para algunos resulte un tanto brusca y vulgar, y para otros exprese simpatía.

Se hace con una variación del "flash de ojo", echando bruscamente la cabeza ligeramente hacia atrás, como una manera de enfatizar el gesto, y de dramatizarlo un poco.

CINETISMO: Es un movimiento rápido, casi como un tic, echando la cabeza hacia atrás, en tanto, los ojos se abren y las cejas suben.

REPETICIÓN: Normalmente, se hace una sola vez.

VOCALIZACIÓN INVOLUCRADA: Cualquiera que sirva para llamar la atención del otro, como las expresiones que aparecen en el encabezado, o similares. Cabe la posibilidad de que se repita la vocalización, si el gesto no pudo cumplir su cometido, o bien, para darle énfasis.

SIGNIFICADO(S) SECUNDARIO(S): Una gesticulación parecida, se hace para expresar alegría o felicidad, sobre todo al soltar una carcajada, con la diferencia de que los ojos se semi–cierran, en lugar de ser abiertos. Se asemeja también, a una forma rápida de decir que si.

Hay quienes la interpretan como una mímica despectiva y humillante, en cambio, otros la consideran como una forma de cuestionar, o como un señalamiento.

SEXO DEL PRACTICANTE: Lo practican más los hombres.

119 "¡AQUÍ SE JIEDE!" (HIEDE), "¡QUÉ BAJO!" (VAHO), "¡FO!"

ANTECEDENTES Y DESCRIPCIÓN: Esta es otra de las variantes que surge como respuesta, ante una perturbación olfativa.

Básicamente, consiste en frotar el dedo índice derecho, colocado horizontalmente, por debajo de la nariz, mientras, se arrugan las fosas nasales en señal de irascibilidad. Obviamente, el índice se mueve de izquierda a derecha.

CINETISMO: Es un ademán de disgusto, lo cual, también, se manifiesta en toda la cara. El movimiento con el índice, es de frotación de la parte inferior de la nariz.

REPETICIÓN: Depende de la molestia, ya que se puede hacer una serie, o varias, con tres o cuatro repeticiones, cada una.

VOCALIZACIÓN INVOLUCRADA: Cualquiera de las que aparecen en el encabezado, o similares. Algunas personas, emiten un sonido estereotipado, parecido a: "jiii".

SIGNIFICADO(S) SECUNDARIO(S): Hay quienes lo emplean, como una metáfora, en el sentido de expresar que "algo huele mal".

SEXO DEL PRACTICANTE: No hay una preferencia por sexo.

120 "SE JODIÓ", "SE EMBROMÓ", "ESTÁ LISTO", "ANIQUILADO", "MUERTE"

ANTECEDENTES Y DESCRIPCIÓN: Existe un paralelismo clarísimo, entre el acto de degollar, o sea, de cortar el cuello y este gesto.

Se hace con el dedo índice, pasándolo por el cuello, como si de un cuchillo se tratase. Por razones de comodidad, se practica desde el lado del hombro contrario al brazo que se está empleando, hacia el lado del hombro del brazo utilizado; con el dedo índice colocado aproximadamente paralelo al suelo.

CINETISMO: El movimiento es muy fluido, es decir, sin interrupciones. La celeridad puede variar. A veces, se enfatiza con la cabeza y con un cierto dramatismo facial.

REPETICIÓN: Lo más habitual es que se haga una sola vez, o a lo sumo dos, dependiendo, sobre todo, de la velocidad a que se ejecute.

VOCALIZACIÓN INVOLUCRADA: Habitualmente se emite una especie de silbido amortiguado, difícil de transcribir, pero que aproximadamente suena como un "shuiii". En ciertas oportunidades se dice cualquier frase igual o parecida a las del encabezado.

SIGNIFICADO(S) SECUNDARIO(S): Existen dos significado secundarios principales, los cuales eran originalmente los principales, empero, debido a un menor uso con esas intenciones: matar o que han asesinado a alguien, por un lado, y por el otro, que alguien murió; han dejado de ser los primarios. Hoy en día el significado primario ha recaído sobre "se jodió", o algo parecido. También puede significar que el sujeto está "pelado" económicamente, es decir, "en crisis".

SEXO DEL PRACTICANTE: Principalmente masculino.

121 "JUNTOS", "PEGADOS", "UNIDOS"

ANTECEDENTES Y DESCRIPCIÓN: Se trata de una gesticulación muy sencilla y rápida, para expresar la idea de alguien/algo que está junto o pegado.

Se realiza, juntando las dos manos completamente, entonces, se separaran con cierta rapidez, sin abrir la mano, es decir, con los dedos bastante juntos lateralmente.

CINETISMO: Es un toque de ambas manos, de forma fugaz.

REPETICIÓN: Se ejecuta una vez.

VOCALIZACIÓN INVOLUCRADA: Se usa mucho para ilustrar gestualmente la narración, por lo tanto, lo que se dice se refiere a la idea de estar juntos o pegados.

SIGNIFICADO(S) SECUNDARIO(S): Se puede usar, además, para referirse" a cuestiones sexuales o sentimentales, etc. Se podría confundir, si no fuese por la narración, con la acción contraria, o sea, de separación.

SEXO DEL PRACTICANTE: Ambos sexos.

122 "TE LO JURO", "POR MI MADRE", "POR MIS HIJOS", "¡AVE MARÍA!", "MALDICIÓN"

ANTECEDENTES Y DESCRIPCIÓN: Esta es una mímica que tiene sus bemoles, ya que sirve para dramatizar una intención, es decir, que se usa para impactar, impresionar, o para persuadir a la otra persona; con el fin, de que realice una determinada acción, o por lo menos, que se crea aquello que le están diciendo.

Se coloca el pulgar sobre el índice, de la forma más perpendicular posible, para formar una especie de cruz, entonces, se lleva a la boca donde se besa

CINETISMO: Solamente el gesto de llevarse a la boca la cruz formada por los dedos. Aparte, de la dramatización que puede llevar aparejada, ya que la intención es la de sugestionar.

REPETICIÓN: Normalmente, se ejecuta una vez, o a lo sumo dos.

VOCALIZACIÓN INVOLUCRADA: Cualquiera de las frases que aparecen arriba, o similares, siempre mostrando o aparentando mucha emotividad.

SIGNIFICADO(S) SECUNDARIO(S): Lo que varía es el motivo por el cual se está dramatizando. Por esa razón, cabe la posibilidad de que se gesticule para engañar al otro, y hacerle creer lo que no se corresponde con la realidad.

SEXO DEL PRACTICANTE: Lo ejecutan más las mujeres.

123 "LOS LAGRIMONES", "ESTABA LLORANDO", "LLANTO", "LLORAR", "PENA"

ANTECEDENTES Y DESCRIPCIÓN: Esta es otra de las gesticulaciones que imita el hecho real.

Se ejecuta con ambos índices, emulando el recorrido de una lágrimas imaginarias, que caen de los ojos.

Hay quienes lo hacen con una sola mano, empleando el dedo pulgar y el índice, o bien, con el índice y el mayor. En cualquier caso, los dedos se mueven hacia abajo, a partir de la parte inferior del ojo.

CINETISMO: Es un movimiento comparativamente lento de los dedos, imitando la caída de las gotas.

REPETICIÓN: Una o dos veces.

VOCALIZACIÓN INVOLUCRADA: Se emplea cualquier frase alusiva, tales como las del encabezado, o similares; o en su defecto, se hace el gesto para recalcar la narración.

SIGNIFICADO(S) SECUNDARIO(S): Algunas personas, lo confunden con el gesto empleado para expresar: "mira", "míralo ahí", o "ten cuidado"; lo mismo que: "mucho ojo", etc.

SEXO DEL PRACTICANTE: Tanto los unos como las otras.

124 "LAMBÓN", "LAMBE", "COME DAO", "ERES UN LAMBÓN", "HAY UN LAMBE", "LAMBISCO", "LAMBISCÓN", "COMILÓN", "COMIDA", "COMER", "TUMBA POLVO", "EL LAMBETERISMO HISTÓRICO", "ASODÓPICA"

ANTECEDENTES Y DESCRIPCIÓN: En determinadas actividades sociales, se suele invitar a los asistentes a unos aperitivos conocidos como "la picadera", (*); independientemente, de otras amenidades, como podrían ser: música en vivo, bebidas exóticas, entre otras.

Los que se aprovechan, incluso, descaradamente, de dichas actividades, han desarrollado determinadas claves y gestos para referirse a los eventos sociales. A los aprovechados se les conoce como "lambones", probablemente, como corruptela del verbo lamer. Entonces, la "picadera" en sí, es el "lambe".

Para expresar que hay un "lambe", o que alguien es un "lambón", el gesto consiste en pasar la palma de la mano derecha, normalmente, sobre la lengua, sin tocarla, y de arriba hacia abajo, con la lengua fuera de la boca. Como se comprenderá, es una gesticulación muy vulgar.

CINETISMO: La palma de la mano, casi siempre la derecha, se mueve sobre la lengua, de manera fluida, con la lengua colocada hacia fuera, apuntando, más bien, hacia abajo, para poder realizar el pase de palma.

REPETICIÓN: Lo más usual es que se haga una sola vez.

VOCALIZACIÓN INVOLUCRADA: Debido a que la lengua está ocupada en el gesto, el movimiento en sí es silente; en caso de que se vaya a decir algo, ha de ser, antes o después de la mímica. Es posible que se utilice cualquiera de las frases del encabezado, o alguna otra similar.

(*) FAUSTINO PÉREZ. "*ESE LIBRO SE LLAMA...*" ALFA & OMEGA. STO. DGO. 1994. Pág. 49.

SIGNIFICADO(S) SECUNDARIO(S): Además de todos los relacionados con los aperitivos gratuitos, también, se utiliza, a veces, para señalar que alguien es un adulón, o sea, que practica la lisonja.

SEXO DEL PRACTICANTE: Quizá exista un predominio masculino, en el empleo de este gesto. En cuanto a la actividad en sí, ambos sexos disfrutan de la "picadera".

125 "SACANDO LA LENGUA", "PROVOCACIÓN", "INSULTO", "BURLA"

ANTECEDENTES Y DESCRIPCIÓN: Es un mímica directa y sin disimulos, ya que se trata de una burla y/o provocación, sin ambages.

Sencillamente, este gesto consiste en sacarle la lengua al otro; pero, aún en este caso hay variantes, debido a que la lengua se puede sacar a medias, o bien, lo más que se pueda; en cambio, otros la sacan y la mueven de diferentes maneras posibles, o la retuercen. Para ciertos sujetos, la lengua afuera y hacia abajo, representa a un ahorcado, y hay quienes hacen la pantomima de cortársela, y así por el estilo. No obstante, todo gira alrededor de la provocación y de la burla; de ahí su empleo frecuente entre algunas comparsas del carnaval.

CINETISMO: Cada quien la saca a su manera, dependiendo de la intención, o sea, que este ademán admite una cierta creatividad.

REPETICIÓN: El gesto normal, consiste en sacar la lengua una vez, y mantenerla afuera, durante unos segundos. El gesto más grosero permite sacarla durante más tiempo, con repeticiones indefinidas.

VOCALIZACIÓN INVOLUCRADA: Ninguna, habitualmente, a menos que se quiera convertir el gesto en algo más aberrante, ya que la vocalización con la lengua afuera, altera, apreciablemente, la voz de la persona.

SIGNIFICADO(S) SECUNDARIO(S): Hay personas que tienen un tic nervioso, y cada dos por tres, sacan la lengua un poco. Otros lo hacen para sacarse alguna pajilla de la boca.

Se usa también, en especial por algunas mujeres, para provocar. Además, se hace para mojarse los labios con saliva, y que se vean más brillantes.

A veces se le confunde con aquel gesto en el cual el sujeto se pasa la lengua por los labios, para expresar que algo/alguien está bueno/a.

SEXO DEL PRACTICANTE: Como gesto aberrante lo realizan más los hombres; y como provocación, lo utilizan más las féminas.

126 "PEDIR LIMOSNA", "PEDIR DINERO", "PEDIGÜEÑO", "DAME", "PÁSAME ESO"

ANTECEDENTES Y DESCRIPCIÓN: En este gesto la mano emula a un recipiente, perfectamente adaptado para recibir algo, que se supone será dinero, o algún bien consumible o utilizable.

Con los dedos juntos lateralmente, y la palma bastante, o un poco, encorvada, se coloca la palma hacia arriba, con los dedos en dirección a quien se le está solicitando. Se usa más la mano derecha.

Es habitual que la cara exprese lástima o angustia. Es un gesto muy universal.

CINETISMO: El movimiento es nulo, ya que únicamente se produce la colocación de la mano. A veces, se ladea un poco la cabeza para causar mayor conmiseración.

REPETICIÓN: No existe, sin embargo, se mantiene durante un tiempo indefinido, dependiendo de la necesidad y de las circunstancias.

VOCALIZACIÓN INVOLUCRADA: Cualquier frase que se relacione con la intención; o bien, no se dice nada mientras se hace el gesto.

SIGNIFICADO(S) SECUNDARIO(S): Se emplea un gesto

parecido cuando se solicita que le pasen algo a uno, o en los casos en que se pida una cosa; empero, sin la dramatización correspondiente.

Es preciso aclarar, que entre nosotros existe lo que se conoce como la subcultura del "dao", ya que a todos los niveles, la gente espera que le den algo, sin dar nada a cambio. Probablemente, esta actitud se deba principalmente, a una reacción de rebeldía producida por la esclavitud y/o por los reforzamientos que hemos recibido de los políticos de turno, quienes dan, para así crear una dependencia a quien recibe.

SEXO DEL PRACTICANTE: Ambos sexos.

127 LIMPIARSE LA CARA CON EL ANTEBRAZO

ANTECEDENTES Y DESCRIPCIÓN: Este es un ademán funcional, aunque, bastante vulgar, con la intención de limpiarse un área facial con el antebrazo. Se emplea para secarse el sudor, o bien, para eliminar los restos de algo que se ha ingerido, o que se tiene adherido al rostro. También, se practica para acicalarse.

Consiste en levantar el brazo, y a continuación, se pasa la parte cuasi–interior del antebrazo, por alguna zona de la cara, como los alrededores de la nariz, la boca, la frente, etc.

CINETISMO: Se trata de un gesto brusco, sin miramientos ni reparos, de pasarse el antebrazo.

REPETICIÓN: Como resulta ser algo funcional, se hace una o dos veces, y si hace falta, más.

VOCALIZACIÓN INVOLUCRADA: Si se tiene compañía, no hay un tema estereotipado.

SIGNIFICADO(S) SECUNDARIO(S): Algunos sujetos lo hacen para rascarse, o bien, cuando tienen un insecto en la cara o en las cercanías. Tiene mucho de acicalamiento y puede tener algo de narcisismo.

Por otro lado, también, se usa para disimular, o cuando no se desea saludar a alguien, etc.

SEXO DEL PRACTICANTE: Lo ejecutan más los hombres.

128 LIMPIARSE LOS OJOS CON LOS DEDOS

ANTECEDENTES Y DESCRIPCIÓN: Lo que empieza siendo una acción de acicalamiento, y de preocupación por la propia imagen, puede convertirse en un gesto repetitivo y obsesivo.

Algunas personas usan la yema del dedo índice para limpiarse el extremo del ojo más cercano a la nariz, y otras, en cambio, lo hacen con el nudillo del pulgar, o con la yema, etc.

En ambos casos, cabe la posibilidad de hacerlo simultáneamente, con las dos manos.

CINETISMO: Es un gesto muy simple, aparentemente funcional.

REPETICIÓN: Lo típico es que se haga una o dos veces, o a lo sumo tres.

VOCALIZACIÓN INVOLUCRADA: Si se está en compañía, el ademán se hace durante la conversación normal; o bien, cuando el amigo tiene la suficiente confianza de señalarle a uno que tiene algo en el ojo, le dice una frase parecida a: "quítate eso de ahí", mientras señala.

SIGNIFICADO(S) SECUNDARIO(S): Puede significar que el sujeto afectado es algo nervioso, o por lo menos, expresa una preocupación por aparentar, o de ensimismamiento. Otro problema diferente es que le haya caído una paja en el ojo, o un insecto, a la persona en cuestión.

SEXO DEL PRACTICANTE: Las mujeres suelen hacer la limpieza de los ojos utilizando un espejo y/o con un pañuelo; lo cual significa que esta clase de acicalamiento con los dedos, es mucho más habitual entre los hombres.

129 "ESTÁ LOCO/A", "MENTE TRASTORNADA", "TRAQUETIAO", "DE REMATE", "CHIFLADO"

ANTECEDENTES Y DESCRIPCIÓN: Es muy frecuente el

empleo de la espiral para expresar icónicamente, que alguien está fuera de sus cabales. Es una especie de metáfora gestual de que la cabeza le da vueltas.

Este gesto se utiliza en diferentes culturas, y el lugar del cuerpo en que se hace el giro con el dedo índice de la mano derecha, puede variar. Aquí , casi siempre se efectúa alrededor de la sien o de la oreja, principalmente; o bien, en el área intermedia.

CINETISMO: Al hacer girar el pulgar, también se mueve en cierta medida todo el brazo, y la mano; por supuesto.

REPETICIÓN: Con dos o tres veces que se haga, la idea queda bien expresada.

VOCALIZACIÓN INVOLUCRADA: No tiene ninguna que esté estereotipada, sin embargo, es corriente escuchar: "tá loco", o algo por el estilo.

SIGNIFICADO(S) SECUNDARIO(S): Entre nosotros, no tiene ningún otro, aunque en otras culturas puede tener un significado distinto, ya que, por ejemplo, en Argentina, un gesto parecido significa que alguien tiene una llamada telefónica. No obstante, el significado de "loco" es el más difundido, incluyendo a los EE.UU.

SEXO DEL PRACTICANTE: Cualquiera lo puede ejecutar.

130 "LA LUNA", "ME LLEGÓ", "LA TENGO", "ESTOY MENSTRUANDO"

ANTECEDENTES Y DESCRIPCIÓN: Al ser un gesto emergente, aún, no se encuentra bien consolidado. Evidentemente, es típico de las mujeres.

Por otro lado, se acostumbra a realizar como una respuesta gestual a una pregunta indiscreta o inocente. En ocasiones, se hace el gesto como una explicación, debido a un comportamiento desusado, de la mujer en cuestión.

Tiene dos variantes básicas:

a) Se señala con el índice hacia arriba, lo cual tiene la desventaja de que pone en evidencia a la persona.

b) Se mira al cielo discretamente.

CINETISMO: El único movimiento involucrado es el de señalar, tanto en el caso del índice, así como también con los ojos.

REPETICIÓN: Se ejecuta una sola vez, y se mantiene durante breves segundos.

VOCALIZACIÓN INVOLUCRADA: Precisamente, este ademán se realiza para sustituir cualquier vocalización, o sea, para no tener que hablar. Sin embargo, si no se comprende, entonces, se dice algo igual o similar a las frases que aparecen arriba. Si no es prudente decirlo, se puede susurrar, o posponer la respuesta, con una frase como: "después te digo", o alguna otra parecida.

SIGNIFICADO(S) SECUNDARIO(S): Se puede confundir con la acción de señalar hacia arriba, cualquier cosa.

SEXO DEL PRACTICANTE: En esta acepción, sólo las mujeres lo emplean.

131 "LLÁMAME", "TE LLAMAN", "TE LLAMÓ", "NOS LLAMAMOS", "NOS COMUNICAMOS", "TELÉFONO", "HABLAR POR TELÉFONO"

ANTECEDENTES Y DESCRIPCIÓN: La difusión de esta gesticulación es muy amplia internacionalmente; y es obvio, que es hija de la Era de las Telecomunicaciones. No es raro verla ejecutar por la televisión o en el cine, para referirse a la acción de hablar por teléfono.

Se hace con el pulgar y el meñique, colocados como protagonistas en la oreja y en la boca, respectivamente, en una posición rígida. Los demás dedos se repliegan, paralelamente, a la palma de la misma mano. Resulta evidente, que si la mímica se hace con la mano derecha el pulgar de esa mano se ponga en la oreja del mismo lado.

CINETISMO: Es un gesto rígido y posado, y el único movimiento involucrado, consiste en la colocación de la mano.

REPETICIÓN: No tiene ninguna, ya que es posado.

VOCALIZACIÓN INVOLUCRADA: Cualquiera de las expresadas arriba, o alguna otra parecida.

SIGNIFICADO(S) SECUNDARIO(S): Todos se relacionan con la telecomunicación.

SEXO DEL PRACTICANTE: Ambos sexos.

132 LLAMANDO A UN PERRITO O ANIMAL PEQUEÑO

ANTECEDENTES Y DESCRIPCIÓN: Este es un gesto simpático, para congraciarse con un animal pequeño y juguetón; por ese motivo, se practica mucho con los cachorros de perro, aunque, no exclusivamente.

Para realizarlo, se coloca el pulgar encima del índice, de forma perpendicular, y a continuación, se frotan entre sí; de manera similar a como se hacía en uno de los gestos que servían para expresar el concepto de dinero.

Sin embargo, existe una diferencia fundamental, y es que en este caso, el cuerpo se dobla hacia delante, para acercarse más al pequeño animal.

CINETISMO: Los dedos se mueven, y el cuerpo adopta la postura inclinada hacia adelante.

REPETICIÓN: Se hace durante breves momentos hasta llamar la atención del animal, si es posible.

VOCALIZACIÓN INVOLUCRADA: Existen unos sonidos estereotipados. Si se trata de un perro, se hace una especie de silbido parecido a: "bis bis bis"; y en el caso de los gatos, se dice: "misu misu misu", etc.

SIGNIFICADO(S) SECUNDARIO(S): Normalmente, se realiza con los animales pequeños. Si a alguien se le ocurriese hacérselo a otra persona, sería una broma de mal gusto o un insulto.

SEXO DEL PRACTICANTE: Ambos sexos, en especial los niños.

133 "ESTÁ/ESTABA LLENO", "MUCHA GENTE", "GENTÍO", "REPLETO", "MULTITUD", "DEMASIADO", "COMPLICADO", "FULL", "DE UN TODO", "CON TÓ"

ANTECEDENTES Y DESCRIPCIÓN: Esta gesticulación remite a algo que se encuentra repleto, y precisamente, por ese motivo aquello que está dentro, se encuentra con poco espacio, es decir, que está apretujado.

Hemos detectado cuatro variantes importantes de este gesto, lo cual es poco corriente:

a) Con las manos abiertas y los dedos separados, se tocan las yemas de los dedos a la altura del pecho, o sea, mano con mano, como si se estuviera aplaudiendo con los dedos, pero, sin ningún sonido.

b) Se "aplaude" con los nudillos de las manos, y en este caso existe un sonido audible.

c) Se entrecruzan los dedos de las dos manos, es decir, es una especie de entrelace, que se repite.

d) Esta modalidad es similar a un aplauso, pero, con los dedos abiertos y separados. El sonido que produce es más seco que el del aplauso.

CINETISMO: En todos los casos la acción es repetitiva y se realiza a la altura del pecho/cuello, aproximadamente.

REPETICIÓN: En cada variante se repite, regularmente, unas tres veces.

VOCALIZACIÓN INVOLUCRADA: Lo típico es que se diga: "estaba así", o, "estaba lleno", o cualquier frase igual o parecida a las del encabezado, mientras se ejecuta la acción.

SIGNIFICADO(S) SECUNDARIO(S): La variante d), a veces, se confunde con el aplauso de alegría o de aprobación, o bien, de estar satisfecho. De cualquier forma, en este significado remite al gesto primitivo de aplaudir o de batir las palmas.

Por otro lado, se puede confundir, también, con el gesto de relajarse o de darse importancia.

SEXO DEL PRACTICANTE: Ambos sexos.

134 "SE LO LLEVÁN", "SE LO LLEVARON", "LO TRANCÁN", "LO TRANCARON", "LO METIERON PRESO", "LO ENCERRARON", "ESTÁ PRESO"

ANTECEDENTES Y DESCRIPCIÓN: Este dominicanismo gestual, es otro de los que han surgido para expresar el hecho de meter a alguien en la cárcel.

Con esta mímica, se imita la acción de detener a un sujeto, de forma un tanto violenta. Para realizarlo, se sujeta la camisa o prenda superior que se lleve puesta, por la parte de atrás–arriba, y se levanta a continuación. Este gesto, lo mismo se practica con uno mismo, que con el interlocutor. A veces, no se completa el gesto.

CINETISMO: Lo único que se mueve es el puño hacia arriba; independientemente, de quien sea el sujeto "detenido", y de los movimientos corporales de los involucrados, para la realización de la mímica.

REPETICIÓN: Si la prenda está bien sujeta, se hace una vez, y se mantiene breves instantes. Al ser una acción tan violenta y dramática, no suele gustar, si el ejemplo se hace con el interlocutor; por ese motivo, muchas veces se insinúa, pero no se completa.

VOCALIZACIÓN INVOLUCRADA: Cualquiera que se relacione con el hecho, como las del encabezado, o similares.

SIGNIFICADO(S) SECUNDARIO(S): Cabe la posibilidad de que se confunda con una agresión física, y que traiga consecuencias violentas. En otro contexto se hace algo parecido, cuando la camisa o el traje de uno mismo, no lo tiene bien colocado, o cuando el sudor molesta en la espalda; entonces, se levanta un poco, la prenda, sujetándola por atrás/arriba.

SEXO DEL PRACTICANTE: En especial, los hombres.

135 "ESTÁ/ESTABA LLOVIENDO", "ESTÁ/ESTABA CAYENDO", "UN CHAPARRÓN"

ANTECEDENTES Y DESCRIPCIÓN: Esta mímica emula el fenómeno de la lluvia. Se hace, colocando las manos hacia delante, a la altura de la cabeza, con los codos ligeramente flexionados, y con los dedos doblados en dirección al suelo, como si fueran gotas de agua cayendo. A continuación se mueven las manos, a base de un levantamiento de las muñecas respectivas, y se suben y se bajan rítmicamente.

CINETISMO: Una vez colocadas las manos en su lugar, el movimiento que se produce es de las muñecas, hacia arriba y hacia abajo; en cambio, los dedos, por su parte, imitan la caída de las gotas de lluvia atraídas por la gravedad.

REPETICIÓN: Aproximadamente tres veces.

VOCALIZACIÓN INVOLUCRADA: Cualquiera de las frases relacionadas con el fenómeno atmosférico, como las que aparecen en el encabezado, o alguna otra similar. Además, este gesto se realiza para ilustrar gestualmente una narración. A veces, se imita el ruido del agua cayendo: "shiii", y así sucesivamente.

SIGNIFICADO(S) SECUNDARIO(S): Cabe la posibilidad de emplearlo para expresar que, por ejemplo, un árbol tenía muchos frutos; además, sirve como metáfora, para decir que cayó una "lluvia de premios", y cosas por el estilo; o sea, que a veces puede funcionar como sinónimo de mucho(s).

SEXO DEL PRACTICANTE: Ambos sexos.

136 TOCAR MADERA

ANTECEDENTES Y DESCRIPCIÓN: Los antecedentes de este gesto se pierden en el remoto pasado. Lo que sí es cierto, es que se trata de una gesticulación muy difundida, e inclusive, ha sido inmortalizada en canciones y en narraciones folklóricas.

"Tocar madera" equivale a la frase en inglés "knock on wood", entre otras equivalencias.

Consiste, precisamente, en tocar cualquier objeto de madera, empleando los nudillos del puño, ya que según la creencia popular eso sirve para conjurar la mala suerte, o para deshacer cualquier maleficio. De igual forma, se emplea cuando existe el temor de que algo pueda salir mal, o de que traiga alguna complicación.

CINETISMO: El movimiento se adapta, dependiendo del lugar donde se encuentre la madera.

REPETICIÓN: Como ya se dijo, se toca la madera tres veces. Algunos repiten el toque, para enfatizar, o, por si las moscas.

VOCALIZACIÓN INVOLUCRADA: Lo más corriente es que alguien diga: "toca madera", o bien, que lo afirme el propio ejecutante. Naturalmente, existen variaciones sobre esta frase.

SIGNIFICADO(S) SECUNDARIO(S): Siempre se relaciona con lo mismo, incluyendo, la versión humorística.

SEXO DEL PRACTICANTE: Lo hacen, quizá, más las mujeres.

137 "SE MANDÓ", "SE FUE", "SALIÓ HUYENDO", "SALIÓ JUYENDO", "SACÓ LOS PIES", "ALZÓ VUELO", "LO AFUERIARON"

ANTECEDENTES Y DESCRIPCIÓN: Se podría interpretar como una variante del otro gesto de salir huyendo, sin embargo, al tener ciertas peculiaridades que lo singularizan, creemos que es un ademán con perfil propio.

Se realiza juntando las dos palmas de las manos, las cuales se frotan rápidamente, moviendo la mano izquierda hacia delante y la derecha hacia atrás, en posición inclinada. Es un gesto bastante simétrico, pero, más bien inclinado hacia el lado derecho, en el caso de los diestros.

CINETISMO: Se hace con suma rapidez.

REPETICIÓN: Lo habitual es que se realice una sola vez, y en raras ocasiones, se hace dos.

VOCALIZACIÓN INVOLUCRADA: Cualquiera de las frases del encabezado, o similares.

SIGNIFICADO(S) SECUNDARIO(S): Se utiliza para expresar que algo ocurrió rápidamente, o que alguien salió con prisas. En otro contexto sirve para indicar que a una persona la dejaron fuera de algo, y así por el estilo.

SEXO DEL PRACTICANTE: Al ser menos dramático que el otro gesto de salir huyendo, lo emplean con mayor frecuencia las mujeres.

138 "SE MANDÓ", "SE MANDÓ A JUÍ" (HUIR), "SALIÓ JUYENDO" (HUYENDO)

ANTECEDENTES Y DESCRIPCIÓN: Con este gesto se pretende, reproducir de forma jocosa y burlona, la acción de salir corriendo, a base, de exagerar los movimientos que se atribuyen a un corredor, aunque, simplificados.

Para hacerlo, se realiza una mímica agitada, con los puños cerrados delante del pecho y cruzándolos a esa altura, en tanto se realiza la parodia de correr. Los codos se colocan a un ángulo aproximado de noventa grados, en posición horizontal casi, y los hombros se encorvan ligeramente, para expresar el miedo por el cual se huye. Muchas veces, se dramatiza, también, con las piernas, moviéndolas, para aparentar que se está corriendo.

CINETISMO: La acción de los puños es muy dramática, y es la base en la que se fundamenta la mímica. Es también, bastante simétrica.

REPETICIÓN: Los puños se cruzan delante del pecho, aproximadamente, tres veces.

VOCALIZACIÓN INVOLUCRADA: Cualquiera de las expuestas arriba, o alguna otra similar. Por otro lado, se usa, también, para ilustrar una narración.

SIGNIFICADO(S) SECUNDARIO(S): Sirve como una metáfora gestual, para expresar, por ejemplo, que alguien se evadió de una situación embarazosa, etc.

SEXO DEL PRACTICANTE: Lo usan ambos sexos, aunque, los hombres dramatizan más.

139 "MANEJAR", "CONDUCIR UN VEHÍCULO", "ANDAR MONTADO"

ANTECEDENTES Y DESCRIPCIÓN: Este es un gesto directo y, sobre todo, puramente imitativo. Consiste en hacer el ademán de tener la mano derecha, en la parte superior de un volante imaginario, mientras se "mueve", como si se estuviera conduciendo.

La posición consiste, en "sujetar" el volante con la palma hacia delante y los dedos doblados hacia abajo, alrededor del volante. En tanto, el pulgar permanece independiente, apuntando hacia la izquierda.

CINETISMO: Es muy sencillo, ya que aparte de la colocación de la mano, ella se mueve, aproximadamente, tres pulgadas en ambos sentidos.

REPETICIÓN: Se ejecuta tres o cuatro veces.

VOCALIZACIÓN INVOLUCRADA: Es costumbre el realizar este gesto, para reforzar una narración. Pero, se usa, también, para interrogar al otro de si tiene vehículo, o no.

SIGNIFICADO(S) SECUNDARIO(S): Sirve para expresar el control o dominio, que se tiene sobre una situación o persona. Coloquialmente esto se conoce como "manillar" a alguien. En definitiva, expresa el poder.

SEXO DEL PRACTICANTE: Cualquier lo puede realizar.

140 RASCARSE LA MANO COMO SEÑAL DE QUE VA A RECIBIR DINERO

ANTECEDENTES Y DESCRIPCIÓN: Este gesto se pierde en las raíces del folklore nuestro.

La creencia popular sostiene que cuando a uno le "pica" la palma de la mano, y se rasca, es que va a "coger" dinero, o sea, que va a recibir una cierta cantidad.

Naturalmente, que el hecho de que uno tenga que rascarse la palma, puede tener otras explicaciones, sobre todo las médicas.

CINETISMO: Únicamente la acción de rascarse uno mismo.

REPETICIÓN: Se repite tres o cuatro veces.

VOCALIZACIÓN INVOLUCRADA: Siempre que se dice algo, se refiere al dinero, por parte de uno mismo, o de cualquiera otra persona que haya presenciado el gesto. Una frase típica sería: "me pica la mano, voy a coger cuarto", "me come la mano", o "me van entrar unos cheles", y así por el estilo.

SIGNIFICADO(S) SECUNDARIO(S): Aparte de lo que pueda significar para un dermatólogo, o para otro especialista, no hemos encontrado ningún otro significado.

SEXO DEL PRACTICANTE: Ambos sexos. Al tener un significado asociado y aprendido culturalmente, todo el mundo lo conoce y ejecuta.

141 PASAR LA MANO (POR LA ESPALDA, SOBRE LA RODILLA, SOBRE LA MANO, ETC.)

ANTECEDENTES Y DESCRIPCIÓN: Se trata de un gesto para reconfortar y para estimular, bien por cariño, por necesidad, o por motivos sociales. Más bien, es un halago gestual.

Probablemente, tenga su origen en las caricias que suelen hacerles las madres a sus hijos, con la palma de la mano, es decir, de las frotaciones para calmar y apaciguar al bebé.

Entre los adultos se realiza sobre la espalda al saludar, sobre la rodilla, sobre la mano, etc., de la otra persona.

CINETISMO: Exclusivamente, la acción de frotar con la mano al otro. Muchas veces, el gesto pasa desapercibido conscientemente, para el recipiente del mismo, lo cual no deja de extrañar.

REPETICIÓN: Se acostumbra a hacer tres o cuatro veces.

VOCALIZACIÓN INVOLUCRADA: La persona que lo ejecuta, suele hacerlo sin que el recipiente apenas se dé cuenta; y a veces, ni siquiera el propio ejecutante piensa que lo esté haciendo. Por estos motivos, casi de manera automática.

SIGNIFICADO(S) SECUNDARIO(S): En ciertos casos puede ser una forma de adular a la otra persona.

Cuando el sujeto hace algo parecido a este gesto, pero con objetos inanimados, es muy probable que necesite recibir cariño.

SEXO DEL PRACTICANTE: Quizá, exista un predominio femenino.

142 MUCHACHAS EN LA CALLE CON LAS MANOS AGARRADAS

ANTECEDENTES Y DESCRIPCIÓN: Probablemente motivadas por una inseguridad psicológica producto de la educación recibida, matizada con algo de vergüenza, surge esta práctica; la cual se encuentra en decadencia, debido a la liberación femenina y a las influencias foráneas.

Básicamente, consiste en que las muchachas caminan por la calle, agarradas de la mano, aparentemente, sin ninguna intención ulterior. Se trata de una manifestación de la confianza que brinda una amistad íntima o el parentesco. Dicho agarre no es muy estrecho, y en muchas ocasiones se hace con los dedos únicamente. En todo caso, siempre sirve de canal de comunicación táctil, entre ellas.

CINETISMO: Aparte de la acción de caminar, solamente se produce el agarre suelto.

REPETICIÓN: No existe, salvo que se separen por algún motivo. No obstante, en condiciones normales, se suele mantener durante un cierto tiempo, más o menos largo; el cual depende de la duración del paseo.

VOCALIZACIÓN INVOLUCRADA: Cualquier tema, o ninguna en particular.

SIGNIFICADO(S) SECUNDARIO(S): En muchos países

podría ser malinterpretado. Aquí, en cambio, hasta las lesbianas podrían pasar desapercibidas, al practicar este gesto, siempre y cuando no sean conocidas sus preferencias. Esta práctica tiene connotaciones diferentes a la de los mayores que llevan a un niño agarrado de la mano; y es muy distinta del caso, de los hombres agarrados de la mano en ciertos países árabes.

SEXO DEL PRACTICANTE: Las mujeres, y algunos travestis.

143 "MAÑANA", "OTRO DÍA", "DESPUÉS", "LUEGO", "AHORITA", "EL OTRO", "REPETICIÓN", "OTRA VEZ".

ANTECEDENTES Y DESCRIPCIÓN: Este gesto se asemeja a otros, y en especial, a uno que se hace en baloncesto, de donde, probablemente, tenga su origen.

De todas formas, aún, no está bien establecido, el ser comparativamente moderno.

Para realizarlo, se hace con una mano, trazando un "semi–círculo" imaginario hacia fuera, empezando abajo y terminando arriba, por encima de la cabeza.

CINETISMO: Es una gesticulación sencilla, sin complicaciones, directa y fluida.

REPETICIÓN: Se suele hacer una o dos veces.

VOCALIZACIÓN INVOLUCRADA: Cabe la posibilidad de decir algo relacionado con el "cuándo", o bien, se ejecuta el gesto a secas.

SIGNIFICADO(S) SECUNDARIO(S): La gran mayoría de las personas, confunden este ademán con aquel que se ejecuta con las dos manos; no obstante, hay quienes matizan. En definitiva, con una mano debería de significar: "mañana" u "otro día, etc., y con las dos, significaría: "más tarde" o "después", etc.

SEXO DEL PRACTICANTE: Es un gesto universal, que lo practica cualquiera.

144 PARA MEDIR/PARA CALCULAR O MOSTRAR LA LONGITUD, "DE ESTE TAMAÑO", "¡QUÉ TOLETE"!"

ANTECEDENTES Y DESCRIPCIÓN: Las maneras que tienen los diferentes pueblos de describir el tamaño de algo, son muy variopintas.

Lo más corriente es que se intente reproducir con los brazos, la medida. Para este gesto, los diestros estiran, o estiran a medias, el brazo izquierdo, y con el índice del derecho indican la longitud. La posición del antebrazo izquierdo varía, desde la horizontal hacia delante, hasta la vertical, siendo la más corriente la posición diagonal.

No es infrecuente que se exagere con este gesto, por razones humorísticas y/o psicológicas y/o culturales. Es un ademán muy típico, entre nosotros.

CINETISMO: Una vez colocado el brazo izquierdo, el índice derecho lo único que hace es señalar la longitud de lo representando.

REPETICIÓN: Se hace una vez, y el índice permanece unos pocos segundos señalando.

VOCALIZACIÓN INVOLUCRADA: Lo habitual es que se realice el gesto simultáneamente con la descripción de lo que se trate. Si esta última se refiere al órgano sexual masculino, o a algún tema escatológico y/o vulgar, siempre se intenta provocar la hilaridad a base de la exageración.

SIGNIFICADO(S) SECUNDARIO(S): La intención puede variar, pero siempre se refiere al tamaño de algo, independientemente del tema, incluyendo la faceta sexual. Si la señal con la mano derecha se hace a la altura del codo, puede significar "la mitad de alto".

SEXO DEL PRACTICANTE: Ambos sexos, pero quizá lo empleen más los hombres.

145 "DAR MENTE", "PENSATIVO", "DOLOR DE CABEZA"

ANTECEDENTES Y DESCRIPCIÓN: Se sabe, que el cerebro es el órgano que más interviene en el pensamiento. De ahí, ese gesto, que lo señala, es decir, es una manera de darle la importancia que se merece.

Normalmente, se hace con las puntas de los dedos, pulgar, índice y mayor, en principio, tocándo, aproximadamente, el centro de la frente. A veces, el pulgar y el índice tocan, casi, las sienes. Esto implica que la apertura de ambos dedos puede ser variable; por otra parte, en ocasiones, también, intervienen más dedos.

CINETISMO: Dentro de su simpleza, solamente, consta del toque en la frente, o en las sienes, y a veces, se inclina o se ladea la cabeza, un poco.

REPETICIÓN: Lo típico es que se haga un par de veces, más o menos, o bien, que se mantenga durante breves instantes.

VOCALIZACIÓN INVOLUCRADA: Se suele hacer, coincidiendo con la frase o palabra explicativa.

SIGNIFICADO(S) SECUNDARIO(S): Es determinadas oportunidades, sirve para expresar que alguien es inteligente, aparte, del matiz que refiere al dolor de cabeza.

SEXO DEL PRACTICANTE: Indistintamente, lo hacen ambos sexos.

146 "MENTIROSO/A", "JABLADOR/A", "HABLA MUCHO", "DE LENGUA FLOJA", "LENGUA LARGA", "CHISMOSO/A", "LE PICA LA LENGUA", "LO TENGO EN LA PUNTA DE LA LENGUA", "LE DA MUCHO A LA LENGUA"

ANTECEDENTES Y DESCRIPCIÓN: Este es un gesto, comparativamente, reciente, y por lo tanto, no está muy bien establecido.

Para expresar la idea, se apunta a la lengua, con el índice derecho, sacándola de la boca, con menor o mayor entusiasmo, dependiendo, de lo poco o de lo mucho, que se quiera dramatizar.

CINETISMO: Es muy sencillo, ya que los únicos órganos que involucra, son el brazo con el dedo índice y la lengua.

REPETICIÓN: Normalmente, se hace una vez y se mantiene durante unos instantes.

VOCALIZACIÓN INVOLUCRADA: Este gesto es muy práctico para insinuar la idea, como por ejemplo: "ella es muy"....", y a continuación, se realiza la mímica. Esto no descarta que se diga, antes, una frase similar o parecida a las que aparecen arriba, y que después, se haga la gesticulación. En definitiva, no se puede hablar durante la ejecución, en ningún caso.

SIGNIFICADO(S) SECUNDARIO(S): Aparte, de los chismes, y de servir para señalar que se tiene la idea en "la punta de la lengua", también, se puede confundir con alguna dolencia o algún problema en la lengua, o en alguna pieza bucal. En ese orden de razonamientos, se interpreta como: "probar" o "saborear", etc. Para cierta gente significa "dar muela".

SEXO DEL PRACTICANTE: Cualquiera lo puede hacer.

147 "SE LO METÍ", "ME LA DI", "SE LO METIERON", "SE LA DIERON", "METERLO"

ANTECEDENTES Y DESCRIPCIÓN: Este es otro de los tantos gestos que expresan e imitan el acto sexual.

Para realizarlo se emplea el puño y brazo derechos, girando el puño en diagonal hacia abajo; y con la mano izquierda se hace un ademán perpendicular, de tal forma que la mano izquierda "tape" o "cubra", en cierta medida, el giro del puño hacia el lado derecho.

Este gesto se usa mucho para narrar historias de sexo y/o para presumir ante los amigos.

CINETISMO: Es un gesto bastante "coreografiado", en el sentido de que debe de producirse una coincidencia, entre la mano izquierda que oculta, y a la vez simboliza a la mujer; y el giro del puño derecho en dirección hacia abajo, que representa lo masculino.

REPETICIÓN: Lo más corriente es que se ejecute una sola vez, o quizá dos, pero, con mayor rapidez.

VOCALIZACIÓN INVOLUCRADA: Se expresa cualquiera de las del encabezado, o alguna otra similar. A veces, se insinúa solamente, como por ejemplo: "entonces....", y se hace el gesto simultáneamente. Hay sujetos que emiten una especie de silbido, para representar la penetración.

SIGNIFICADO(S) SECUNDARIO(S): Se usa también como una metáfora, en el sentido de: "joder a otro", "fastidiar", "molestar", etc.

SEXO DEL PRACTICANTE: Normalmente lo hacen los hombres.

148 MIRARSE LAS UÑAS

ANTECEDENTES Y DESCRIPCIÓN: En líneas generales puede afirmarse que la acción de mirarse su propio cuerpo, siempre tiene algo de narcisismo, y el gesto específico de contemplarse las uñas, aún más.

Es una gesticulación muy simple, ya que se levanta la mano, con la palma inclinada, más o menos, hacia el interesado, entonces, se doblan los dedos para poder ser contemplados.

Todo ello a la altura del pecho. A veces, puede ser un preludio antes de iniciar el proceso del cuidado de las uñas.

CINETISMO: Únicamente, el gesto de mirarse las uñas.

REPETICIÓN: Es algo indeterminado, ya que existen personas muy nerviosas que hacen el ademán cada rato.

VOCALIZACIÓN INVOLUCRADA: Para los casos en que se esté dialogando, no hay un tema específico; en los casos de ensimismamiento o de reflexión, no se vocaliza nada.

SIGNIFICADO(S) SECUNDARIO(S): Algunas personas realizan este gesto cuando están en un compás de espera de algo, o cuando tienen que tomar una decisión, o bien, para aliviar el tedio y el aburrimiento. Es preciso recalcar, que este ademán puede convertirse en un reflejo condicionado.

SEXO DEL PRACTICANTE: Ambos sexos, empero, las mujeres lo hacen más por motivos de belleza y cuidados.

149 "LA MITAD", "A MEDIAS", "UN SERRUCHO", "EL FIFTY-FIFTY", "MEDIO PESO"

ANTECEDENTES Y DESCRIPCIÓN: Este gesto expresa la mitad de algo, el cual, puede referirse, lo mismo, a una cajetilla de cigarrillos que para compartir los gastos de un consumo conjunto, entre otros.

Hay dos formas básicas de realizar esta gesticulación:

a) Con una sola mano, colocando el pulgar encima de la mitad del índice, lo más perpendicular que sea posible, entonces, se hace una especie de "sacudida", y el índice se mueve hacia delante/arriba, y el pulgar se desplaza hacia atrás/abajo.

b) Empleando las dos manos, se utiliza el índice derecho para "serruchar" el índice izquierdo de forma perpendicular, a la altura del pecho, o en sus inmediaciones.

CINETISMO: En el caso a), el movimiento es brusco y rápido, y en el b), es más natural.

REPETICIÓN: Para el primer tipo, a lo sumo, se hace un par de veces, y en el segundo supuesto, se realiza aproximadamente tres.

VOCALIZACIÓN INVOLUCRADA: Cabe la posibilidad de que se diga cualquiera de las frases del encabezado, o alguna otra similar. Cuando se desea compartir los gastos con disimulo, se hace únicamente el gesto con la mayor discreción posible.

SIGNIFICADO(S) SECUNDARIO(S): Puede tener una connotación sexual, en sentido de querer "un poco", o bien, un "trozo" o "pedazo" de la persona apetecida. También, puede referirse a una porción de algo que haya sido cortado, o que se vaya a cortar, o de cualquier otra cosa.

Además significa: "no quiero nada contigo", "se acabó", "hasta aquí", "dejémoslo ahí", "corta eso", "cruz y raya", u otras frases por el estilo.

SEXO DEL PRACTICANTE: Mayoritariamente los hombres, quienes invitan con mayor frecuencia o cortejan más, que el sexo femenino.

150 "IR MONTADO", "ANDAR EN CARRO", "TENER VEHÍCULO"

ANTECEDENTES Y DESCRIPCIÓN: En la sociedad rural nuestra, uno de los medios de transporte más populares eran las bestias, tales como el caballo, el mulo, el burro, y así por el estilo. Hoy en día, se ven más motocicletas y vehículos, que aquella manera de trasladarse.

Para este gesto, se usan los dedos índice y mayor, de la mano derecha, y se colocan a horcajadas sobre los dedos índice y mayor de la mano izquierda, empero, colocados estos últimos juntos, y apuntado, más o menos, hacia delante y con la palma izquierda hacia la derecha.

Por su parte, la palma de la mano derecha, o sea, la de los dedos que "cabalgan", queda aproximadamente hacia el sujeto que ejecuta la acción.

CINETISMO: Hay muy poco movimiento, aparte, de la colocación de los dedos.

REPETICIÓN: Una vez, o como mucho dos.

VOCALIZACIÓN INVOLUCRADA: Se dice cualquiera de las frases del encabezado. De la misma manera, se hace el gesto para preguntar si se tiene vehículo disponible. Otras personas lo utilizan para una narración ad hoc.

SIGNIFICADO(S) SECUNDARIO(S): Este gesto no ha perdido su esencia que le dio origen; por ese motivo, lo mismo sirve para expresar que se cabalga un animal, que para montar una moto.

Por otra parte, se lo usa para indicar que alguien se está aprovechando de una situación, y por ese motivo "va cómodo", y de ahí el paralelismo con "ir montado".

SEXO DEL PRACTICANTE: Ambos sexos.

151 MORDERSE LAS UÑAS

ANTECEDENTES Y DESCRIPCIÓN: El gesto de morderse, o "comerse" las uñas como se dice coloquialmente, delata a una persona inquieta, nerviosa, o con mucho estrés; independientemente, de otros problemas que pueda tener.

Este ademán consiste en cortarse las uñas y/o cutículas con los dientes. Hay quienes se rascan, también, y llegan a producirse pequeñas llagas en los bordes de las uñas.

CINETISMO: Se trata, en principio, de soluciones expeditas, a un pequeño problema en las uñas. Sin embargo, puede convertirse en algo obsesivo, que sirva para descargar la tensión.

REPETICIÓN: Varía muchísimo, desde una sola vez, hasta pasarse todo el día de forma compulsiva.

VOCALIZACIÓN INVOLUCRADA: Si se hace en compañía, no existe un tema específico.

SIGNIFICADO(S) SECUNDARIO(S): Puede evidenciar alguna alteración psicológica.

SEXO DEL PRACTICANTE: Como manía reiterativa, es probable que lo practiquen más los hombres.

152 SALUDO COMO MORDIDA DE "PERRO" PARA ASUSTAR

ANTECEDENTES Y DESCRIPCIÓN: Este gesto juguetón, suele hacerse con personas de una cierta confianza, con la intención de darles un pequeño susto.

Para hacerlo, se hace la aproximación por detrás, inadvertidamente para la "víctima"; y se le agarra bruscamente la pantorrilla por la parte trasera, a la vez que se ladra como un perro, ya que la intención es que el asustado crea que lo está mordiendo un can.

CINETISMO: El "victimario" se acerca bastante agazapado a su "víctima", por detrás, para no ser detectado; entonces, "muerde" al afectado en la pantorrilla.

REPETICIÓN: Como la intención es la de asustar en broma, se hace una o dos veces, normalmente, esperando cumplir el objetivo de asustar.

VOCALIZACIÓN INVOLUCRADA: Los "ladridos" pueden variar mucho, dependiendo del "estilo" del bromista; al igual que la duración de los mismos.

SIGNIFICADO(S) SECUNDARIO(S): Algunas personas lo hacen como una pequeña venganza, porque a su vez, han sido "víctimas" de la broma.

SEXO DEL PRACTICANTE: Suelen hacerlo más los hombres.

153 "MUCHOS", "ASÍ DE GENTE", "ASÍ"

ANTECEDENTES Y DESCRIPCIÓN: Esta es otra de las formas gestuales que se han desarrollado, para expresar el concepto de "mucho", o de "multitud", etc. Esto explica su uso para la ilustración gestual.

En este caso, sólo se emplea una mano, con los dedos apiñados hacia arriba, entonces, se separan y se juntan rítmicamente.

Normalmente, se usa la mano derecha, y el codo forma, aproximadamente, un ángulo de noventa grados.

CINETISMO: El movimiento consiste en la colocación de la mano, y el cinetismo de los dedos.

REPETICIÓN: Lo corriente, es que se haga tres o cuatro veces, más o menos.

VOCALIZACIÓN INVOLUCRADA: Se suelen decir frases o palabras, parecidas o iguales a las del encabezado. En otras ocasiones, no se dice nada.

SIGNIFICADO(S) SECUNDARIO(S): Hay que matizar, que lo mismo se puede referir a mucho dinero, que a mucha gente, y así por el estilo.

En otro orden de ideas, hay quienes lo utilizan para expresar que aquello que están diciendo tiene sustancia.

Este gesto se podría confundir con la mímica italiana para significar "porca miseria"; con la diferencia de que la versión dominicana no tiene la sacudida hacia delante, como la interpretación que se hace en Italia.

SEXO DEL PRACTICANTE: Ambos sexos.

154 "DAR MUELA", "COTORREO", "BLA BLA BLÁ", "CUENTISTA", "HABLAR", "CHISME", "CRITICAR", "MURMURAR", "BOCHINCHE", "CERRAR EL PICO"

ANTECEDENTES Y DESCRIPCIÓN: Este gesto traza un paralelismo entre la mano que se cierra y se abre, y aquello que trata de describir.

Para ejecutarlo, se utiliza una sola mano, la cual se coloca con los dedos de forma puntiaguda, y a continuación, se abre y se cierra la mano intermitentemente. Al colocar la mano, únicamente se tocan las partes interiores de las falanges de las uñas de los dedos, y la del pulgar. Los dedos apuntan hacia el interlocutor, y suele ejecutarse a la altura del pecho, aproximadamente.

CINETISMO: Es un movimiento cuasi–mecánico y con una periodicidad estable.

REPETICIÓN: Cuando se trata de expresar que se está "dando muela", es decir, que alguien está hablando o que es capaz de hablar mucho, o bien, que posee dotes de persuasión, se hace tres o cuatro veces. En cambio, si se desea decir gestualmente que "cierre el pico", o sea, que se calle alguna persona, entonces, se ejecuta normalmente una sola vez, o a lo sumo dos.

VOCALIZACIÓN INVOLUCRADA: Cualquiera de las que

aparece en la cabecera. En otras ocasiones se dice algo similar, o no se expresa nada.

SIGNIFICADO(S) SECUNDARIO(S): Aparte de los dos señalados, no hemos encontrado ningún otro; aunque, alguien pueda confundirlo con el gesto de "vámonos", o de la luz intermitente.

SEXO DEL PRACTICANTE: Principalmente masculino.

155 "DAR MUELA", "TENER LABIA", "CONVENCER", "PERSUADIR"

ANTECEDENTES Y DESCRIPCIÓN: En el habla coloquial nuestra, el dominicanismo "dar muela", expresa, denota o indica, una habilidad, arte o capacidad para convencer o persuadir al otro, oralmente.

Por esos motivos, este gesto se hace señalando con el dedo índice derecho, las muelas de abajo del lado izquierdo de la boca semiabierta.

Es un gesto comparativamente nuevo, es decir, emergente, y aún, no se encuentra muy difundido.

CINETISMO: Muy poco, ya que lo único que se hace es señalar a las muelas inferiores.

REPETICIÓN: No cabe ninguna, aunque, el ademán se mantiene breves segundos, mientras se señala.

VOCALIZACIÓN INVOLUCRADA: Normalmente, es un gesto silente, aunque, sólo sea por la dificultad para hablar.

SIGNIFICADO(S) SECUNDARIO(S): Cabe la posibilidad de que se confunda con un dolor de muelas, o una caries; sin embargo, en estos casos la mímica facial sería distinta, evidentemente.

SEXO DEL PRACTICANTE: Básicamente el masculino.

156 "NARIZ PARADA", "PERSONA PRESUMIDA", "PERSONA DE ALCURNIA", "ALTANERO/A", "JEDIONDITO/A"

ANTECEDENTES Y DESCRIPCIÓN: Existe la vaga creencia popular de que las personas de clase, tienen la nariz perfilada o respingona; entonces, a propósito de esa convicción, el gesto lo único que hace es potenciar y destacar la nariz, para expresar la idea.

Este ademán se ejecuta colocando el índice en posición horizontal, y paralelo a la cara, y a continuación, se "levanta" hacia arriba la punta de la nariz con el dedo, empujándola desde abajo con el índice. Este gesto se presta mucho a confundirlo con el mal olor, es más, esa es la interpretación que predomina.

CINETISMO: Es un ademán fluido, sin interrupciones.

REPETICIÓN: Una vez, o a lo sumo dos.

VOCALIZACIÓN INVOLUCRADA: Normalmente, se hace sin hablar, o en su defecto, se practica coincidiendo con la narración.

SIGNIFICADO(S) SECUNDARIO(S): Si no se hace bien, o no se comprende, se puede confundir con la mímica de oler cocaína, la cual se emplea para expresar que una persona es adicta a las drogas.

En la mayoría de las circunstancias, se utiliza para quejarse por un mal olor imperante; o en ciertos casos, que le pica la nariz al sujeto.

No obstante, hay que aclarar que el dominicanismo "jediondito" se utiliza para las personas presumidas, también conocidas como "comparonas", y "agentados", y no, para las que huelan mal.

SEXO DEL PRACTICANTE: Lo usan más los hombres.

157 "NERVIOSISMO", "ESPERA", "VAGANCIA", "DESESPERADO", "PREOCUPADO", "ANSIOSO", "IMPACIENTE"

ANTECEDENTES Y DESCRIPCIÓN: Puede ser un gesto o una pose inconsciente. De todas formas, expresa a las claras una pasividad de acción, y se hace introduciendo una o las dos manos en los bolsillos laterales de los pantalones. En algunas ocasiones, se coloca en el bolsillo únicamente el dedo pulgar, dejando los demás dedos fuera, como si estuviesen "colgando". Todo esto se puede realizar con una o con dos manos. En otros casos, las manos se introducen hasta la mitad de los dedos.

CINETISMO: Es variable, dependiendo de varios factores, incluyendo, el grado de impaciencia, ya que por ejemplo, cuando los dedos están fuera, cabe la posibilidad de moverlos.

De todas formas, este es un gesto–pose que no se haya muy bien definido, y por lo tanto, tampoco está organizado como sería de esperarse en cualquier otro. Normalmente, el rostro expresa aburrimiento, apatía o desidia, o bien, en el mejor de los casos, la espera.

REPETICIÓN: Es un gesto muy pasivo, en el cual la colocación de las manos es lo importante, salvo, algún movimiento nervioso.

VOCALIZACIÓN INVOLUCRADA: Lo más normal es que se escuche alguna queja, o bien, que no se diga nada, empero, es un silencio harto "expresivo".

SIGNIFICADO(S) SECUNDARIO(S): Aparte de indicar el hecho de que no se tiene nada que hacer, puede señalar, además, una forma de rendición, o de disimulo, al ser "ñeco", simbólicamente.

Hay personas que lo hacen para disimular el mal de Parkinson, y otros, lo realizan cuando "traman algo", o por pose o "chulería".

SEXO DEL PRACTICANTE: Lo realizan más los hombres.

158 "NO, "NEGACIÓN", "NEGAR", "LLEVAR LA CONTRARIA", "OPONERSE", "CONTRADECIR"

ANTECEDENTES Y DESCRIPCIÓN: Con este gesto, se imita con la mano, el movimiento que se hace con la cabeza, en nuestra área geográfica, para la negación; ya que en otras regiones, la manera de decir que no, es diferente.

Con el índice como protagonista, se mueve toda la mano de un lado hacia el otro, en el mismo eje vertical, con un giro horizontal importante del antebrazo. Todo ello, a la altura del pecho, mientras, los demás dedos permanecen recogidos, con el índice en alto

CINETISMO: Aparte de la colocación del índice, esta gesticulación sólo incluye el giro del antebrazo que mueve la mano, y por consiguiente, al índice.

REPETICIÓN: Aproximadamente, unas tres veces.

VOCALIZACIÓN INVOLUCRADA: Aunque no es necesaria, en muchas ocasiones se dice el no, o bien, cualquier otra frase equivalente, por ejemplo: "deja eso", "no le pongas la mano", "suéltalo", etc. Es evidente que este gesto se usa mucho en la etapa de corrección de los niños.

SIGNIFICADO(S) SECUNDARIO(S): Siempre se trata de una prohibición o de un rechazo, y por supuesto, de una negación.

SEXO DEL PRACTICANTE: Lo emplea todo el mundo.

159 "NO", "NEGACIÓN", "NEGATIVO", "MOSTRAR DESACUERDO"

ANTECEDENTES Y DESCRIPCIÓN: Como ya se sabe, este gesto es el contrario del "si". Igualmente, es ampliamente conocido.

Se hace, girando la cabeza de lado a lado, con moderación; aunque, a veces, se simplifica realizando una brusca sacudida de la cabeza, en el mismo eje, convirtiéndose en un micro–gesto, con una duración muy breve.

CINETISMO: Únicamente, el movimiento hacia ambos lados con la cabeza.

REPETICIÓN: Se repite entre dos y tres veces, más o menos.

VOCALIZACIÓN INVOLUCRADA: Fluctúa desde un "no" rotundo, hasta cualquier frase que dé a entender lo mismo. En ocasiones no se dice nada. Hay que recalcar, que el tono, también, puede hacer que cambie el significado de la negación oral.

SIGNIFICADO(S) SECUNDARIO(S): Es preciso señalar que

hay personas, en especial, los niños y las mujeres, que emplean el "no" como un arma psicológicas. Los infantes como un mecanismo de dominio, y las mujeres, al practicar una estrategia de mostrarse pudibundas en ciertos momentos, y provocativas, en otros.(*) En todos los casos, la negativa va acompañada de un comportamiento, más o menos, estereotipado. Por ejemplo, entre los niños la negación puede estar incluida en una rabieta y/o llanto; y en el supuesto de las féminas, exhiben una cara de inocencia o de sex appeal.

Los ancianos a veces recurren al "no", por el mismo motivo que los niños, al experimentar una regresión infantil.

SEXO DEL PRACTICANTE: Es un gesto muy corriente, que lo hace todo el mundo.

160 "¡NO SÉ!", "¡QUÉ SÉ YO!", "¡POLTA MÍ!", "¡NO ME IMPORTA!", "¿...Y QUÉ?". "¿....Y ENTONCES?", "A MÍ NO ME PREGUNTES", "NO ME DOY CUENTA"

ANTECEDENTES Y DESCRIPCIÓN: Esta mímica probablemente tenga su origen en el reflejo primitivo de subir los hombros, bajar algo la cabeza y meter la barbilla, conocido como el reflejo del miedo o de la sorpresa, (*) el cual se manifiesta desde la más tierna infancia. Con este reflejo la persona se evade, se muestra sumisa; o bien, reacciona cuando ha recibido una sorpresa inesperada.

En el caso que nos ocupa, la reacción es muy similar, y se potencia con el giro que se le da a las muñecas hacia fuera y mostrando las palmas, pero, sin exagerar mucho; lo cual también, es otra señal de sumisión. Con este gesto la persona expresa que no sabe nada, y simultáneamente evita la confrontación. Lo típico es que se ladee la cabeza.

(*) GOURMONT. *FÍSICA DEL AMOR,* EDAF. MADRID. 1967. Pág. 46.

Otra variante simplificada, se ejecuta levantando las manos hacia arriba, a partir de las muñecas, interpretable como una rendición.

El rostro suele expresar una cierta "inocencia", siempre.

CINETISMO: El único movimiento involucrado, es aquel que se realiza con la finalidad de adoptar el gesto. Suele ser rápido y un tanto brusco.

REPETICIÓN: Al ser algo "posado" o "congelado", no tiene ninguna repetición. Sencillamente se ejecuta y se mantiene por breves segundos.

VOCALIZACIÓN INVOLUCRADA: Lo normal es que se diga cualquiera de las frases del encabezado, empero, en ocasiones, no se dice nada.

SIGNIFICADO(S) SECUNDARIO(S): A veces se interpreta como una duda o vacilación, o que alguien se siente mal o decaído.

SEXO DEL PRACTICANTE: Ambos.

161 "ÑOÑITO", "ÑOÑO", "NIÑO EN BRAZOS", "MECIENDO", "DURMIENDO NIÑO", "CARGANDO UN BEBÉ", "ARRULLAR UN NIÑO", "ACURRUCAR"

ANTECEDENTES Y DESCRIPCIÓN: En este caso se imita una práctica tan inveterada como es la de mecer a un niño, con la finalidad de calmarlo, o para que se duerma.

Con los dos antebrazos juntos y pegados al estómago, y con las manos que llegan casi hasta el codo opuesto del otro brazo, se mueven los brazos, "meciendo" hacia ambos lados al "bebé" inexistente.

CINETISMO: Es un movimiento pendular, de un lado hacia el otro.

REPETICIÓN: Normalmente, se hace tres o cuatro veces.

(*) RAQUEL WILDER. *LOVE SIGNALS.* REVISTA: SCIENCE DIGEST. JUNE 1984. Pág. 63.

VOCALIZACIÓN INVOLUCRADA: La mayoría de las veces se dice algo en tono de burla, a menos que se le esté mostrando a alguien cómo se mece un niño.

Cuando se hace con sorna, existe ya un término estereotipado que se emplea mucho: "el ñoñito", lo cual no descarta a otros similares

SIGNIFICADO(S) SECUNDARIO(S): Este gesto se puede confundir con la mímica del baile.

SEXO DEL PRACTICANTE: Para la burla, lo emplean más los hombres, y para indicar que hay que mecer a un niño, lo utilizan más las mujeres.

162 OBSERVARSE EL CUERPO/ROPA

ANTECEDENTES Y DESCRIPCIÓN: En ciertas ocasiones las personas se ven en la necesidad de contemplarse a sí mismas, sin disponer de un espejo, bien para darse cuenta de cómo les sienta la ropa, o bien, por puro narcisismo.

Este gesto se hace inclinando el cuerpo hacia delante, se abren los brazos lateralmente, y se mira hacia abajo con cierto aire de curiosidad. Esta mirada dura algunos segundos.

CINETISMO: El movimiento es comparativamente rápido, y a los demás les produce la sensación de que quien lo hace está un poco perplejo.

REPETICIÓN: Lo típico es que se ejecute una sola vez, ya que cuando se repite es debido a que algo no se ha visto bien.

VOCALIZACIÓN INVOLUCRADA: Si se está en compañía, cabe la posibilidad de que se haga algún comentario.

SIGNIFICADO(S) SECUNDARIO(S): También se puede hacer para comprobar algo, o sea, como una comprobación gestual.

SEXO DEL PRACTICANTE: Ambos sexos, quizá con predominio femenino.

163 "ES OBVIO", "ES EVIDENTE", "ES PATENTE", "ES PALMARIO", "SIN LUGAR A DUDAS", "ESTÁ CLARO"

ANTECEDENTES Y DESCRIPCIÓN: Esta es una manera que tiene el gesticulador de recalcarle a su interlocutor, que algo es obvio.

Para realizar el gesto, se golpea con el dorso de la mano derecha en la palma de la izquierda. Esta última se coloca formando una curvatura, no muy acusada, que "encaja" con los nudillos de la mano diestra.

Todo ello, aproximadamente a la altura del pecho; y las manos se golpean perpendicularmente, en posición diagonal.

CINETISMO: El movimiento puede ser enfatizado, según convenga; incluso, cabe la posibilidad de que se escuche algo al percutir una mano sobre otra.

REPETICIÓN: Se acostumbra a realizar dos o tres veces, salvo en los casos en que se desee recalcar aún más.

VOCALIZACIÓN INVOLUCRADA: Puede ser cualquiera opinión, criterio, idea, o tema.

SIGNIFICADO(S) SECUNDARIO(S): Es preciso señalar, que determinadas personas hacen este gesto para impactar o sugestionar a la otra.

SEXO DEL PRACTICANTE: No es un ademán muy frecuente, empero, quizá tenga un predominio masculino.

164 "¡NO TE OIGO!", "¿QUÉ DICES?", "¿DIME?", "¿CÓMO?", "¿QUÉ?", "¡MÁS FUERTE!"

ANTECEDENTES Y DESCRIPCIÓN: Esta es una mímica muy funcional, y se encuentra ampliamente difundida en el mundo.

Se trata, de colocar la mano de forma ahuecada, detrás de la oreja, con la palma hacia delante; con la expresa intención de formar una especie de "pantalla", con el fin de "recoger" el sonido, y por lo tanto, para escuchar mejor. El problema auditivo se produce por tres causas principales: 1) Provocado porque la persona que escuche, tenga problemas con la audición; 2) Debido a que la otra persona hable en voz baja, para la distancia que tiene que salvar la voz; y 3) Cuando el interlocutor se encuentre lejos, y su voz sea apenas audible.

La expresión facial es de cuestionamiento, y el cuerpo suele girar un poco, hacia la fuente acústica, o bien, si se escucha más de un lado que de otro .

Este gesto, también, se hace con ambas manos, una en cada oreja.

CINETISMO: Aparte de la colocación de la mano, de la mímica facial y del posible giro del cuerpo, no hay ningún otro.

REPETICIÓN: No existe, aunque, se mantiene durante breves instantes, mientras interese.

VOCALIZACIÓN INVOLUCRADA: Cualquiera de las expuestas arriba, o alguna otra similar.

SIGNIFICADO(S) SECUNDARIO(S): Algunas personas, pueden simular que no escuchan bien, como una manera de darse importancia, o bien, para exhibirse ante los demás.

SEXO DEL PRACTICANTE: Cualquiera lo puede ejecutar. Hay sujetos mayores, que tienen este gesto como hábito, por problemas de audición.

165 "LA "CORTADA" DE OJOS

ANTECEDENTES Y DESCRIPCIÓN: Este es un gesto muy simple, sin embargo, es difícil de describir debido a las sutilezas envueltas en él.

Cuando la persona está motivada por la ira, por el odio, o el desprecio; en primer lugar, mira al interlocutor y a continuación baja la mirada bruscamente, a la vez que hace un ligero cabeceo hacia abajo, entonces, gira la cabeza hacia un lado, con los ojos semi–cerrados, y por último, levanta la mirada y la cabeza sin "fijarse" en la otra persona.

En definitiva, es una manera gestual de hacerle saber al interlocutor que es un "insignificante", o que no es apreciado.

CINETISMO: Es un movimiento fluido con los ojos y la cabeza como protagonistas, con el fin de "ignorar" a la otra persona y de "demostrarle" que no está ahí porque "no existe" como ser humano.

El rostro expresa el enfado/desprecio. Es una mini–coreografía gestual. Para enfatizarlo, hay mujeres que se colocan las manos en la cintura y/o dan un "zapatazo" en el suelo.

REPETICIÓN: Se suele hacer una sola vez.

VOCALIZACIÓN INVOLUCRADA: Algunas personas espetan algo, o se les escapa algún epíteto desagradable o insultante, o alguna exclamación; o bien, cualquier palabrota o frase vulgar, como podría ser: "mire carajo", o, "jum", etc. En ocasiones, no se dice nada, al ser un ademán tan expresivo.

SIGNIFICADO(S) SECUNDARIO(S): La "cortada" de ojos, también se hace en broma o como una provocación, es decir, que se trata de un "arma" en el flirteo.

Es preciso destacar que este gesto es diferente del "pestañeo" para coquetear que practican ciertas mujeres; y distinto, además, del "pestañeo" por nerviosismo o al asimilar la información que se está recibiendo.

SEXO DEL PRACTICANTE: Mayoritariamente femenino.

166 "¡OK!", "¡ARRIBA!", "SUERTE", "VICTORIA"

ANTECEDENTES Y DESCRIPCIÓN. Este es un gesto de reciente divulgación, por lo que aún no está ni bien definido, ni mucho menos bien establecido. Se está utilizando en política y en la televisión.

Su ejecución es muy sencilla, ya que consiste en mostrar el pulgar hacia arriba, con los otros cuatro dedos recogidos. Es una gesticulación típica de los pilotos de guerra estadounidenses, antes de iniciar el despegue. En la antigua Roma, se hacía para indicar la suerte que debían de correr los gladiadores.

CINETISMO: Únicamente la colocación del pulgar, con el codo formando un ángulo, inferior o superior, a los noventa grados, dependiendo del espacio disponible,. La mayoría de las personas suben el pulgar un poco, para reforzar el concepto de "arriba".

REPETICIÓN: Se acostumbra a realizar una sola vez, y se mantiene durante breves instantes.

VOCALIZACION INVOLUCRADA: Cualquiera de las que aparecen en el encabezado o similares. En ocasiones no se dice nada, dependiendo, sobre todo, de la distancia a que se encuentre la otra persona.

SIGNIFICADO(S) SECUNDARIO(S): Muchas veces, este gesto produce entre nosotros, una cierta perplejidad, al no saberse interpretar correctamente. Cabe la posibilidad de que se confunda con "pedir subiendo", en la gestualidad del transporte público.

SEXO DEL PRACTICANTE: Cualquiera de los dos.

167 "ORANDO", "REZANDO", "SALUDO REVERENTE", "MOSQUITA MUERTA", "SANTO"

ANTECEDENTES Y DESCRIPCIÓN: Lo que se trata es de emular una actitud pía, o lo que es lo mismo, de oración y de recogimiento, o bien, de meditación.

Consiste en juntar los dedos, en especial, las yemas de los dedos y las dos primeras falanges; y se hace un cabeceo hacia adelante, con la parte superior del cuerpo, en tanto, los ojos se semi–cierran.

Es una de las gesticulaciones más simétricas, con los dedos hacia arriba, casi verticalmente.

CINETISMO: Es un gesto bastante posado, y sólo tiene una cierta inclinación del torso y de la cabeza, hacia delante, aparte, de la mímica sutil de la cara.

REPETICIÓN: Normalmente, se ejecuta una vez.

VOCALIZACIÓN INVOLUCRADA: Es posible que se diga algo en tono reverente, como podría ser: "mis respetos", o algo similar. En otras ocasiones no se dice nada.

Para el caso del rezo, o sea, para orar, o quizá, de súplica, entonces, las oraciones y peticiones son las que se pueden escuchar.

SIGNIFICADO(S) SECUNDARIO(S): Este gesto puede revelar, desde una gran sinceridad, hasta una solemne hipocresía, y en otros casos, delata a la persona adulona.

SEXO DEL PRACTICANTE: Con preferencia, lo hacen más los hombres.

168 PASAR LAS PÁGINAS CON SALIVA

ANTECEDENTES Y DESCRIPCIÓN: Este es un ademán, que ha servido hasta para envenenar a ciertos personajes históricos; a pesar de ello, además de la falta de higiene que esta práctica implica, aún, se sigue haciendo.

Para hacerlo, se mojan con saliva la yema del pulgar y/o del índice, pasándolos por los labios humedecidos, con la finalidad de que la saliva ayude a pasar las páginas de una publicación, como podría ser un libro, revista, etc.

Muchas personas, una vez que han adquirido el hábito, lo hacen sin apenas darse cuenta.

CINETISMO: Es un gesto "automático", el cual se convierte en una práctica con un estilo personal. El único movimiento consiste en pasarse los dedos por los labios.

REPETICIÓN: Algunos sujetos se mojan el dedo para cada página, y otros pasan varias hojas antes de llevarse la mano de nuevo a los labios. Esto significa que se repite mientras dure la lectura, o la acción de pasar las páginas.

VOCALIZACIÓN INVOLUCRADA: A menos que el sujeto

converse mientras lee o pasa las páginas, lo normal es que no se diga nada; en especial cuando se trata de la lectura.

SIGNIFICADO(S) SECUNDARIO(S): Se puede deber a una simple imitación, o bien, porque el sujeto cree que así es más práctico.

SEXO DEL PRACTICANTE: Ambos sexos.

169 "PASAR PÁGINAS PARA LA IZQUIERDA", "LEER MUCHO", "ESTUDIAR MUCHO", "SER CULTO", "SER UNA PERSONA LEÍDA"

ANTECEDENTES Y DESCRIPCIÓN: Este gesto se relaciona y se inspira directamente en el hábito de leer libros.

El ademán consiste en imitar, de forma un tanto exagerada y acelerada, el paso de las páginas hacia la izquierda, de una publicación imaginaria.

CINETISMO: El movimiento tiene algo de ampulosidad y mucho de imitación, casi caricaturesca; aunque, es necesario, por razones obvias, el simplificar la acción.

REPETICIÓN: Se suele ejecutar, alrededor de tres veces.

VOCALIZACIÓN INVOLUCRADA: Normalmente, esta mímica se hace para reforzar la narración. En muchas ocasiones, se utilizan para criticar a alguien que no lee.

SIGNIFICADO(S) SECUNDARIO(S): Algunos lo emplean para indicar un cambio de tema, o bien, para pasar a otra cosa.

SEXO DEL PRACTICANTE: Cualquiera de los dos.

170 "HACERSE UNA PAJA", "UNA MASTURBACIÓN", "AUTOCOMPLACENCIA", "COGER GUSTO"

ANTECEDENTES Y DESCRIPCIÓN: Se podría afirmar que este gesto es un vulgarismo gestual, que imita en todo lo posible a la acción real, teniendo al hombre como referente masturbatorio.

Se hace con el puño cerrado, casi siempre el derecho, moviéndolo rítmicamente en diagonal, de arriba hacia abajo y viceversa, a la altura del ombligo, más o menos. Hay quienes encorvan el cuerpo un poco.

Algunos ejecutantes, ponen cara de satisfacción, de malicia, de excitación, o bien, de complicidad, lujuria, lascivia o angustia, y así por el estilo.

CINETISMO: Es un movimiento en vaivén, perfectamente acompasado.

REPETICIÓN: El vaivén se completa, tres veces, más o menos.

VOCALIZACIÓN INVOLUCRADA: Este gesto se emplea para dramatizar la narración, o como una burla o parodia. A veces se escuchan sonidos de placer o frases íntimas.

SIGNIFICADO(S) SECUNDARIO(S): Cabe la posibilidad de realizarlo como una provocación, o como insulto a alguien.

SEXO DEL PRACTICANTE: Por razones obvias, es un gesto típico masculino. Algunas mujeres lo pueden hacer, para ilustrar una narración.

171 "ES UN PÁJARO", "ES GAY", "ES HOMOSEXUAL"

ANTECEDENTES Y DESCRIPCIÓN: Este gesto imita claramente el movimiento de las alas de un ave. En inglés se le conoce como el "bird flap"; y aquí al igual que en otros países, como por ejemplo, en Colombia, se emplea para indicar que alguien es gay. Probablemente se inspira en la manera etérea de caminar que tienen muchos homosexuales.

Para hacer la gesticulación, se emplean ambas manos, una encima de la otra, las palmas hacia abajo y los dedos apuntando hacia delante. Los pulgares que quedan a los lados, se mueven haciendo un giro que imita las alas de un ave. Es un gesto bastante simétrico, en cuanto a la posición de las manos se refiere.

CINETISMO: Básicamente, sólo se mueven los pulgares. El

antebrazo forma un ángulo aproximado de noventa grados, con respecto al brazo.

REPETICIÓN: Con tres o cuatro veces que se haga el giro con los pulgares, es suficiente para expresar la idea.

VOCALIZACIÓN INVOLUCRADA: Al ser un gesto que casi siempre se hace de espaldas del afectado, muchas veces se le dice al interlocutor que el otro es un "pájaro", o simplemente se realiza la mímica y es más que suficiente. Es una especie de "chisme" gestual, para desacreditar o con la intención de informar.

SIGNIFICADO(S) SECUNDARIO(S): Puede significar "volar", pero siempre remite a la condición de homosexualidad, si se trata de una persona; empero, aparte de referirse al vuelo de un ave, se emplea para expresar cómo nada una tortuga, por ejemplo.

SEXO DEL PRACTICANTE: En su gran mayoría lo utilizan preferiblemente los hombres, aunque, hay que destacar que se trata de un gesto en franca decadencia, probablemente por el aumento de la tolerancia hacia los gays, y además por su militancia activa.

172 "ES UN PÁJARO", "ES GAY", "ES UN MARICÓN"

ANTECEDENTES Y DESCRIPCIÓN: Este es un ademán de burla o de crítica, el cual imita el comportamiento de un ave, al batir las alas.

Para realizarlo, se baten las manos a los lados del cuerpo, imitando las alas, sin doblar los codos, empero, doblando las muñecas hasta casi formar un ángulo de noventa grados con ellas y el costado del cuerpo.

Por otra parte, se suele levantar hacia atrás el pie izquierdo, y se apoya la punta del calzado en el suelo.

Además, se ladea la cabeza hacia un lado/abajo. Todo ello con la intención de que la pose sea lo más ridícula posible.

CINETISMO: Debido a que la intención es la de ridiculizar, este gesto se escenifica, y se encuentra entre los más aparatosos.

Mientras mayor sea el desparpajo, mayor será la hilaridad que pueda provocar. En este ademán, lo que más se mueve son las manos.

REPETICIÓN: Las manos se mueven de forma incontrolada, unas tres veces.

VOCALIZACIÓN INVOLUCRADA: Cualquiera que sirva para ridiculizar a la otra persona, y/o para realizar un ataque que se pretende será devastador. Por lo tanto, vale cualquier frase alusiva, sin olvidar los grititos contenidos y las palabrotas para hacerlo más "picante".

SIGNIFICADO(S) SECUNDARIO(S): A veces se hace para tomarle el pelo a alguien que se sabe que no es gay.

SEXO DEL PRACTICANTE: Normalmente lo hacen los hombres, cuando se intenta ridiculizar a alguien; y las mujeres, para informar a las otras, pero, de forma más simplificada.

173 PALMADITAS EN LA ESPALDA

ANTECEDENTES Y DESCRIPCIÓN: Este es un saludo amistoso, pero, menos efusivo que el abrazo; no obstante, es más familiar que el simple apretón de manos. A veces se combinan ambos, el apretón y las palmaditas, en cualquier orden; aunque, a veces, se hacen simultáneamente.

Al igual que acontece con el abrazo, normalmente, la cara es de alegría: a menos, que la ocasión sea triste.

Las palmaditas suelen darse en el área de los hombros, o en la espalda del interlocutor. En ocasiones, se propinan en el antebrazo, con una posible sujeción posterior del antebrazo de la otra persona.

CINETISMO: El movimiento consiste, en la aproximación, por un lado, y las palmaditas, a seguidas. Ciertos sujetos, propinan palmadas con una fuerza considerable; y lo que es más, otras personas, también, sacuden al amigo, tomándolo de los hombros.

REPETICIÓN: Se acostumbra a hacer, tres o cuatro veces.

VOCALIZACIÓN INVOLUCRADA: Lo habitual, es que se diga algo amistoso, a menos, que la situación sea triste. Este gesto está en una situación intermedia, entre el apretón de manos y el abrazo.

SIGNIFICADO(S) SECUNDARIO(S): En un contexto de formalismo social, las palmaditas, también, se usan como un gesto de cortesía; empero, la frialdad es evidente a todas luces.

En otras ocasiones, se hace por impaciencia; y se utiliza para las despedidas, aunque, en su versión simplificada.

SEXO DEL PRACTICANTE: Esta gesticulación, se practica a todos los niveles, por ambos sexos, e incluso, intersexos; siempre y cuando se produzcan interacciones sociales.

174 PALMADITAS PARA LIMPIARSE LAS MANOS

ANTECEDENTES Y DESCRIPCIÓN: Debido a la proliferación de las ventas callejeras de toda clase de alimentos, los dominicanos han adoptado la costumbre de ingerir muchos productos alimenticios en la calle. Sin embargo, quizá, por no hacer superado el hábito rural de comer con las manos, la gran mayoría de esos consumidores, toca directamente, lo que compra para llevarse a la boca, aún, pudiendo no hacerlo.

Esto trae como consecuencia, que mientras se están alimentando sus manos se están ensuciando de grasa, harina, etc.; y al terminar, se sienten incómodos, por lo que sienten la necesidad de limpiarse los dedos pringados, a como dé lugar.

Existe un gesto funcional, consciente o inconsciente, que se practica con demasiada frecuencia, y consiste en darle palmaditas en la espalda, al primer amigo que se encuentre, con la finalidad de eliminar los restos de la comida de las manos. Hay que resaltar, que, también existen otras gesticulaciones que se prestan para lo mismo, como es la de pasar la mano por la cabeza de alguien; empero, la de las palmaditas en la espalda es la más socorrida. Es idéntica al saludo, pero, con otro fin.

CINETISMO: Sólo las palmaditas, aparte, de otros posibles movimientos.

REPETICIÓN: Se hace tres o cuatro veces, más o menos.

VOCALIZACIÓN INVOLUCRADA: Se disimula la intención, disfrazándola como si fuese un saludo normal amistoso.

SIGNIFICADO(S) SECUNDARIO(S): Lo que existe es una motivación oculta, es decir, que se finge; o por lo menos, se hacen dos cosas simultáneamente; limpiarse las manos y saludar. Algunos sujetos repiten este saludo con varios de sus amigos.

SEXO DEL PRACTICANTE: Ambos sexos.

175 CHOQUE DE PALMAS COMO SALUDO

ANTECEDENTES Y DESCRIPCIÓN: Este es un gesto de reciente aparición en nuestro país, y probablemente, lo hayan traído los deportistas dominicanos que juegan en los EE.UU.; sin olvidarnos de la influencia de los medios de comunicación por excelencia, como son la televisión y el cine.

Es un saludo muy versátil que ha "prendido" en varias otras naciones. Se usa mucho como reforzador de una acción, o de algo dicho que se considera merecedor de aprecio, por cualquiera de las partes envueltas en la actividad o diálogo. Por estos motivos, las caras suelen mostrar alegría.

Esta salutación tiene tres variantes básicas:

a) Un sujeto muestra las palmas al otro, con los brazos extendidos hacia arriba, entonces, la otra persona, también, sube sus palmas y las chocan. Esta modalidad, se ejecuta, por igual, con una sola mano. También, se puede hacer de lado o en diagonal.

b) Un sujeto levanta una o dos manos, y el otro coloca la(s) palma(s) suya(s) boca arriba, entonces, el primero choca las palmas de arriba hacia abajo. El primer sujeto es más activo que el segundo.

c) Este es un choque de palmas acompañado de una mini–coreografía, ya que las chocan, repetidamente, en varias posiciones. Esta variante tiene algunas sub–variaciones, incluyendo diferentes combinaciones de a) y de b).

CINETISMO: En los casos a) y b), el movimiento es sencillo, sin embargo, en la variante c), depende, sobre todo, de lo que tengan aprendido, ya que puede ser bastante elaborado.

REPETICIÓN: En el primer y segundo casos, se suele hacer una vez; pero, en la tercera versión cabe la posibilidad de que se choquen tres o más veces.

VOCALIZACIÓN INVOLUCRADA: Siempre se trata de un saludo o de una felicitación, o por lo menos, se pone la cara de alegría.

SIGNIFICADO(S) SECUNDARIO(S): No hemos encontrado ningún otro.

SEXO DEL PRACTICANTE: Lo practican ambos sexos, con predominio masculino.

176 "DAR UN PALO", "TENER SUERTE", "TENER ÉXITO", "UN GOLPE DE SUERTE"

ANTECEDENTES Y DESCRIPCIÓN: Es evidente, que el origen de este gesto está en el béisbol, y consiste en hacer el ademán de "batear", pero de forma simplificada. Se asume que al hacerlo, se está conectando un batazo exitoso.

CINETISMO: Sencillamente, se ejecuta la acción simplificada de batear, blandiendo un "garrote" inexistente; con la diferencia de que se ejecuta lateralmente, como en el juego.

REPETICIÓN: Ya por hábito, se hace una sola vez, o quizá dos, para recalcar la idea.

VOCALIZACIÓN INVOLUCRADA: La gran mayoría de las veces no se dice nada; pero, si se le ocurre al sujeto el decir algo, tiene que estar relacionado con la causa de su alegría, o bien, pronuncia la frase: "¡qué palo!", o alguna otra parecida.

SIGNIFICADO(S) SECUNDARIO(S): Algunas personas lo confunden con la acción de golpear, o de caer a palos.

SEXO DEL PRACTICANTE: Mayoritariamente, lo hacen los hombres.

177 "SON PANAS", "SON PANAS FULL", "SON UÑA Y CARNE", "SON ENLLAVES", "NO SE DESPEGAN", "SIEMPRE ANDAN JUNTOS", "PERSONAS UNIDAS", "PARA ARRIBA Y PARA ABAJO", "TÁ PEGAO"

ANTECEDENTES Y DESCRIPCIÓN: Este gesto se basa en una metáfora visual, para expresar la unión. Se hace entrelazando los dos índices, a la altura del pecho, y entonces, se intenta tirar hacia fuera, sin mucha fuerza.

Sirve para crear la sensación de que existe un vínculo fuerte, entre dos o más personas, o bien, una dependencia de algo, etc.

CINETISMO: Tiene un cierto movimiento, cuando los índices tiran hacia fuera, el cual normalmente es hacia arriba y hacia abajo, para darle mayor énfasis al ademán.

REPETICIÓN: Al estar entrelazados los dos dedos no hay ninguna repetición, no obstante, se mantienen unidos durante breves segundos .

VOCALIZACIÓN INVOLUCRADA: Se puede utilizar cualquiera de las del encabezado, o alguna parecida, como por ejemplo: "son así", mientras se ejecuta el gesto.

SIGNIFICADO(S) SECUNDARIO(S): Puede tener connotaciones sexuales, según el contexto; empero, lo más corriente es que exprese que se trata de una amistad o familiaridad muy estrechas. A veces, se emplea para indicar que algo está empatado, o que se decidió por un margen muy estrecho.

En otro orden de ideas, se podría interpretar como que algo/alguien está atado o amarrado, cosido, pegado, o que depende mucho de un vínculo muy fuerte; en definitiva, que algo está muy junto a otra cosa, o que existe una aproximación afectiva, entre otros. Se puede confundir con la mímica de "ayudar" a los perros a evacuar o después del coito.

SEXO DEL PRACTICANTE: Ambos sexos.

178 "SON PANAS", "SON UÑA Y CARNE", "SON COMPINCHES", "VAN AHÍ", "RAS CON RAS", "ESTÁN PAREJOS", "SON CANCHANCHANES"

ANTECEDENTES Y DESCRIPCIÓN: Es otra de las modalidades gestuales, de expresar la dualidad, la pareja, o bien, el hecho de andar juntos, empero, en este caso se usa una sola mano.

Para ejecutarlo, se emplean el índice y el dedo mayor, frotándolos lateralmente y alternando el movimiento hacia arriba y hacia abajo, sin doblar las respectivas falanges de los dedos involucrados.

Por su parte, las manos se adelantan, y el antebrazo y el brazo de la mano envuelta, forman un ángulo de noventa grados, aproximadamente.

CINETISMO: Aparte de la colocación de la mano, sólo se mueven los dedos, uno hacia arriba y el otro hacia abajo, alternativamente.

REPETICIÓN: La alternancia se hace aproximadamente tres veces.

VOCALIZACIÓN INVOLUCRADA: Se suele decir cualquiera de las frases que aparecen en la cabecera de este gesto, o alguna otra parecida.

SIGNIFICADO(S) SECUNDARIO(S): Todos se relacionan con la misma idea, incluyendo, la complicidad entre dos personas. También, sirve para expresar que alguien/algo está parejo o empatado.

SEXO DEL PRACTICANTE: Cualquiera de los dos.

179 "SON PANAS", "SON UÑA Y CARNE", "VAN AHÍ", "SON CANCHANCHANES"

ANTECEDENTES Y DESCRIPCIÓN: En este gesto se traza un paralelismo, entre el hecho de estar juntos, refiriéndose a unas personas, y el movimiento de los dedos.

Para realizarlo, se colocan ambos índices juntos lateralmente, apuntando hacia delante con los dedos, colocados de forma horizontal, y a continuación, se mueven hacia delante y hacia atrás, alternándolos. Todo ello a la altura del pecho.

CINETISMO: Es un movimiento que involucra ambas manos, empero, la clave está en la coordinación de los dedos, ya que cuando uno se mueve hacia delante, el otro se mueve hacia atrás y se repite. Los índices permanecen unidos lateralmente, sin despegarlos.

REPETICIÓN: La alternancia de los dedos se hace, aproximadamente, unas tres veces

VOCALIZACIÓN INVOLUCRADA: Cualquiera de las expuestas en el encabezado, o alguna otra similar.

SIGNIFICADO(S) SECUNDARIO(S): Por extensión, puede referirse al hecho de que dos personas formen una pareja. Por otro lado, se usa para expresar la condición de dualidad, o por lo menos, que alguien está emparentado. En ciertas ocasiones, se utiliza para decir que algo/alguien está parejo o casi empatado, o sea, que van "ras con ras", lo que equivale a decir, que compiten.

SEXO DEL PRACTICANTE: Lo emplean ambos sexos, indistintamente.

180 LOS DEDOS EN LA BOCA CAUSADO POR EL PÁNICO

ANTECEDENTES Y DESCRIPCIÓN: En situaciones de mucho temor o de pánico intenso, es decir, cuando la persona está aterrorizada, se produce esta mímica.

Para hacerlo, se introducen las primeras falanges de los cuatro dedos, exceptuando el pulgar, en la boca; con la palma, más o menos, hacia abajo. También, se hace con ambas manos.

Otra variante consiste en presionar la boca con la uñas, con las falanges dobladas.

En todo caso, el rostro refleja el miedo, y en especial, los ojos desorbitados.

CINETISMO: La acción de llevarse la mano a la boca, y la subida de los hombros, para que la cabeza sobresalga menos. Si se está sentado, cabe la posibilidad de juntar con fuerza las piernas y de ladear el cuerpo. Hay personas que se aferran con fuerza al que tengan al lado, aunque sea un desconocido.

REPETICIÓN: Normalmente, se mantiene el gesto mientras dure el estímulo, a menos, que el sujeto quiera y/o pueda escapar físicamente de la perturbación.

VOCALIZACIÓN INVOLUCRADA: Son proverbiales los gritos y/o frases relacionadas con el hecho.

SIGNIFICADO(S) SECUNDARIO(S): Es un gesto típico de las personas aprehensivas; a menos, que se trate de una situación límite, en cuyo caso está justificado.

SEXO DEL PRACTICANTE: Con toda seguridad lo hacen más las mujeres.

181 CONTAR PAPELETAS/DINERO

ANTECEDENTES Y DESCRIPCIÓN: Es un ademán "completo", a diferencia del otro que se refiere a lo mismo, y que se simplificaba.

Se emplean ambas manos y se realiza la mímica de que se están contando billetes de banco. La derecha es la que realiza el gesto, y la izquierda se mantiene "sujetando" las "papeletas" inexistentes.

La derecha se mueve hacia delante/abajo, con el dedo pulgar unido al índice sin llegar a la punta del pulgar izquierdo (aprox. a un cm.).

CINETISMO: Es un movimiento rítmico y moderado de la mano derecha.

REPETICIÓN: Aproximadamente tres veces.

VOCALIZACIÓN INVOLUCRADA: Ninguna que esté estereotipada.

SIGNIFICADO(S) SECUNDARIO(S): Todos los significados secundarios encontrados, giran sobre el mismo tema: que alguien es espléndido, que "floja" dinero, que se "cantea", y así sucesivamente.

SEXO DEL PRACTICANTE: Es indistinto.

182 "PASE USTED", "USTED PRIMERO", "ADELANTE", "NO FALTABA MÁS"

ANTECEDENTES Y DESCRIPCIÓN: Probablemente, este gesto tenga un origen cortesano. De todas formas, es una manera rimbombante de pedirle a alguien, que pase adelante. Esto no evita que haya quienes lo interpreten como una gesticulación amable y delicada.

Para ejecutarlo, el sujeto realiza el "pase", con el brazo extendido hacia abajo, en diagonal, y remata con una semi–reverencia con el cuerpo. El brazo derecho se mueve desde el centro hacia el mismo lado, por donde se supone que va a pasar la otra persona, a quien se le está rindiendo pleitesía. La palma de la mano, se coloca de frente al interlocutor, y se mueve hacia la derecha con el dorso por delante.

CINETISMO: El movimiento es ampuloso, con el cual se intenta, en cierta medida, el congraciarse, o por lo menos, adular a la otra persona.

REPETICIÓN: Normalmente, se ejecuta una sola vez, pero, con la calculada lentitud y ceremoniosidad.

VOCALIZACIÓN INVOLUCRADA: Se dice cualquier frase que invite a la otra persona a pasar, como las del encabezado, o similares. En ocasiones, el gesto se hace sin decir nada, para hacerlo más reverente.

SIGNIFICADO(S) SECUNDARIO(S): Hay quienes lo malinterpretan, creyendo que los están "toreando".

Este gesto se presta mucho, también, para la burla o tomadura de pelo.

SEXO DEL PRACTICANTE: Lo más usual, es que los galanes lo hagan con las damas, empero, hay que aclarar que no es un gesto exclusivo masculino.

183 "PATERNALISMO", "PROTECCIÓN", "DEFENSA", "APRECIO", "CARIÑO"

ANTECEDENTES Y DESCRIPCIÓN: Este gesto tiene mucho de simbolismo, ya que expresa un afán de amparar a la otra persona, en especial cuando se trata de un niño o de un desvalido.

Se hace, colocando la mano sobre la cabeza del sujeto pasivo. En definitiva, se trata de una acción muy simple, pero, no por ello menos reveladora.

CINETISMO: Existe muy poco cinetismo, ya que lo único que se hace es la colocación de la mano, con sus posibles movimientos suaves.

REPETICIÓN: A veces, se pone la mano exclusivamente, y en otras ocasiones, se mueve un poco hacia delante y hacia atrás, con una rapidez variable, repitiendo el gesto tres o cuatro veces, y haciendo una especie de caricia de cariño o de aprecio; o bien, con cierto cariz juguetón. También, puede ocurrir que se den varios golpecitos suaves en la cabeza. Esta gesticulación tiene una duración muy variable.

VOCALIZACIÓN INVOLUCRADA: Cualquier tema, incluyendo, por supuesto, determinadas muestras de aprecio, recomendaciones, saludos, etc.

SIGNIFICADO(S) SECUNDARIO(S): Cabe la posibilidad de que se haga por pena o por compasión. En otros casos, se usa para intentar paliar el sufrimiento de alguien, lo cual no deja de estar vinculado con lo anterior. A veces, se realiza con intención de limpiarse las manos con el pelo del otro, conscientemente o no.

SEXO DEL PRACTICANTE: Lo típico es que sea una persona mayor o de autoridad quien lo haga, a un menor o a cualquier otro sujeto necesitado, independientemente de su sexo.

184 "TE VOY A DAR UNA PELA", "TE VOY A METER", "UNA PELA", "TE VAN A FUETIAR", "LE DIÉN", "LE DIERON", "DAR FUERTE", "TE VOY A CASTIGAR", "TE JODISTE", "ESTA CALIENTE LA COSA", "TE EMBROMASTE", "OFRECER GOLPIZA", "ESTÁS CALIENTE", "ESTÁS CALIENTE CONMIGO", "TE CALENTASTE".

ANTECEDENTES Y DESCRIPCIÓN: En este caso se pretende imitar el golpeo de algo, como podría ser un látigo, una correa, etc.

Para ejecutar el ademán, se juntan el dedo pulgar y el dedo mayor, y se golpean con el índice, sacudiendo la mano hacia abajo; todo ello a la altura del pecho, o un poco por debajo.

CINETISMO: La sacudida se hace con rapidez para que el índice pueda percutir.

REPETICIÓN: Alrededor de tres veces.

VOCALIZACIÓN INVOLUCRADA: Cualquiera de las frases típicas como las que aparecen en el encabezado, o alguna otra similar.

SIGNIFICADO(S) SECUNDARIO(S): A veces, este gesto tiene connotaciones sexuales, ya que puede simbolizar el acto sexual, llevado a niveles reiterativos, o sea, una "pela", pero, de sexo.

SEXO DEL PRACTICANTE: En el significado principal, lo emplean ambos sexos, y en el secundario, lo utilizan con muchísima más frecuencia los hombres.

185 PELLIZCO RÁPIDO EN LA BARRIGA/CINTURA COMO SALUDO GRACIOSO

ANTECEDENTES Y DESCRIPCIÓN: Esta es una manera simpática de saludar a otra persona, inclusive, si está desprevenido, y a veces, hasta se prefiere. Hay que aclarar que no se trata de un pellizco con saña, presionando con las falanges de las uñas; ni mucho menos, se retuerce la mano al hacerlo.

Normalmente, se elige un área de la barriga o de la cintura, y se le practica el gesto. Inmediatamente después, se saluda de otra manera, como puede ser con un apretón de manos, con las palmaditas en la espalda, con un abrazo, con un choque de palmas, etc.

CINETISMO: Básicamente, se trata de un pellizco rápido con todos los dedos; o de un agarre de la masa de la barriga/cintura ajena, con la mano en posición diferente y predominando el pulgar y el índice.

REPETICIÓN: Por costumbre se suele hacer una vez.

VOCALIZACIÓN INVOLUCRADA: Cualquier saludo o crítica amistosa, referida a la barriga o gordura del otro, casi siempre.

SIGNIFICADO(S) SECUNDARIO(S): Cabe la posibilidad de que tenga una connotación sexual, o bien, que tenga una cierta dosis de sorna e ironía.

SEXO DEL PRACTICANTE: Se practica entre sujetos del mismo sexo, o de sexos contrarios.

186 "UN PELLIZQUITO", "PARA NO MORIRNOS JUNTOS", "UNA COINCIDENCIA"

ANTECEDENTES Y DESCRIPCIÓN: Se trata de un gesto muy simple, sin embargo, pone en evidencia toda una filosofía de vida. La idea consiste, en que si en un momento determinado, dos personas coinciden al tomar el turno al hablar, o dicen algo parecido, simultáneamente, entonces, es preciso desbaratar o deshacer, ese vínculo coincidencial, para que el final de la existencia de una de ellas, no coincida con la de la otra.

Así surge el "pellizquito" con la finalidad expresada de "no morirse juntos". Normalmente se da en el brazo y es un gesto mutuos; suele provocar una cierta hilaridad entre los involucrados.

Esta bella gesticulación, producto de la inocencia de otros tiempos, está en franca decadencia.

CINETISMO: Sólo envuelve al "pellizquito" en cuestión

REPETICIÓN: Lo más habitual, es que sea una vez.

VOCALIZACIÓN INVOLUCRADA: Es típico que se diga la frase estereotipada: "un pellizquito para no morirnos juntos", o alguna otra parecida.

SIGNIFICADO(S) SECUNDARIO(S): No tiene ningún otro conocido. Sin embargo, es preciso aclarar, que si el "pellizquito" es muy fuerte, se puede interpretar como un acto agresivo y provocativo, y por consiguiente, cabe la posibilidad de que se desate una "guerra" de pellizcos.

SEXO DEL PRACTICANTE: Es un gesto típico de los niños y jóvenes, de ambos sexos; aunque, no se deben de descartar a los adultos.

187 PERPLEJIDAD/ INDECISIÓN/ VACILACIÓN/ GANAR TIEMPO/ IGNORANCIA

ANTECEDENTES Y DESCRIPCIÓN: Más que un gesto, este es un reflejo, que delata al ejecutante, ya que lo que el sujeto hace, es rascarse la cabeza cuando no sabe qué decisión tomar.

Metafóricamente, se podría afirmar que está "activando" el cerebro, esperando la respuesta antes de actuar, o bien, ganando tiempo ante una indecisión.

CINETISMO: Únicamente, el rascarse la cabeza, con cara de duda.

REPETICIÓN: La repetición está en función del tiempo que tarde rascándose; por ese motivo, es muy difícil de establecer. En condiciones normales, lo típico es que se haga dos o tres veces.

VOCALIZACIÓN INVOLUCRADA: Lo más corriente, es que no se diga nada, sencillamente, por el simple hecho de que el sujeto se encuentra indeciso; esto no impide que el reflejo surja, inadvertidamente, en una conversación. En ocasiones, se nota el titubeo al hablar.

SIGNIFICADO(S) SECUNDARIO(S): Puede significar, el "hacerse de la vista gorda", lo que equivale a una actitud hipócrita; y también, se emplea para disimular, en una situación dada.

SEXO DEL PRACTICANTE: Ambos sexos.

188 "AYUDANDO" A LOS PERROS PARA EVACUAR O DESPUÉS DEL COITO

ANTECEDENTES Y DESCRIPCIÓN: Este ademán es muy parecido al que expresa "enllavismo", empero, en este caso se pone más énfasis, y la cara expresa angustia o ansiedad. Es como si una persona "tomara" para sí el problema, e intentara "resolverlo". Sin embargo, como en definitiva se trata de un asunto canino, lo más que puede hacer es "ayudar" gestualmente. Para ello, se tiran los índices hacia los lados; también, se hace con los meñiques; y en ambos casos es posible que se retuerzan los dedos, para dramatizar aún más.

Se trata de una chanza gestual, a base de trazar un paralelismo entre la dificultad del animal para evacuar o para terminar el coito, y la tensión del gesto. Se trata de un gesto en franca decadencia. Es muy frecuente que se ejecute entre dos amigos al alimón.

CINETISMO: Debido al énfasis que se pone, se produce una cierta vibración/sacudida en las manos. Esto significa que aparte de entrelazar los dedos índices, y de poner la cara adecuada, no hay prácticamente ningún otro movimiento envuelto.

REPETICIÓN: Una vez entrelazados los dedos, se mantienen algunos segundos, en un forcejeo que "pretende" ayudar al animal. Lo mismo se puede decir de la mímica facial.

VOCALIZACIÓN INVOLUCRADA: Es posible que se emita una exclamación u onomatopeya de dolor, más para el acto de evacuar que para la relación sexual.

SIGNIFICADO(S) SECUNDARIO(S): Se podría utilizar para expresar una dificultad, pero es poco frecuente. Se usa para señalar un enlace o amarre, que puede ser personal, político, sentimental, etc. Curiosamente, también significa lo contrario , es decir, un impedimento, dificultad o prohibición, etc. que sean difíciles de superar.

SEXO DEL PRACTICANTE: Es un gesto típico masculino, aunque no exclusivo.

189 "PESAO", "INDICACIÓN DE ALGO PESADO", "PESA MUCHO"

ANTECEDENTES Y DESCRIPCIÓN: Con esta mímica, se emula, en cierta medida, la acción de cargar algo pesado.

Las manos se colocan, casi como si estuvieran crispadas, pero, con las palmas hacia arriba, y con un ligero movimiento hacia arriba y hacia abajo; dando la impresión de que, realmente, se tiene algo que pesa mucho en las manos. Los dedos quedan hacia arriba, también.

En cuanto al codo, forma un ángulo de noventa grados, más o menos.

CINETISMO: Aparte, de la colocación de las manos, se realiza un ligero movimiento con ellas en el eje vertical, dando a entender, lo "pesado" que es aquello, que se tiene entre manos.

REPETICIÓN: Se repite el movimiento, aproximadamente, tres veces.

VOCALIZACIÓN INVOLUCRADA: Siempre se refiere al peso, empero, el significado y las frases empleadas pueden variar, dependiendo del contexto.

SIGNIFICADO(S) SECUNDARIO(S): Hay personas que lo emplean para expresar, por ejemplo, que un libro (o un autor), es sesudo, enjundioso, reflexivo, maduro, sabio, y así por el estilo.

También, puede referirse a algo voluminoso, el cual, se supone y se asume, que es pesado, o que se encuentra cargado.

Este gesto tiene, además, connotaciones sexuales, ya que puede significar que se posee algo grande y/o pesado, físicamente, o bien, en sentido metafórico.

Hay quienes confunden este gesto con el de crispación o molestia. En ese tenor, significa, además, "si te agarro", o algo similar.

SEXO DEL PRACTICANTE: Lo emplean más los hombres.

190 "TE VOY A PICOTEAR", "TE VOY A MATAR", "LO PICOTEARON"

ANTECEDENTES Y DESCRIPCIÓN: Esta gesticulación se asemeja más a los movimientos típicos de la esgrima, que a aquellos que realizan quienes blanden un cuchillo o un machete. Esto implica que el gesto es, más bien, una metáfora gestual.

De todas formas, la mímica se hace dando "sablazos", en el aire, alternando la dirección de los mismos, parecido a las estocadas de un espadachín.

CINETISMO: Tiene mucha movilidad, llegando casi al dramatismo.

REPETICIÓN: Aproximadamente, unas cuatro veces, o sea, dos "sablazos" hacia cada lado.

VOCALIZACIÓN INVOLUCRADA: Se dicen frases como las mencionadas arriba, o similares; y también, cabe la posibilidad de hacer el gesto para dramatizar la narración.

SIGNIFICADO(S) SECUNDARIO(S): Algunos lo confunden con la práctica del solfeo, o de dirección de orquesta, y así sucesivamente.

SEXO DEL PRACTICANTE: Lo hacen mucho más los hombres.

191 EL MOVIMIENTO INSISTENTE DE LA PIERNA

ANTECEDENTES Y DESCRIPCIÓN: Se trata de un movimiento, en gran medida involuntario de la pierna. Se debe principalmente al nerviosismo del sujeto, o bien, a que esté ansioso por hacer algo, o que se sienta incómodo en una situación determinada. En definitiva lo que quiere es actuar y hacer otra cosa.

Consiste en mover la pierna nerviosamente hacia arriba y hacia abajo, mientras se permanece sentado. Se asemeja a un temblor incesante.

Algunas personas lo hacen hacia los lados, abriendo y cerrando los muslos con la misma inquietud. A veces predomina una pierna, y en otros contextos, se mueven las dos,

CINETISMO: Solamente el "temblor" del muslo, de la forma que sea.

REPETICIÓN: Es imposible de determinar, ya que el movimiento puede tener una duración muy variable. Algunos sujetos, son capaces de moverse durante media hora, o más. Otros, lo ejecutan por momentos, debido a que cesan de hacerlo y luego repiten.

VOCALIZACIÓN INVOLUCRADA: Cualquier tema.

SIGNIFICADO(S) SECUNDARIO(S): En algunos casos se puede confundir con el mal de Parkinson, sin embargo, al no repetirse en otras circunstancias, se suele descartar. Además, puede delatar alguna clase de estrés, incluyendo el sexual.

SEXO DEL PRACTICANTE: Ambos sexos, quizá, con predominio masculino.

192 "ECHAR UN POLVO", "RAPAR", "TENER RELACIONES SEXUALES", "ALGO BUENO", "ALGO QUE ESTÁ BIEN", "TÁ CACHE", "COMO UN TRANQUETE", "¡QUÉ RICO!", "¡CHÉVERE!", "¡ESTÁ DURO!", "¡PESAO!", "TÁ JEVI", "TÁ COOL", "TÁ CUL"

ANTECEDENTES Y DESCRIPCIÓN: Este gesto está emparentado probablemente, con aquel que expresa que algo está bueno, y que revela alegría.

Para realizarlo, se sacude el puño frente al centro del pecho, o en el área del ombligo; a diferencia del otro mencionado arriba, en que el antebrazo se colocaba en una posición vertical casi.

CINETISMO: Aparte de la colocación del puño, el movimiento consiste en sacudir el puño hacia delante y hacia detrás. Al ser un gesto de confidencia, se tiende a "esconder" hacia abajo, o bien, hacia un lado, cerca del cuerpo. Los diestros emplean el puño derecho.

REPETICIÓN: Dos o tres veces.

VOCALIZACIÓN INVOLUCRADA: Lo más corriente es que se insinúe lo que se hizo, o lo que se piensa hacer, empleando una frase, como por ejemplo: "voy a ....", y a continuación se hace el gesto. De la misma manera, se puede emplear cualquier frase como las del encabezado, o similares.

SIGNIFICADO(S) SECUNDARIO(S): Cabe la posibilidad de utilizarlo para expresar fortaleza, bienestar, potencia, etc.

SEXO DEL PRACTICANTE: Mayoritariamente los hombres.

193 PONER DENTRO/INTRODUCIR UNA COSA/METER DENTRO DE ALGO

ANTECEDENTES Y DESCRIPCIÓN: Este es un gesto imitativo, con el cual se intenta describir cómo se pone algo dentro de otra cosa. Como ejemplo, mencionaríamos el hecho de archivar unas cuartillas dentro de un folder, etc.

En esta mímica, la mano izquierda hace las veces del contenedor, y la derecha del contenido.

La mano izquierda adopta una forma ahuecada, con el pulgar solo, a un lado, y los cuatro dedos restantes permanecen juntos lateralmente; entonces, con el borde exterior de la palma de la mano derecha, se da un ligero golpe dentro de la palma de la mano izquierda ahuecada.

CINETISMO: Solamente la acción parecida a un hachazo, de la mano derecha dentro de la izquierda.

REPETICIÓN: Lo habitual es que se haga una o dos veces, a menos que se esté nervioso o apresurado, en cuyo caso, se repite más.

VOCALIZACIÓN INVOLUCRADA: El gesto sirve para reforzar aquello que se dice relacionado con el tema, es decir, de poner algo dentro.

SIGNIFICADO(S) SECUNDARIO(S): Se usa para expresar que se le dio un golpe a alguien, o algo parecido, Además, se utiliza para recalcar algo.

SEXO DEL PRACTICANTE: Ambos sexos.

194 "LA PREÑARON", "LA PREÑÁN", "ESTÁ EMBARAZADA", "ESTÁ EN ESTADO"

ANTECEDENTES Y DESCRIPCIÓN: Es evidente, que el antecedente directo de este gesto, es la propia condición de la mujer, cuando está a la espera de un bebé.

Esta gesticulación se realiza con la mano derecha, colocando la palma hacia adentro un poco encorvada, y con todos los dedos juntos, entonces, se hace el ademán, el cual consiste en ejecutar un semicírculo delante de la barriga, de arriba hacia abajo.

CINETISMO: Únicamente el movimiento curvo de la mano hacia abajo.

REPETICIÓN: Como máximo, se hace dos veces.

VOCALIZACIÓN INVOLUCRADA: Las típicas de una narración, incluyendo las que aparecen en el encabezado y similares, o bien, no se dice nada y se hace el gesto, como una manera de explicar lo que está aconteciendo.

SIGNIFICADO(S) SECUNDARIO(S): Se usa para expresar que alguien está barrigón, que ha engordado, o que se encuentra muy lleno, etc.

Si el gesto se hace a la altura del pecho, significa que se trata de una mujer de senos grandes.

SEXO DEL PRACTICANTE: Cualquiera de los dos.

195 "TÁ PRESO", "CAYÓ PRESO", "LO DETUVIERON", "LO AGARRARON", "LO AGARRÁN", "ENCARCELADO", "APRESADO", "ESPOSADO", "TÁ COGÍO"

ANTECEDENTES Y DESCRIPCIÓN: Con esta mímica, se imita el acto de ponerle las esposas a un sujeto que ha sido detenido, es decir, que se trata de una "transcripción" gestual.

Para esta gesticulación, se agarran con fuerza las muñecas contarías, a la mano que sujeta, alternando la sujeción. Es como si uno mismo se estuviera "colocando" las esposas.

CINETISMO: Es un gesto secuenciado, con mucho dramatismo, normalmente, en el cual el agarre de las muñecas es fundamental para expresar la idea.

REPETICIÓN: Se hace un par de veces, para cada muñeca, alternativamente.

VOCALIZACIÓN INVOLUCRADA: Cualquiera de las que aparece en al encabezado, o alguna otra parecida. También, se ejecuta la mímica para reforzar la narración. En ocasiones, no se articula ninguna palabra, pero, el gesto es harto elocuente.

SIGNIFICADO(S) SECUNDARIO(S): Cabe la opción de su empleo como una metáfora gestual, ya que, por ejemplo, uno puede estar "preso" por el amor, o por un vicio, y así sucesivamente.

SEXO DEL PRACTICANTE: Preferiblemente por los hombres, al ser mayoría entre los detenidos, habitualmente.

196 PUÑO IZQUIERDO EN ALTO

ANTECEDENTES Y DESCRIPCIÓN: Este es un gesto de alto contenido político, ya que simboliza el poder de las izquierdas.

Desde la vertiente antropológica, el puño es un símbolo poderoso de poder.

Para realizarlo, sencillamente, se levanta el puño izquierdo hacia arriba, en diagonal.

CINETISMO: No existe ningún movimiento, salvo, la colocación del puño.

REPETICIÓN: No se repite, en cambio, se mantiene desde breves momentos hasta algunos minutos, dependiendo de la actividad.

VOCALIZACIÓN INVOLUCRADA: No hay ninguna estereotipada; no obstante, se puede acompañar con eslóganes, con himnos, canciones, poemas, y así sucesivamente.

SIGNIFICADO(S) SECUNDARIO(S): Lo emplean, además, algunos deportistas en especial, los seguidores del Poder Negro, y otros grupos afines.

SEXO DEL PRACTICANTE: Los hombres son mayoría, aunque, las mujeres no se quedan muy a la zaga.

197 "HACIÉNDOSE PUPÚ", "EVACUÁNDOSE", "CAGÁNDOSE"

ANTECEDENTES Y DESCRIPCIÓN: Esta es una mímica muy vulgar, la cual, de todas formas, corresponde a una necesidad fisiológica. Es obvio, que este gesto es una especie de parodia gestual y simplificada, de la acción de descargar los intestinos.

Se emplea el puño derecho, el cual se mueve repetidas veces, hacia atrás y hacia adelante, a la altura de las posaderas. La cara puede ser de burla o de angustia, dependiendo de las circunstancias, ante el percance.

CINETISMO: Es bastante rápido y rítmico, y el puño sólo se desplaza unas tres pulgadas, aproximadamente, hacia atrás y hacia delante, empero, siempre en la parte posterior del cuerpo.

REPETICIÓN: Se ejecuta tres o cuatro veces, más o menos.

VOCALIZACIÓN INVOLUCRADA: Lo más normal, es emplear en alguna frase, el dominicanismo: "pupú", o algún otro vocablo similar Si existe algún prurito de vergüenza, a veces, y por motivos de educación, no se dice nada. En definitiva, pues, es un gesto que se hace cuando hay confianza entre las partes involucradas.

SIGNIFICADO(S) SECUNDARIO(S): Cabe la posibilidad de emplear esta mímica, como una metáfora gestual, para significar, que se está en aprietos. A veces, el interlocutor se aprovecha y le toma el pelo a la persona que tiene la necesidad y/o la urgencia de evacuar.

SEXO DEL PRACTICANTE: Cualquiera de los dos.

198 "PUYAR", "RAPANDO", "CLAVANDO", "SE LO ESTÁ PEGANDO", "SE LA ESTÁ DANDO", "CHICHAR", "SINGAR", "HACER MALAS PALABRAS", "PROPUESTA DE COITO"

ANTECEDENTES Y DESCRIPCIÓN: Este gesto imita claramente la acción de copular. Se realiza con el dedo índice, moviéndolo hacia abajo y pegado del muslo. Es un ademán muy característico del país.

CINETISMO: La mano se mueve hacia arriba y hacia abajo, un tanto hacia atrás, con el dedo índice sobresaliendo y los demás recogidos. Algunas personas "esconden" un poco el gesto con el muslo, al apuntar al suelo.

REPETICIÓN: Se suele repetir aproximadamente unas tres veces.

VOCALIZACIÓN INVOLUCRADA: No hemos encontrado ninguna que sea característica, aunque se pueda decir cualquiera de las frases del encabezado, o bien, que se haga durante una descripción o narración.

SIGNIFICADO(S) SECUNDARIO(S): Casi todos los significados remiten al coito, tales como: "entierro", "muerto", "fosa", "enterrar", etc.

Para alguien inocente puede significar que una persona se está rascando el dedo índice.

SEXO DEL PRACTICANTE: Normalmente, lo hacen los hombres, y las mujeres cuando tienen confianza. Además lo ejecutan con cierta frecuencia, las prostitutas y bailarinas eróticas de clubes, con la intención de provocar utilizando el gesto como un reclamo, y también para insinuar el acto sexual a los posibles clientes.

199 "PUYAR", "SINGAR", "RAPAR", "CHICHAR", "FORNICAR", "HACER EL AMOR", "PRACTICAR EL COITO", "METÉRSELO", "ESTAR EN ESO", "GUAYAR LA YUCA", "HACER MALAS PALABRAS", "DARLE BRILLO A LA HEBILLA"

ANTECEDENTES Y DESCRIPCIÓN: Esta es una gesticulación muy extendida internacionalmente, y naturalmente, es una grosería o una vulgaridad, en casi todos los lugares en que se practica.

Se realiza introduciendo el dedo índice de la mano derecha, en el círculo formado por el pulgar y el índice de la izquierda, en un movimiento que imita el acto sexual. Normalmente, la palma de la mano izquierda se coloca hacia fuera/abajo, al hacer el círculo, aunque hay personas que lo hacen al revés, y ponen la palma hacia el pecho.

Cabe la posibilidad de expresar la misma idea con una sola mano, introduciendo el dedo pulgar entre el índice y el mayor con el puño cerrado, de tal suerte, que la uña sobresalga entre los dos dedos.

CINETISMO: Posee bastante movimiento, hacia delante y hacia atrás, con el índice de la mano derecha. Otra modalidad, mucho menos frecuente, consiste en mantener el índice inmóvil, y entonces, se mueve el "círculo" de la mano izquierda, de la forma consabida.

REPETICIÓN: Alrededor de tres veces.

VOCALIZACIÓN INVOLUCRADA: Puede ser un sonido onomatopéyico de placer, o bien, una frase alusiva o descriptiva de la relación sexual, como cualquiera de las que aparece en el encabezado, o similares.

SIGNIFICADO(S) SECUNDARIO(S): En algunos casos se emplea para indicar fastidio, o que alguien quiera hacerle daño a otro, en el sentido de que "se joda", y así por el estilo.

SEXO DEL PRACTICANTE: Lo emplean principalmente los hombres, las mujeres liberadas o las de mala reputación.

200 "¿QUÉ PASA?", ¿QUÉ FUE?", "¿CUÁL ES EL PROBLEMA?", "¿QUÉ TÚ QUIERES"?, "¿QUÉ ES LO QUE SE MUEVE?", "¿QUÉ LO TUYO?", "¡ANJÁ EH!", "¿Y QUÉ"?, "¿QUÉ DICES?", "IGNORAR ALGO", "PREGUNTAR UNA COSA", "¿QUÉ LO QUÉ?"

ANTECEDENTES Y DESCRIPCIÓN: Es un gesto inquisitivo, y se practica con uno o dos manos semi–extendidas hacia delante, entonces, se hace un giro de muñeca brusco hacia fuera. Las palmas quedan prácticamente hacia arriba. En el caso de emplear ambas manos, los giros son simultáneos.

La cara refleja curiosidad y/o cuestionamiento.

CINETISMO: Es muy rápido y repetitivo.

REPETICIÓN: Lo típico es que se haga dos o tres veces.

VOCALIZACIÓN INVOLUCRADA: En muchas ocasiones se dice cualquiera de las frases del encabezado, o parecidas; inclusive, a veces, no se vocaliza nada .

SIGNIFICADO(S) SECUNDARIO(S): Ninguno que destacar.

SEXO DEL PRACTICANTE: Lo hacen ambos sexos.

201 "¿QUÉ?", "¿QUÉ PASA?", "¿QUÉ OCURRE?", "¿QUÉ DICES?", "¿QUÉ FUE?", "¿QUIÉN?"

ANTECEDENTES Y DESCRIPCIÓN: Esta es una gesticulación muy primitiva, ya que el gesto de fruncir la nariz, que originalmente significaba un disgusto, un mal olor, etc., y que por lo tanto expresa una irritabilidad o irascibilidad, en este caso, se utiliza para inquirir o cuestionar algo; es decir, es una manera de indagar lo que está sucediendo. Es, en definitiva, una forma de obtener información, muy típica del país, que puede ser, inclusive, vital para la supervivencia; empero, hecha de forma un tanto brusca e imperativa, directa o inmediata, no excenta de un cierto disimulo. Los ojos expresan curiosidad.

CINETISMO: No cabe ninguna duda, de que este es uno de los gestos más rápidos dentro de la gestualidad dominicana; e inclusive, podría hasta pasar desapercibido, si no fuera por nuestro bagaje cultural y nuestro "entrenamiento" gestual, como seres humanos, que data de centenares de miles de años, en cuanto a la interpretación de las mímicas se refiere. Si no fuese tan reconocible, habría que clasificarlo como un micro–gesto. (*)

REPETICIÓN: Alrededor de dos o tres veces.

VOCALIZACIÓN INVOLUCRADA: Precisamente, en la gran mayoría de los casos, se hace el gesto para no tener que hablar, es decir, que normalmente no hay ninguna vocalización; y si se produce, es para inquirir.

SIGNIFICADO(S) SECUNDARIO(S): Además de servir principalmente para indagar, sobre el qué y el quién, en ciertas ocasiones, se usa para señalar que se está olfateando algo desagradable, lo cual remite al significado original.

SEXO DEL PRACTICANTE : Posiblemente lo empleen más las mujeres.

202 "¡QUÉ QUESO!", "¡ESTÁ REECHO!", "ESTÁ REPRIMIDO", "REPRESIÓN SEXUAL"

ANTECEDENTES Y DESCRIPCIÓN: Este gesto de burla,

(*) *EVOLUTION.* SCIENTIFIC AMERICAN. W. H. FREEMAN & Co. U.S.A 1978. Pág. 104.

se basa en la creencia popular, de que la abstinencia sexual en los hombres, "acumula" el semen sin descargar en la nuca del afectado; y de ahí, que se forme el "queso", nadie sabe cómo. Aunque se conoce, en muchos ámbitos no está tan difundido, como otros gestos.

Consiste, en darse, o darle al otro, unos golpecitos en la nuca, con toda la mano. Como se trata de una tomadura de pelo, no excenta de una carga crítica, esa actitud se refleja en el rostro del ejecutante.

CINETISMO: Únicamente, se trata de darse, o de darle al otro, los golpecitos en la nuca, para lo cual es imprescindible el levantar el brazo.

REPETICIÓN: Se ejecuta dos o tres veces, aproximadamente.

VOCALIZACIÓN INVOLUCRADA: Lo típico es que se exprese cualquiera de las frases del encabezado, o alguna otra similar. En ocasiones, con el gesto es suficiente, sobre todo cuando la burla exige discreción.

SIGNIFICADO(S) SECUNDARIO(S): Cuando uno mismo se pone la mano en la nuca, puede significar que se está cansado, o que se siente algún tipo de molestia.

En otro contexto, hay personas que tocan o dan los golpecitos en la nuca, a los amigos cercanos, como un saludo.

Todas estas interpretaciones, no toman en cuenta que la acción de tocar la nuca, puede tener un componente erótico, entre personas afines sexualmente.

SEXO DEL PRACTICANTE: Lo corriente, es que lo hagan los hombres; pero, sin excluir del todo a las mujeres, ya que ellas lo usan, tanto para la burla, así como también para la provocación.

203 "INVITACIÓN A RAPAR", "UNA COSA MALA", "INSINUACIÓN", "MALAS INTENCIONES", "MORBOSIDAD", "COMPLICIDAD", "PROVOCACIÓN",

"INDICACIÓN DE PERTENENCIA A UNA LOGIA/SECTA/ GRUPO ESOTÉRICO, ETC".

ANTECEDENTES Y DESCRIPCIÓN: Pocas gesticulaciones provocan tantas reacciones dispares; desde un sobresalto, hasta una risa nerviosa, pasando por un temor infundado, un desasosiego o, por lo menos, un susto.

Naturalmente, que si existe una complicidad de cualquier tipo, entre las personas involucradas en la cuestión, entonces, los demás no se percatan del hecho.

El ademán consiste, en que al momento de darle la mano a otra persona, se rasca con el índice, la palma del interlocutor.

CINETISMO: Es un gesto muy simple, ya que, aparte, del apretón de manos en sí, lo único que se mueve es el índice en la acción de rascar la palma del otro. Todo ello es independiente de las reacciones que provoque.

REPETICIÓN: El movimiento del índice se ejecuta dos o tres veces.

VOCALIZACIÓN INVOLUCRADA: Al ser un gesto en secreto, incluso puede ser esotérico, y no hay ninguna vocalización específica, que esté estereotipada de antemano. Lo que es más, muchas veces se disimula, hablando de otra cosa, o bien, con los saludos protocolarios.

SIGNIFICADO(S) SECUNDARIO(S): Este gesto provoca mucha emotividad entre los no iniciados, quienes no saben como interpretarlo; sin embargo, intuyen que no se trata de algo bueno.

Hay quienes ejecutan esta gesticulación, como una broma hacia la otra persona. Los más inocentes lo interpretan, como que les están rascando la mano, o que les quieren hacer cosquillas.

SEXO DEL PRACTICANTE: Con intención sexual, quizá, lo hagan más los hombres. En el sentido esotérico, lo hacen los iniciados, independientemente, de su género.

204 REMANGARSE LAS MANGAS

ANTECEDENTES Y DESCRIPCIÓN: Este es un ademán funcional y narcisista a la vez; y consiste en remangarse las mangas, sean largas o cortas.

Por un lado, es funcional porque intenta aliviar el calor; y por otra parte, demuestra una preocupación por la imagen. En muchos casos, se desea aparentar una fortaleza física mostrando los antebrazos, y/o los bíceps.

CINETISMO: El movimiento se hace para remangarse las mangas, dándoles dos o tres vueltas, normalmente; para lo cual los brazos suelen elevarse bastante, alternando su elevación cuando le toca el turno de ser remangado, a cada brazo.

REPETICIÓN: Algunos sujetos se remangan cada vez que se han descompuesto las mangas. Otros, en cambio, sólo lo hacen una vez.

VOCALIZACIÓN INVOLUCRADA: Puede ser cualquier tema, si se está en compañía, y el gesto se realiza de forma casual.

SIGNIFICADO(S) SECUNDARIO(S): Ciertas personas lo hacen como un desafío o manera de dar la cara, y de expresar que no están dispuestos a escurrir el bulto.

SEXO DEL PRACTICANTE: Principalmente los hombres.

205 REPRIMENDA/ADVERTENCIA/ACUSAR/AMENAZAR, "TEN CUIDADO", "FUISTE TÚ"

ANTECEDENTES Y DESCRIPCIÓN: El señalar con el índice, es un gesto que practica desde la infancia; inclusive algunos primates realizan algo parecido.

Se ha especulado, también, que el índice señalando es el origen de la fecha. (*).

En el caso que nos concierne, el índice se coloca en una posición diagonal con respecto a una línea horizontal imaginaria, y se mueve hacia delante y hacia atrás, en dirección al sujeto a quien se quiere hacer la reprimenda/advertencia. Cuando se trata de una reprimenda, la cara expresa disgusto.

CINETISMO: En el recorrido del dedo índice, el "énfasis" gestual recae en el extremo más cercano al sujeto–advertido, es decir, en la parte más baja del recorrido del dedo.

REPETICIÓN: Aproximadamente tres veces.

VOCALIZACIÓN INVOLUCRADA: Prácticamente no hay ninguna que esté ya estereotipada; lo que sí pueden producirse son palabras o frases para reforzar el gesto, o, para especificar el motivo.

SIGNIFICADO(S) SECUNDARIO(S): Existen muy pocos, aunque, también se puede interpretar como un "te estoy acechando", cuando ya acompañado de un "ajá eh"; lo cual no deja de estar relacionado con el significado principal. Por otro lado, se puede usar para expresar: "eres tú", o "tú", o bien, "tú mismo", etc. En estos casos el rostro expresa, más bien, complicidad, alegría, y así por el estilo.

SEXO DEL PRACTICANTE: Cualquiera de los dos.

206 EL RESOPLIDO POR LA BOCA

ANTECEDENTES Y DESCRIPCIÓN: Cuando la persona se siente hastiada, o por motivos térmicos, o bien, cuando está a punto de un estallido emocional, etc., suele hacer un gesto como este con el fin de "descargar la tensión". Es una mímica muy difundida.

Lo más corriente es que el resoplido se realice formando una especie de círculo con los labios; empero, existe la variante de hacer que el labio inferior sobresalga, de tal suerte, que el aire salga hacia arriba, y llegue, lo más que se pueda, a la cara.

CINETISMO: Únicamente el resoplido, de cualquiera de las formas expuestas.

(*) JOAN COSTA. *SEÑALÉTICA,* CEAC. BARCELONA, 1987. Pág. 49..

REPETICIÓN: Normalmente, se hace una vez; pero, en el caso de que sean varios, suelen ser de intensidad decreciente.

VOCALIZACIÓN INVOLUCRADA: Cuando el aire sale, suele producir un sonido parecido a: "shiii", debido a la fuerza.

SIGNIFICADO(S) SECUNDARIO(S): Lo que varía es la causa del "embotellamiento" emocional, el cual se descarga, en parte, con el resoplido. Las causas pueden ser: desde un disgusto, hasta una descarga sexual, pasando por un exceso de calor o sofocación, por tener demasiado trabajo, o por agotamiento físico, y así por el estilo. Fácilmente, se puede confundir con un suspiro. Sin embargo, hay personas que lo usan para indicar que están realizando un gran esfuerzo.

SEXO DEL PRACTICANTE: Ambos sexos.

207 LA BOCA TAPADA PARA CONTENER LA RISA

ANTECEDENTES Y DESCRIPCIÓN: Este es un gesto funcional que pretende contener la risa para que no se produzca de forma súbita y escandalosa.

El sujeto afectado por el ataque de risa, se tapa la boca, lo cual puede producir un cierto rubor. En muchas ocasiones, todo el cuerpo se agita y se encorva un poco hacia delante.

CINETISMO: Únicamente, la acción de cubrirse la boca y la posible agitación del cuerpo.

REPETICIÓN: No se produce, empero, el gesto se mantiene mientras se desee contener la risotada.

VOCALIZACIÓN INVOLUCRADA: Al tener la boca tapada, quizá, se escape algo de la risa. Sin embargo, después de que pase el estallido inicial, cabe la posibilidad de que se comente algo, siempre envuelto en los restos de la risa, y con ciertos jadeos.

SIGNIFICADO(S) SECUNDARIO(S): Es posible que se confunda con el gesto de la vergüenza, o bien, con el estornudo contenido, o un bostezo disimulado.

SEXO DEL PRACTICANTE: Ambos sexos.

208 "ROMPER", "SINGAR", "RAPAR", "CHICHAR", "TENER RELACIONES SEXUALES"

ANTECEDENTES Y DESCRIPCIÓN: Como quiera que se le mire, este gesto recuerda el acto sexual, empero, tiene más de metáfora visual que otro gesto más explícito.

Para su ejecución, se golpea con el índice derecho en el espacio en forma de U, que se forma con el pulgar y el índice, de la mano izquierda, colocados con las puntas de los dedos hacia arriba, y la palma izquierda de frente, más o menos, al ejecutante. La U de los dedos, se hace hacia la parte izquierda del pecho, por ser la mano izquierda la que forma la U.

CINETISMO: El movimiento, consiste en el golpeo rítmico con el índice derecho; aparte ya, de la colocación de las manos. Los otros tres dedos de la mano izquierda se recogen y se juntan a la palma.

REPETICIÓN: Se hace alrededor de tres veces.

VOCALIZACIÓN INVOLUCRADA: Cualquiera de las expresadas arriba, o alguna frase parecida. Evidentemente, el gesto es perfectamente comprensible, aunque, no se diga nada.

SIGNIFICADO(S) SECUNDARIO(S): No hemos encontrado ningún otro importante, empero, hay sujetos que lo emplean para expresar la ruptura de cualquier cosa, lo cual, aparentemente, tiene alguna relación con el significado original.

SEXO DEL PRACTICANTE: Lo ejecutan más los hombres.

209 SALUDO CON CHOQUE DE PUÑOS

ANTECEDENTES Y DESCRIPCIÓN: Probablemente, este gesto tenga su origen entre aquellas personas, que teniendo las manos sucias por su profesión o por una actividad cualquiera, se veían en la necesidad de saludar a otras; y para no ser groseros, en vez de ofrecer la mano pringada, tocaban con el puño a quien los saludaba.

Hay casos extremos en que se toca la mano del otro, con el

antebrazo, girando el puño un poco hacia la izquierda; o bien, con la parte superior de la muñeca, manteniéndola doblada.

Hoy en día se ha convertido en otro saludo más, entre ciertos amigos.

CINETISMO: Solamente, la acción de chocar los puños, con sus variantes, aparte, de otros movimientos involucrados.

REPETICIÓN: Lo normal es que se realice una sola vez.

VOCALIZACIÓN INVOLUCRADA: Al tratarse de un saludo, siempre se considera algo amistoso, protocolario, o por lo menos, mostrando una cierta sonrisa.

SIGNIFICADO(S) SECUNDARIO(S): Se puede interpretar, además, como una forma de mostrar originalidad, o como una expresión de fuerza.

En algunos casos se trata de personas muy susceptibles o escépticas, o que temen ensuciarse las manos. También existen comportamientos extremos, producidos por alguna fobia, por determinados mecanismos psicológicos de compensación, por razones hipocondríacas, y así sucesivamente.

SEXO DEL PRACTICANTE: En especial el masculino.

210 SALUDO CON PUÑO Y MANO

ANTECEDENTES Y DESCRIPCIÓN: Sin lugar a dudas este es un saludo gestual híbrido, ya que mezcla lo afectuoso, con una especie de disculpa a base de la mímica, por no tener tiempo aparente en ese momento.

Este gesto tiene dos fases. Por un lado, se extiende el brazo hacia delante y con el puño se señala al amigo, quien se encuentra a una distancia de unos dos, o cinco metros, aproximadamente; y cuando este último se percata de quien saluda, entonces, el iniciador del ademán abre la mano con los dedos separados.

A veces, cuando ambos están más interesados, y es posible debido a la premura aparente, se aproximan y se saludan de otra manera más personal.

CINETISMO: Es un encuentro con bastante dinamismo, debido a que el sujeto iniciador del saludo se encuentra caminando, y el gesto en sí, también, lo es. Por otro lado, casi siempre va acompañado de una sonrisa.

REPETICIÓN: Se hace una sola vez, y a veces, se mantiene durante breves segundos, mientras dure el contacto visual entre los participantes.

VOCALIZACIÓN INVOLUCRADA: Algunos sujetos, dicen alguna frase, en voz más bien alta, que puede ser un saludo, mensaje, excusa, etc. Hay quienes pronuncian el nombre del saludado.

SIGNIFICADO(S) SECUNDARIO(S): Como todo saludo, pueda tener una dosis variable de hipocresía.

SEXO DEL PRACTICANTE: Lo emplean más los hombres.

211 SALUDO IMITANDO A LOS MILITANTES

ANTECEDENTES Y DESCRIPCIÓN: Los antecedentes de esta mímica están muy claros, ya que con ella se trata de imitar el saludo militar que impusieron aquí los soldados de ocupación estadounidenses.

El saludo original se hace con el militar en posición de "firmes", que en el país la llaman de "atención", al traducirla literalmente del término inglés" "attention". Empero, en la variante gestual se hace de manera informal y más o menos desordenada.

Para realizarlo, se juntan los dedos de la mano derecha lateralmente, de tal suerte que la mano quede plana, y a continuación, se toca en diagonal el extremo exterior de la ceja derecha, con las puntas de los dedos índice y mayor. Todo ello sin ningún protocolo rígido, es decir, que pueden existir variaciones notorias en los diferentes "estilos", al poner un mayor o menos énfasis los gesticulantes. Hay quienes tocan también la frente con el pulgar.

Otra variante importante consiste en saludar, tocándose la frente, y de ahí llevar la mano en diagonal hacia arriba. Esta modalidad combina el gesto antiguo de saludar con el sombrero y éste al estilo militar

CINETISMO: Se trata de un movimiento de subida y bajada de la mano a la ceja. Para enfatizarlo, cabe la opción de mover bruscamente la mano de la ceja hacia delante, de manera horizontal y alejándose de la frente aproximadamente un palmo de distancia, y/o de golpear con la palma derecha en al muslo del mismo costado.

REPETICIÓN: Lo típico es que se haga una sola vez; ya que la repetición suele producirse cuando el interlocutor no se dio cuenta del saludo.

VOCALIZACIÓN INVOLUCRADA: Cabe la posibilidad de expresar cualquier frase estereotipada de origen militar, como podría ser: "a la orden mi comandante", o, "mande usted", y así por el estilo.

A veces no se dice nada.

SIGNIFICADO(S) SECUNDARIO(S): Este saludo puede significar algún tipo de halago o de sumisión psicológica. Es una manera gesticulada de agradar al otro, como mínimo; aunque hay personas que ya lo ejecutan por hábito, sobre todo cuando se encuentran alejados.

SEXO DEL PRACTICANTE: Ambos sexos, quizás con predominio masculino.

212 "SE SEPARARON", "SE DIVORCIARON", "CADA UNO POR SU LADO", "SEPARACIÓN"

ANTECEDENTES Y DESCRIPCIÓN: Está claro que con este gesto se hace una representación gestual de una separación.

Para hacerlo, se unen ambos índices lateralmente, a la altura del pecho, entonces, se separan, hacia la derecha/arriba.

CINETISMO: Es un movimiento simple y sin complicaciones, ya que únicamente se apartan los índices.

REPETICIÓN : Normalmente se ejecuta una vez.

VOCALIZACIÓN INVOLUCRADA: Se emplea mucho para ilustrar una narración, en la cual se utilizan frases iguales o similares a las del encabezado.

SIGNIFICADO(S) SECUNDARIO(S): También, significa que algo se parte o se bifurca, que se disgrega, se divide, se despega, etc. Son todos matices relacionados con el significado original.

SEXO DEL PRACTICANTE: Lo emplean ambos sexos.

213 "SERRUCHADERA DE PALO", "LABOR DE ZAPA"

ANTECEDENTES Y DESCRIPCIÓN: Esta es una típica metáfora gestual, para interpretar lo que se conoce en el habla coloquial dominicana como: "serruchadera de palo"; para referirse a una práctica muy extendida, de sabotear o de realizar una labor de zapa, en contra de un competidor o adversario.

Este gesto, se hace colocando las manos perpendicularmente, con los dedos juntos, y a continuación se "serrucha" con el borde de la derecha, la mano izquierda. Los codos forman un ángulo de noventa grados; por ese motivo, las manos quedan a la altura de la cintura. Ambas manos se mueven horizontalmente. La mano derecha, con la palma hacia la izquierda, y la mano izquierda, con la palma, más o menos, hacia el ejecutante.

CINETISMO: El movimiento es de vaivén, imitando a un serrucho. El desplazamiento de las manos no suele ser superior a las dos pulgadas.

REPETICIÓN: Se ejecuta tres o cuatro veces.

VOCALIZACIÓN INVOLUCRADA: Lo habitual es que se haga para reforzar la narración; sin embargo, a veces, no conviene decir nada.

SIGNIFICADO(S) SECUNDARIO(S): También se emplea para compartir los gastos de un consumo, el cual también se llama: "hacer un serrucho".

SEXO DEL PRACTICANTE: Lo utilizan más los hombres,

debido a las intrigas laborales, y cuando comparten sus momentos de ocio.

214 "SÍ", "CLARO", "POR SUPUESTO", "EVIDENTEMENTE", "AFIRMATIVO", "BIEN"

ANTECEDENTES Y DESCRIPCIÓN: Al ser un gesto tan corriente, muchas veces, se da por descontado que se hace de la misma manera, en todos los países, lo cual es falso.

Para hacerlo, entre nosotros, tiene tres variantes básicas:

a) Con la cabeza haciendo un cabeceo completo hacia delante y hacia atrás.

b) Moviendo la barbilla hacia el cuello, pero, sin tocarlo y de forma brusca. A veces, este micro–gesto dura una fracción de segundo.

c) Con cabeceos cortos, repetitivos y nerviosos.

CINETISMO: El movimiento tiene sus variantes, pero, siempre, en el mismo eje.

REPETICIÓN: En el caso a), fluctúa entre una y tres veces; en el b), se hace una vez, y el c), cuatro o cinco veces. Siempre de forma aproximada.

VOCALIZACIÓN INVOLUCRADA: Cualquiera de las expuestas arriba, o similares. A veces, el "si" se convierte a un sonido apenas audible, parecido al "jii", sin casi abrir la boca. En ocasiones el gesto es silente; y en el caso contrario, cuando se vocaliza el "si", el tono es muy importante, para poder matizar su significado.

SIGNIFICADO(S) SECUNDARIO(S): Es preciso aclarar, que por motivos psicológicos, un sujeto puede decir que "si" para engañar al otro. En otros casos, la afirmación se convierte en algo, que sirve de excusa para una broma o actitud socarrona. Se usa además, como provocación, sexual, o no.

SEXO DEL PRACTICANTE: Entre nosotros es un gesto universal y frecuente.

215 "SILENCIO", "CÁLLATE", "NO DIGAS NADA"

ANTECEDENTES Y DESCRIPCIÓN: Este es un gesto muy difundido, inclusive, se utiliza en la señalética internacional para indicar silencio.

Con el dedo índice colocado verticalmente sobre los labios, se pretende poner, simbólicamente, una especie de cortapisa al habla.

Por su parte, los labios se colocan de forma protuberante, en forma de morro, y a veces no se mueven. Se suele emplear más el dedo índice derecho.

CINETISMO: Salvo los movimientos empleados para expresar la idea, no hay ningún otro.

REPETICIÓN: Únicamente se deja el dedo índice unos pocos segundos sobre la boca, lo que significa que no hay repetición, sólo, colocación.

VOCALIZACIÓN INVOLUCRADA: Muchas veces se articula un sonido parecido a "shiii", para reforzar la intención o sugerencia.

SIGNIFICADO(S) SECUNDARIO(S): Cabe la posibilidad de utilizar este gesto para convencer a alguien de que desista de discutir o de hablar en demasía, lo cual también, remite al significado original. Hay personas que realizan una pose parecida cuando están pensando o meditando.

SEXO DEL PRACTICANTE: Cualquiera de los dos.

216 "SIÓN MAMÁ", "LA BENDICIÓN", "LA BENDICIÓN COMO EXCUSA"

ANTECEDENTES Y DESCRIPCIÓN: En nuestro país existe la tradición de pedirle la bendición a los mayores, por parte de los niños de la casa, al levantarse por la mañana, o al verlos por primera vez, durante el día.

Dicha práctica se está perdiendo, poco a poco, empero, aún permanece, sobre todo, en los ámbitos rurales.

Cuando el niño desea dinero para gastárselo en algún capricho, entonces, enmascara su petición. Inclusive, hay jóvenes, que les piden a todos los grandes de la casa.

Lo que delata al gesto, es la mano de "pedigüeño", por delante, que lleva el niño, con la palma hacia arriba, y los dedos apuntando hacia la "víctima".

CINETISMO: Únicamente, la mímica de pedir y la aproximación física al adulto.

REPETICIÓN: Se hace una vez, pero se mantiene durante un cierto tiempo, hasta que se defina la situación.

VOCALIZACIÓN INVOLUCRADA: Lo típico es que se diga: "sión mamá" o "sión papá", o al que sea, según el perentesco. "Sión" es la forma apocopada de "bendición".

SIGNIFICADO(S) SECUNDARIO(S): Debido a que la mano va por delante, no hay ninguna duda acerca de la intención expresada.

SEXO DEL PRACTICANTE: Ambos sexos, en especial los más jóvenes.

217 DAR Y RECIBIR UN SOBORNO O PROPINA SUBREPTICIAMENTE

ANTECEDENTES Y DESCRIPCIÓN: Evidentemente, que quien da el soborno o propina subrepticiamente, pretende conseguir alguna ventaja o privilegio, en comparación con el trato o servicio que reciben los demás. Por su lado, quien recibe el soborno o propina de esa manera, también está actuando de forma poco ética. Esta práctica, expresa toda una mentalidad, y filosofía de vida.

Como ambos protagonistas se benefician mutuamente, y están involucrados en el hecho, se ha ido perfeccionando un mecanismo discreto, con la finalidad de poder pasar desapercibidos, hasta donde sea posible.

El sujeto que inicia la acción se coloca un billete de banco o una moneda en la mano, de tal suerte que no se le caiga, entonces, le da un apretón de manos al recipiente, como si se tratase de un saludo habitual. A continuación, este último se introduce la mano en el bolsillo para esconder lo recibido; si está sentado en un escritorio, o de pie en una ventanilla, etc., guarda lo aceptado con mucha discreción.

Aunque existen otras maneras de realizar este intercambio, desde el punto de vista de la gestualidad, ésta es la más interesante.

CINETISMO: Se trata de una práctica encubierta que se ejecuta de forma casual, como si fuese un apretón de manos normal.

REPETICIÓN: Normalmente, se hace una vez, por "favor" solicitado.

VOCALIZACIÓN INVOLUCRADA: Al tratarse de un saludo aparente, se dicen las frases típicas, o bien, se expresa lo que se quiere con disimulo.

SIGNIFICADO(S) SECUNDARIO(S): Aparte de las causas y repercusiones de interés socio–político–económico, no hemos encontrado ningún otro.

SEXO DEL PRACTICANTE: Ambos sexos, con predominio masculino.

218 SONARSE LA NARIZ CON LOS DEDOS

ANTECEDENTES Y DESCRIPCIÓN: La costumbre por parte de los hombres de llevar siempre un pañuelo en el bolsillo trasero de los pantalones, ha ido desapareciendo; hasta tal punto, que hoy en día son pocos los que lo llevan.

No se sabe si como causa o como efecto de lo anterior, se ha desarrollado un gesto funcional, reñido con la higiene, con las buenas costumbres, y propagador de enfermedades, el cual consiste en sonarse la nariz con los dedos y echar la mucosidad en el suelo.

Se ejecuta, tapándose, primeramente, un cornete y se exhala con fuerza para descargar el otro, y viceversa. Normalmente, se empieza bloqueando el cornete derecho y vaciando el izquierdo. El dedo que más se usa es el índice, pero también se emplean el pulgar y el índice, sujetando la nariz desde arriba, simultáneamente. Lo típico es que es que el cuerpo se incline hacia adelante para no ensuciarse. Cuando los dedos se pringan, es corriente que se sacudan hacia un lado y/o se limpien en una pared, poste, árbol, etc.

CINETISMO: Solamente la acción de sonarse y la inclinación del cuerpo.

REPETICIÓN: Es corriente que se haga una vez, y si hace falta, dos.

VOCALIZACIÓN INVOLUCRADA: Por razones prácticas, y por las dificultades para la respiración, lo habitual, es que no se diga nada; y si acaso se vocaliza algo, puede ser una queja o algo parecido.

SIGNIFICADO(S) SECUNDARIO(S): No tiene ninguno conocido, aunque, pueda servir para ahuyentar a alguien cuya compañía no sea deseable, al ser un gesto tan grosero y asqueroso.

SEXO DEL PRACTICANTE: Quizá exista un predominio masculino.

219 "TENGO SUEÑO", "QUIERO DORMIR", "VOY A DORMIR", "DORMIR", "DESCANSAR"

ANTECEDENTES Y DESCRIPCIÓN: Con este ademán, se imita una necesidad tan básica, como es la de dormir.

Para la emulación, se juntan ambas palmas de las manos, y se colocan juntas al lado derecho de la cara, tocándola con la parte externa de la mano izquierda, entonces, se inclina la cabeza hacia el costado derecho.

CINETISMO: Es un movimiento que se realiza con suavidad, imitando, si se quiere, la placidez del sueño.

REPETICIÓN: Se ejecuta una vez, no obstante, al ser tan lento, dura unos segundos.

VOCALIZACIÓN INVOLUCRADA: Cualquiera de las que aparecen en el encabezado, o alguna otra similar.

SIGNIFICADO(S) SECUNDARIO(S): Puede significar cualquier idea relacionada con el descanso, o bien, la acción de echar una siesta, lo que equivale a decir "una pavita", en el lenguaje coloquial. Todo la anterior implica que, prácticamente siempre, se relaciona con lo mismo.

SEXO DEL PRACTICANTE: Ambos sexos.

220 PARA LA SUERTE/ EN CASO DE APRIETO/POR SI ACASO/POR SI LAS MOSCAS

ANTECEDENTES Y DESCRIPCIÓN: El origen de este gesto se remonta a la antigüedad, y por ese motivo, se le conoce en diferentes culturas.

Para unos tiene un significado religioso, en cambio, para otros se trata de una gesticulación pagana.

La cultura popular le puede atribuir su origen, tanto a la cópula sexual, así como, también, a la señal de la cruz religiosa, pasando por otras muchas interpretaciones.

Se trata de un ademán muy sencillo, y consiste en colocar el dedo mayor encima del índice, lo que se conoce como un cruce de dedos. Hay sujetos, que hacen lo contrario, o sea, el índice sobre el dedo mayor.

Normalmente, los dedos se colocan desde una horizontal imaginaria, hasta la posición vertical, pasando por todas las posiciones intermedias. En todo momento, los dedos apuntan hacia delante, hacia arriba o inclinados en diagonal.

CINETISMO: Solamente, para la colocación de los dedos y del brazo.

REPETICIÓN: No existe, ya que sólo se mantiene durante breves momentos.

VOCALIZACIÓN INVOLUCRADA: Muchas veces, se hace en silencio, como una forma de potenciar el deseo, o bien, se dice algo para "alejar" la mala suerte. También, se utiliza como parte de la narración, de forma simultánea.

SIGNIFICADO(S) SECUNDARIO(S): Puede referirse a la

relación sexual, a una unión íntima, amistad estrecha, intimidad, etc.

Además, se usa para expresar que hay algo/alguien encima, física o metafóricamente. Sirve mucho como gesto cabalístico.

SEXO DEL PRACTICANTE: Cualquiera lo puede utilizar.

221 SUJECIÓN DE LA MUJER POR EL ANTEBRAZO COMO GESTO CORTÉS

ANTECEDENTES Y DESCRIPCIÓN: Como secuela de la liberación femenina y debido a los cambios en las costumbres, este gesto de cortesía ha ido desapareciendo de nuestra sociedad.

Tradicionalmente, se ha mantenido que si una pareja va por la acera, el hombre tiene que ir del lado de la calle, y lógicamente, la mujer ha de ir por la parte de adentro. Si no se hace esto, se afirma que el caballero va "vendiendo" a la dama.

Como complemento de esta actitud y estilo de vida, el hombre sujeta el antebrazo de la fémina por detrás del mismo, empleando principalmente el pulgar por un lado, y los demás dedos por el otro. Es raro que la palma de su mano toque el antebrazo de ella, ya que normalmente, se hace con delicadeza. La sujeción por el antebrazo, se acostumbra a hacer cuando ella se baja de la acera, para cruzar la calle, para ayudarla a subir a un vehículo, o para subir o bajar las escaleras, etc.

CINETISMO: Aparte de los demás movimientos envueltos, únicamente, se trata de ayudarla cortésmente.

REPETICIÓN: Se hace tantas veces como sea necesario mientras dure el acompañamiento.

VOCALIZACIÓN INVOLUCRADA: Normalmente, no existe ninguna relacionada con el gesto, aunque, llegado un momento ella puede dar las gracias, o no decir nada. Por su parte, la conversación entre la pareja suele tratar cualquier tema.

SIGNIFICADO(S) SECUNDARIO(S): Puede tener una connotación sentimental, o por lo menos de un interés muy especial;

asumiendo que la mujer no necesite, realmente, la ayuda que le están brindando.

SEXO DEL PRACTICANTE: Si se trata de un gesto cortés, lo hacen los hombres; en cambio, para ayudar a alguien, no hay distinción de sexos.

222 PARA INDICAR TAMAÑO O ALTURA (DE ALGUIEN/ ALGO)

ANTECEDENTES Y DESCRIPCIÓN: Este gesto se relaciona con aquel que indica el tamaño con el brazo, no obstante, en este caso se trata de personas, o de cosas.

Para señalar el tamaño de alguien, se coloca el brazo más o menos extendido, dependiendo de la altura, con la palma de la mano hacia abajo, y con los dedos bastante juntos.

Como curiosidad gestual, por ejemplo en Colombia, esa sería la forma de expresar la altura de un animal, en cambio, para las personas se señala con el borde de la mano hacia abajo.

CINETISMO: El movimiento se produce sólo para la colocación de la mano a la altura deseada.

REPETICIÓN: Únicamente se pone la mano, y se deja ahí escasos segundos.

VOCALIZACIÓN INVOLUCRADA: Este gesto suele acompañar a la descripción de la altura del sujeto, o de la cosa de que se trate.

SIGNIFICADO(S) SECUNDARIO(S): Siempre se refiere a la altura o tamaño de alguien, o de algo.

SEXO DEL PRACTICANTE: Ambos.

223 TAPARSE LA CARA POR EL SOL/PARA VER MEJOR

ANTECEDENTES Y DESCRIPCIÓN: Sobre todo, esta es una mímica funcional, ya que se utiliza para cubrirse los ojos, principalmente, ante una luz muy intensa. Sin embargo, también se emplea cuando se pretende ver bien algo, en especial, si está lejos.

Se ejecuta, pegando la parte interior, tanto del pulgar, así como del índice, a la frente con los dedos juntos; de tal suerte, que la mano forme una especie de visera regulable, ya que se le puede cambiar la angulación con respecto a la frente, para protegerse mejor de la luz. Existen además, otras maneras de evitar una fuente lumínica intensa, pero ésta es la más empleada. Hay personas que separan la mano de la frente, según les convenga.

CINETISMO: Únicamente la colocación de la mano, y la adaptación a la dirección de la fuente luminosa.

REPETICIÓN: Normalmente no se repite, aunque sí se mantiene durante el tiempo que haga falta.

VOCALIZACIÓN INVOLUCRADA: Puede ser cualquier tema, incluyendo algún comentario sobre aquello que se desea observar mejor.

SIGNIFICADO(S) SECUNDARIO(S): Se emplea, además, para disimular.

SEXO DEL PRACTICANTE: Ambos sexos.

224 "TECATO", "ES UN DROGADICTO", "METEDOR DE DROGA", "HUELE DROGA"

ANTECEDENTES Y DESCRIPCIÓN: A raíz del incremento del consumo de cocaína, ha surgido este gesto, que trata de imitar la ingesta de esa droga por la vía nasal, a base del empleo de una cucharilla.

Por ese motivo, se "sujeta" la cucharilla y se hacen los "pases" por debajo de las fosas nasales, de abajo hacia arriba, en tanto, se emula la inhalación exagerada, con la nariz un tanto fruncida. Una variante simplificada, se hace pasándose el índice por debajo de la nariz.

Este es un gesto emergente, que, aún, no se encuentra muy bien establecido.

CINETISMO: Principalmente, con la mano derecha y la mímica con la nariz. Hay personas que inclinan la cabeza hacia atrás, un poco.

REPETICIÓN: El "pase" se ejecuta unas tres veces.

VOCALIZACIÓN INVOLUCRADA: Lo más habitual es que se escuche el "snif" "snif", de la imitación de inhalación, o bien, cualquier palabra o frase que insinúe o se relacione con el hecho.

SIGNIFICADO(S) SECUNDARIO(S): Ningún otro conocido; no obstante, se puede confundir con otros gestos, como podrían ser el de "nariz parada", o el de que "algo huele mal", entre otros.

En otro orden de ideas, cabe la posibilidad de interpretarlo como que algo le acontece al sujeto en la nariz, que se va a sonar, que va a estornudar, que le pasa algo en el bigote, etc.

SEXO DEL PRACTICANTE: Es más frecuente en los hombres.

225 "ES UN TECATO", "ES UN DROGADICTO", "SE INYECTA DROGA", "SE METE DROGA"

ANTECEDENTES Y DESCRIPCIÓN: Dentro del tema de la drogadicción, ésta mímica se ha desarrollado, haciendo una imitación de "inyectarse" la droga, con la mano derecha, en la parte interna del antebrazo izquierdo. Para realizar la emulación, se extiende el brazo izquierdo, y se procede a realizar el simulacro, con la "jeringa" en la mano derecha.

CINETISMO: Es un movimiento sencillo de imitación.

REPETICIÓN: Se hace una sola vez, y la imitación se mantiene durante breves segundos, o sea, menos que un "pinchazo" real, por supuesto.

VOCALIZACIÓN INVOLUCRADA: En ocasiones, se insinúa la acción, como por ejemplo, diciendo: "tú sabes....", en tanto se ejecuta el gesto. Otras veces, se hace la mímica simultáneamente con la descripción.

SIGNIFICADO(S) SECUNDARIO(S): También, puede referirse a una persona que tenga que inyectarse por razones médicas, empero, ya la "puesta en escena", no tendría ese aire tan "conspirativo".

SEXO DEL PRACTICANTE: Preferiblemente los hombres.

226 PEDIR TIEMPO/ QUIERO CONVERSAR CONTIGO/ DAME UN MOMENTO/ TENGO ALGO QUE CONTARTE/ QUIERO DECIRTE ALGO

ANTECEDENTES Y DESCRIPCIÓN: Este gesto proviene del deporte, donde se emplea para suspender el juego momentáneamente, con el fin de ponerse de acuerdo en las jugadas, etc.

Se realiza formando una letra T con las manos. Si la parte vertical de la letra se forma con la mano derecha, la palma queda, más bien, hacia la izquierda, y viceversa. La mano que completa la T, se pone con la palma hacia abajo, más o menos, horizontalmente; aunque por razones prácticas, la "letra" siempre se inclina hacia un lado

CINETISMO: Solamente la colocación de las manos, con la finalidad de que la otra persona, con quien se desea hablar, pueda ver la señal. En el deporte serían los jugadores del mismo equipo y el encargado de conceder la pausa solicitada.

REPETICIÓN: No existe, ya que se mantiene durante breves segundos.

VOCALIZACIÓN INVOLUCRADA: Al tratarse de una mini–convocatoria gestual, normalmente es silente; y si se dice algo en el deporte, se hace en voz alta para que todos los interesados lo escuchen.

SIGNIFICADO(S) SECUNDARIO(S): Lo que varía es el motivo para solicitar que le concedan tiempo.

SEXO DEL PRACTICANTE: Ambos sexos, probablemente con predominio masculino

227 "DAR TIJERAS", "CORTA", "CORTAR", "DEJA ESO", "DAR POR TERMINADO", "DETENTE", "NO SIGAS", "DIVIDIR", "TERMINAR", "SE ACABÓ", "PARA ESO", "YA ESTÁ BUENO", "DEJA EL CORO", "SANSEACABÓ", "ROMPER UNA RELACIÓN"

ANTECEDENTES Y DESCRIPCIÓN: Este gesto es una especie de metáfora visual, ya que se refiere, por una parte, al chisme, en el sentido de que se trata de algo que "corta" o disminuye la reputación de otro; o bien, en el sentido, de que alguien suspenda una acción, incluyendo, lo que pueda estar diciendo.

Se hace con los dedos índice y medio, imitando el movimiento de unas tijeras.

CINETISMO: Los dedos en cuestión, se mueven como si se tratase de unas tijeras.

REPETICIÓN: Se hace dos o tres veces.

VOCALIZACIÓN INVOLUCRADA: Aparte de las ya mencionadas arriba, puede ser cualquier otra que se refiera al motivo del gesto. En ciertas ocasiones no se dice nada.

SIGNIFICADO(S) SECUNDARIO(S): Ninguno que destacar.

SEXO DEL PRACTICANTE: Lo practican ambos sexos.

228 "¡QUÉ TIRE!", "TENÍA UN TIRE", "ESTAR BIEN VESTIDO", "BIEN TRAJEADO"

ANTECEDENTES Y DESCRIPCIÓN: Esta es una gesticulación apreciativa del hecho de estar bien vestido, salvo, que se haga como una burla o crítica solapada.

Se ejecuta con las palmas hacia adentro, desde la altura de las axilas hacia abajo, a todo lo largo de los costados del cuerpo, sin tocarlo, más o menos en línea vertical, hasta donde sea posible.

Va acompañado de una cara de apreciación, aparte, de aquello que se pueda decir.

Hay personas que hacen el gesto, juntando los índices con los pulgares, entonces, realizan el gesto hacia abajo, en la parte delantera del cuerpo. De esta manera es más enfático.

CINETISMO: Es un movimiento a velocidad normal, hacia abajo, hecho con una cierta gracia.

REPETICIÓN: Es raro que se ejecute más de dos veces; lo normal, es que se realice una sola vez.

VOCALIZACIÓN INVOLUCRADA: Se suele decir cualquier frase de aprecio como las expuestas arriba, o alguna otra similar, incluyendo, a los piropos más directos. En ocasiones, el gesto es más que suficiente.

SIGNIFICADO(S) SECUNDARIO(S): Ningún otro conocido.

SEXO DEL PRACTICANTE: Lo emplean más los hombres.

229 TODO/ VOLUMINOSO/ GRANDE/ CIRCULAR/ REDONDO/ GLOBAL/ GLOBALIZANTE/ MUNDIAL

ANTECEDENTES Y DESCRIPCIÓN: Este es un gesto imitativo, ya que intenta reproducir con las manos la forma de algo voluminoso y grande. Por un fenómeno de extrapolación, se usa para expresar la idea del "todo".

Se hace con las manos ahuecadas y los dedos separados, entonces, se empieza arriba y se "traza" un semicírculo lateral hacia fuera con cada mano, haciéndola una mímica bastante simétrica. A veces, se repite de abajo hacia arriba.

El tamaño del semicírculo varía dependiendo de lo que se esté describiendo. Se suele hacer a la altura del pecho.

CINETISMO: Únicamente el movimiento de las manos.

REPETICIÓN: Se acostumbra a hacer entre una y cuatro veces, aproximadamente, incluyendo el posible movimiento de abajo hacia arriba.

VOCALIZACIÓN INVOLUCRADA: Normalmente, la gesticulación se realiza conjuntamente con la descripción.

SIGNIFICADO(S) SECUNDARIO(S): Lo que puede variar es aquello que se está describiendo. Los temas son tan dispares como la imaginación lo permita. Puede tener, incluso, una connotación sexual.

SEXO DEL PRACTICANTE: Mayoritariamente masculino.

230 EL TOQUE DE HOMBRO (BRAZO, ANTEBRAZO, O PIERNA)

ANTECEDENTES Y DESCRIPCIÓN: Este es un gesto muy difundido internacionalmente, empero, aquí alcanza unos niveles exagerados, y a veces hasta intolerables.

Este ademán suele usarse para llamar la atención, para pedir un turno con delicadeza en una conversación, o bien, para recalcar algo. Para saludar a una persona que no sea muy amiga, se intensifica el toque un poco, empleando más la mano que la punta de los dedos; naturalmente, que cuando se trata de una persona muy querida o apreciada, el saludo es diferente, ya que se utiliza más el abrazo.

No obstante, algunos sujetos tienen la costumbre de golpear con fuerza al interlocutor, cuando quieren enfatizar lo que están diciendo; y otros, llegan a agarrar por el brazo, incluso, a un desconocido, para llamar su atención, sin importarle si sus manos están sucias, o no.

Lo normal es que el toque sea ligero, y es más habitual en el antebrazo del otro, aunque, en ciertas ocasiones se toca el brazo o el hombro, y cuando las personas están sentadas juntas, se realiza el toque ligero en el muslo o pantorrilla, en las situaciones en que se tengan las piernas cruzadas, en este último ejemplo.

CINETISMO: Normalmente el toque es ligero, pero, en algunos casos es violento.

REPETICIÓN: Lo más usual, es que se haga una o dos veces.

VOCALIZACIÓN INVOLUCRADA: Se emplea como una especie de "semáforo" en la conversación, sin embargo algunos lo usan para que el otro no hable.

Es un gesto que se practica al interactuar oralmente con los demás.

SIGNIFICADO(S) SECUNDARIO(S): Hay mujeres que lo usan deliberadamente para "desequilibrar" psicológicamente al hombre, ya que por ejemplo, un toque en el muslo, estando sentados, puede ser "devastador".

SEXO DEL PRACTICANTE: Ambos sexos lo utilizan.

231 TOQUE JUGUETON EN EL HOMBRO COMO SALUDO

ANTECEDENTES Y DESCRIPCIÓN: Esta es una manera de saludar poco ortodoxa, ya que la persona que saluda, golpea con la punta de los dedos, encima del hombro del sujeto saludado; empero, lo hace por detrás y del lado opuesto a donde se encuentra físicamente. La idea consiste en que el saludado crea que lo están llamando de un lado, y quien saluda, en realidad, está en el otro costado.

En definitiva, es un saludo juguetón.

CINETISMO: Además, de la aproximación un tanto furtiva y sigilosa, el movimiento consiste en el toque en la parte superior del saludado.

REPETICIÓN: Normalmente, se hace dos o tres veces.

VOCALIZACIÓN INVOLUCRADA: Ninguna, ya que intenta despistar al saludado. El saludo oral viene después, cuando el sujeto pasivo se da cuenta de quién fue que le dio los toquecitos en el hombro.

SIGNIFICADO(S) SECUNDARIO(S): También, se emplea para saludar a alguien, o para llamar su atención, pero, sin la picardía y actitud furtiva, del saludo descrito.

SEXO DEL PRACTICANTE: Lo usan más los hombres que

las mujeres. Existen personas que lo hacen en otras áreas del cuerpo del otro, pero, siempre con la finalidad de despistarlo.

232 "UN TRAGO", "UN TRAGUITO", "UN SORBO", "BEBER", "TOMAR", "EMBORRACHARSE", "INGERIR ALCOHOL", "EMPINAR EL CODO", "TRAGUIADO", "BORRACHO", "BORRACHÓN", "BEBEDOR", "ALCOHÓLICO"

ANTECEDENTES Y DESCRIPCIÓN: Este gesto imita la acción de beber a pico de botella.

Se hace dirigiendo el pulgar derecho hacia la boca, moviendo la mano, de tal forma, que se asemeje al movimiento de la botella. Los demás dedos permanecen semi–recogidos, con las dos primeras falanges, más o menos dobladas; y la cabeza inclinada, un poco, hacia atrás, con la finalidad de que la emulación sea lo más completa posible. Por su parte, la boca, se pone en posición semi–abierta, simulando la acción de beber.

CINETISMO: Se producen movimientos de la mano, del cuello hacia atrás y de la boca.

REPETICIÓN: Normalmente, se ejecuta una o dos veces.

VOCALIZACIÓN INVOLUCRADA: Con cierta frecuencia, el gesto se hace simultáneamente con lo que se está narrando. En otras tantas ocasiones, se dice algo igual o similar a las frases que aparecen en el encabezado.

SIGNIFICADO(S) SECUNDARIO(S): Prácticamente todos los significados remiten a lo mismo, aunque, hay que destacar, que se emplea tanto para las bebidas inocuas, así como también para las alcohólicas.

SEXO DEL PRACTICANTE: Principalmente los hombres.

233 "LO TRANCARON", "LO ENCERRARON", "LO METIERON PRESO", "ENCIÉRRALO", "TRÁNCALO", "NO LO DEJES SUELTO"

ANTECEDENTES Y DESCRIPCIÓN: Se sabe, que los calabozos o cárceles, por obligación, tienen que estar cerrados con llave, por razones obvias.

Este gesto, emula la acción de cerrar con llave una puerta. Se acostumbra a hacer con la mano derecha, girando la "llave", hacia la derecha, siempre de forma simplificada, claro.

CINETISMO: Es un movimiento muy sencillo, realizado con el antebrazo, girando hacia la derecha. Se suele hacer a una altura, entre el pecho y el ombligo.

REPETICIÓN: Normalmente, se ejecuta una o dos veces.

VOCALIZACIÓN INVOLUCRADA: Se dice cualquiera de las frases que aparecen arriba, o similares. De la misma forma, cabe la posibilidad de no decir nada, ya que con el gesto basta.

SIGNIFICADO(S) SECUNDARIO(S): Se utiliza, también, para indicar que se ha cerrado algo con llave, sin ninguna connotación negativa.

Por otro lado, en un contexto distinto, se convierte en una orden de arresto carcelario.

Hay que hacer la salvedad, de que existen personas que no entienden este gesto por sí solo.

SEXO DEL PRACTICANTE: Este gesto lo ejecutan ambos sexos, quizás, con predominio masculino.

234 "TIENE UN TRUÑO", "TIENE CARA DE TRUÑO", "ESTÁ ENFADADO/A", "ESTÁ ENCOJONADO", "TIENE UN ENCOJONAMIENTO", "NO LE GUSTA ALGO"

ANTECEDENTES Y DESCRIPCIÓN: Esta es una de las

maneras gestuales que tienen los dominicanos para expresar un disgusto. Aparentemente, es una mímica muy primitiva.

Es un gesto simple, pero expresivo, al intervenir la cara, solamente. Consiste en torcer los labios hacia un lado del rostro. Aparte, del gesto con los morros, toda la cara expresa irritabilidad.

CINETISMO: El único movimiento perceptible es el de los labios; y de ciertas arrugas faciales, en menor medida.

REPETICIÓN: Se hace una vez, y se mantiene durante breves segundos.

VOCALIZACIÓN INVOLUCRADA: Normalmente, esta es una mueca muda.

SIGNIFICADO(S) SECUNDARIO(S): No hemos recogido ningún otro. Hay que señalar, que se hace también, como mecanismo de dominio.

SEXO DEL PRACTICANTE: Es probable que lo hagan más las mujeres.

235 "TUMBA POLVO", "QUITA POLVO", "LIMPIA POLVO", "LIMPIA SACO", "ADULÓN"

ANTECEDENTES Y DESCRIPCIÓN: Originalmente, este ademán tenía la función de quitar o limpiar el polvo en un traje, cuando alguien ayudaba a otro a ponérselo, o por lo menos, para hacer que la otra persona se viese mejor. Inclusive, uno mismo podía hacérselo, por idénticos motivos.

Ahora bien, se ha hecho una extrapolación y hoy en día connota una adulación, falsedad, etc., siempre, en busca de algún provecho o ventaja, a base de la lisonja.

El ademán está calcado del original, y normalmente, se ejecuta en el hombro del interlocutor, e inclusive, en el de uno mismo, cuando se quiere expresar la idea. La única diferencia, es que ahora no hay nada que limpiar con la mano, y la cara expresa el fingimiento, o la burla. Se hace de varias formas, empleando ambos lados de los dedos.

CINETISMO: El movimiento de la mano se desplaza desde las proximidades del cuello, hasta sobrepasar el hombro, con creces. Todo muy rápido.

REPETICIÓN: Aproximadamente, tres veces.

VOCALIZACIÓN INVOLUCRADA: Si se trata de una narración, el gesto se ejecuta, simultáneamente. También, se hace sin decir nada, para expresar la idea. Se prefiere el área de los hombros, y a veces, sobre las mangas.

En otras ocasiones, se dice algo con sorna, acerca de la "víctima", o bien, sobre uno mismo, como una manera de auto–adularse.

SIGNIFICADO(S) SECUNDARIO(S): Siempre se refiere a la adulación, incluyendo, al significado original de limpiar el polvo de verdad.

SEXO DEL PRACTICANTE: Cualquiera de los dos.

236 "UEJE UEJE", "EJE EJE", "UITITÍO UATATAO", "BURLA", "MOFA"

ANTECEDENTES Y DESCRIPCIÓN: Probablemente, este gesto de burla, sea una versión dominicana de la antigua gesticulación europea, en la que predomina la nariz. En otros países, por ejemplo, lo hacen a la altura de las orejas, y así por el estilo.

Entre nosotros, en cambio, se realiza colocando ambos pulgares en las mejillas, de forma perpendicular, más o menos; y con los demás dedos abiertos, se mueven hacia delante de forma un tanto aleatoria. El cuerpo se dobla un poco hacia el mofado, para potenciar la mímica, haciéndola más provocativa y agresiva.

Para incrementar el efecto, hay sujetos que sacan la lengua, simultáneamente.

CINETISMO: Además de la colocación de los dedos y del cuerpo, lo más llamativo, desde el punto de vista cinético, es el movimiento de los dedos para aumentar el impacto gestual.

REPETICIÓN: Al ser un movimiento aleatorio de los dedos, el ejecutante los mueve durante breves segundos. Esto es independiente, de que pueda repetir el gesto completo, otra vez.

VOCALIZACIÓN INVOLUCRADA: Esta gesticulación tiene ya sus frases estereotipadas, como las expuestas en el encabezado. Es raro, que se vocalice otra cosa que no sean los vocablos mencionados, salvo, que se diga algo que pueda zaherir más a la "víctima"; de esta forma, se repite la frase hiriente, como si se tratase de un slogan, y a continuación viene la frase estereotipada.

SIGNIFICADO(S) SECUNDARIO(S): Ningún otro de importancia.

SEXO DEL PRACTICANTE: Cualquiera de los dos, en especial, los niños.

237 "LO ÚLTIMO", "SE ACABÓ", "LO MEJOR", "MEJOR DE AHÍ SE DAÑA", "EXCELENTE"

ANTECEDENTES Y DESCRIPCIÓN: Este es un gesto que se emplea para indicar un tope, una altura máxima, o bien, una cota, que lo mismo puede referirse al tiempo, que a la calidad de algo.

La colocación de la mano es muy peculiar, ya que se forma un ángulo aproximado de noventa grados con los nudillos principales de la mano, y se pone el pulgar en diagonal, apoyado sobre un lado del índice. Esto significa que se hace una especie de triángulo rectángulo empleando el índice rígido, el lado del metacarpo y el pulgar. Unos pocos sujetos, estiran exageradamente los otros tres dedos que no forman el triángulo.

A continuación, se ejecuta un movimiento horizontal de izquierda a derecha, a la altura del cuello–barbilla.

CINETISMO: Aparte de la colocación de la mano, sólo se produce el movimiento horizontal de izquierda a derecha.

REPETICIÓN: Lo normal es que se realice una vez, empero, si se desea recalcar algo, se hace dos o tres veces.

VOCALIZACIÓN INVOLUCRADA: Cualquiera de las frases del encabezado o similares.

SIGNIFICADO(S) SECUNDARIO(S): En este gesto lo que cambia es el tema, ya que puede ser muy variado.

SEXO DEL PRACTICANTE: Cualquiera de los dos.

238 "UNA VÍA"

ANTECEDENTES Y DESCRIPCIÓN: Dada la comparativamente alta frecuencia de violaciones de las normas de circulación de vehículos; y también, debido a la carencia de señales de tránsito y de letreros en nuestras vías, en múltiples ocasiones los conductores violan el sentido del flujo vehicular. Así ha surgido este gesto, el cual sirve para advertir a los conductores que van en dirección contraria, de su equivocación. En la mayoría de los casos, los conductores hacen caso omiso de aquello que se les advierte, en especial cuando existe poca vigilancia policial, y hay comparativamente poco tránsito.

Lo típico es que se levante el dedo índice, de tal forma, que sobresalga por encima del volante. Es un gesto surgido recientemente.

CINETISMO: Es prácticamente nulo, salvo una cierta ansiedad expresada, a veces, en el rostro de quien advierte.

REPETICIÓN: No hay ninguna repetición, debido a que no tiene movilidad.

VOCALIZACIÓN INVOLUCRADA: Lo más corriente es que quien avisa al otro, o hace la advertencia, diga: "¡una vía, una vía!" Esto es independiente de lo que puedan decir los peatones, lo cual no es infrecuente.

SIGNIFICADO(S) SECUNDARIO(S): No hemos encontrado ningún otro, aunque algún despistado pueda confundirlo con una vulgaridad.

SEXO DEL PRACTICANTE: Al existir más hombres que

mujeres conduciendo, lo normal es que sea un gesto típico masculino.

239 MIRARSE LAS UÑAS CON "REGALOS"

ANTECEDENTES Y DESCRIPCIÓN: Existe la creencia popular de que cuando salen en las uñas una manchitas blancas, la persona afectada va a recibir un regalo , lo cual se dice en tono de broma.

En realidad, esa aparición de las manchitas se debe a una falta de cinc en el organismo.

Cuando la persona nota la presencia de las manchitas, se suele mirar las uñas, con más o menos interés, por lo menos al principio.

CINETISMO: Únicamente la acción de contemplarse las uñas.

REPETICIÓN: Es algo impredicible, ya que algunos sujetos se miran mucho sus uñas, y otros en cambio, no.

VOCALIZACIÓN INVOLUCRADA: Se acostumbra a comentar el hecho, siempre mencionando que se va a recibir un regalo. Estas afirmaciones provienen tanto de la persona que tiene las manchitas, así como también de los demás que se dan cuenta.

SIGNIFICADO(S) SECUNDARIO(S): Es preciso aclarar que la inmensa mayoría de las personas con manchitas en las uñas, desconocen totalmente que se deben a una carencia de cinc en el cuerpo.

SEXO DEL PRACTICANTE: Ambos sexos.

240 "¡VENGAN!", "¡SÍGANME!", "¡VÁMONOS!"

ANTECEDENTES Y DESCRIPCIÓN: Este es un gesto muy elemental, fácilmente comprensible, ya que con el movimiento de la mano, se indica una dirección, y como se supone, que quien ejecuta el ademán va delante, de ahí el significado. Es un ademán muy difundido.

Se inicia con la mano encima del hombro, principalmente, la derecha, con la palma hacia arriba, entonces, se mueven los dedos y la mano hacia delante. El antebrazo interviene, también, en el impulso de la mano; y al final del movimiento, el índice queda apuntando hacia adelante.

CINETISMO: Es un movimiento fluido, que se hace en dirección del frente del ejecutante.

REPETICIÓN: Se suele hacer tantas veces como sean necesarias, hasta que se comprenda el mensaje. Otro problema distinto, es que no se quiera obedecer la orden.

VOCALIZACIÓN INVOLUCRADA: Cualquier palabra, o frase imperativa, como las que aparecen en el encabezado.

SIGNIFICADO(S) SECUNDARIO(S): Ningún otro conocido.

SEXO DEL PRACTICANTE: Cualquiera lo puede hacer.

241 "VEN", "VEN ACÁ", "ACÉRCATE", "LLAMADA"

ANTECEDENTES Y DESCRIPCIÓN: Es una manera gestual de atraer a la otra persona. Se hace de tres formas básicas, entre nosotros.

a) Con la palma hacia abajo y los dedos hacia delante, aproximadamente, a la altura del pecho, se doblan las falanges hacia atrás, y el codo se enconge.

b) Con la palma hacia arriba, y los dedos hacia delante, se doblan las falanges hacia atrás, a la altura del pecho, también.

c) Moviendo el dedo índice únicamente, hacia atrás, con la palma, más o menos, hacia arriba, los demás dedos recogidos hacia atrás, y el pulgar sujetando al dedo mayor.

CINETISMO: Es un ademán bastante rítmico y repetitivo, materializado en el movimiento de las falanges hacia atrás. A veces, en la modalidad c), puede ser más lento calculado y sensual.

REPETICIÓN: Se hace dos o tres veces.

VOCALIZACIÓN INVOLUCRADA: La vocalización, es tan

frecuente como la carencia de ella. Siempre se refiere a lo mismo, aunque, varíe la intención. Se emplea cualquiera de las de arriba o alguna otra similar.

SIGNIFICADO(S) SECUNDARIO(S): En el caso c) puede tener una intención erótica, empero, va acompañado de una sonrisa de apertura y de una cara sensual. En los casos a) y b), se enfatiza usando todo el brazo. Hay que aclarar que al dominicano le place mucho el llamar al otro, en vez de ser el interesado quien se acerque.

SEXO DEL PRACTICANTE: En las modalidades a) y b), lo utilizan ambos sexos. El tipo c), se produce con mucha más frecuencia entre las mujeres, en su relación con los hombres.

242 "¡QUÉ VERGÜENZA!", "¡QUÉ HORROR!", "TRÁGAME TIERRA", "TENGO COMPLEJOS", "ME QUIERO PONER LINDO/A"

ANTECEDENTES Y DESCRIPCIÓN: Cuando alguien siente vergüenza, por cualquier motivo, experimenta la necesidad de cubrirse la cara, con lo cual demuestra que no quiere ser visto. Otra variante importante, consiste en pasarse la/s mano/s por la cara, de arriba hacia abajo para acicalarse.

Este es un gesto muy primitivo, y por la misma causa, muy difundido, y viene a ser un reflejo ancestral.

Para ejecutarlo, basta con cubrirse la cara con una, o con ambas manos. Algunas personas doblan el cuerpo, un poco, hacia delante, y también, bajan la cabeza. Otros, se ruborizan, simultáneamente.

CINETISMO: Al ser un gesto tan inveterado, resulta muy espontáneo y poco rebuscado. El movimiento consiste, exclusivamente, en cubrirse el rostro con las manos, en especial, los ojos. En la otra modalidad se pasa (n) la/s mano/a de arriba hacia abajo.

REPETICIÓN: Una vez realizado, se mantiene durante breves momentos; normalmente, hasta que se pase la causa. En el segundo caso, dura mientras se realice el acicalamiento.

VOCALIZACIÓN INVOLUCRADA: Cualquier frase que se relacione con el motivo de la vergüenza; aunque, los más tímidos, no suelen decir nada. En la segunda variante no se acostumbra a vocalizar ninguna frase.

SIGNIFICADO(S) SECUNDARIO(S): Todos se relacionan con las mismas ideas. Sin embargo, hay que aclarar que esta mímica se puede confundir, con la de sentir asco, empero, el rostro es distinto

SEXO DEL PRACTICANTE: Mucho más las mujeres, que los hombres. A veces, se usa el antebrazo para acicalarse o para taparse la cara. En esta última variante, lo utilizan mucho los presos de ambos sexos, ante el acoso de la prensa, por ejemplo; incluso, se puede emplear conjuntamente con sus prendas de vestir, como camisas, gorras, y así por el estilo.

243 "VETE", "VÁMONOS", "ME VOY", "FUERA"

ANTECEDENTES Y DESCRIPCIÓN: Probablemente este gesto se haya inspirado en algo que estalla o que explota.

Esta gesticulación tiene dos fases perfectamente diferenciadas; las primera consiste en que el dedo pulgar "sujeta" a los demás dedos; y la segunda parte se caracteriza porque los dedos son liberados con cierta rapidez, a base de un estiramiento hacia fuera, de tal suerte, que la palma queda en diagonal con respecto al suelo, ya que el antebrazo se coloca en un ángulo de 20–40 grados, con respecto a una línea horizontal imaginaria.

CINETISMO: Salvo el movimiento de la liberación de los dedos en sí, no hay ningún otro involucrado en la mano. Esto es independiente de la colocación del antebrazo en el ángulo adecuado.

REPETICIÓN: Normalmente se suele hacer una o dos veces.

VOCALIZACIÓN INVOLUCRADA: En determinados casos comprometedores, no se dice nada, pero cuando sí se puede, lo típico es que se diga: "vámonos", o, "vete", o, "nos fuimos", "se rompió la taza", o algo por el estilo.

SIGNIFICADO(S) SECUNDARIO(S): Se emplea además para emular la luz intermitente de un vehículo, o bien, para indicar que algo se enciende y se apaga. También, se usa para expresar que algo salpicó, o que salió lanzado, etc. Sirve, igualmente, para imitar el tic–tac de un reloj, o cualquier cosa pulsante o rítmica. Hay personas que lo confunden con el gesto de "dar muela" o de "hablar mucho".

SEXO DEL PRACTICANTE: Mayoritariamente masculino.

244 "VETE", "VÁYANSE", "SIGAN", "ALÉJATE", "FUERA DE AQUÍ", "LARGO DE AQUÍ", "MÁS PA'LANTE", "ALLÁ", "LEJOS", "SE FUE", "DÉJAME EN PAZ"

ANTECEDENTES Y DESCRIPCIÓN: Este es el antónimo gestual de "ven para acá", se hace con un movimiento de los dedos hacia fuera, doblando la muñeca, con los brazos extendidos hacia delante, y las manos y la altura del hombro, aproximadamente. A veces, se emplea una sola mano.

Por su lado, las palmas permanecen, en todo momento, hacia el suelo y los dedos hacia delante.

Es uno de los gestos mejor establecidos, y por lo tanto, de comprensión más generalizada.

CINETISMO: Es un movimiento brusco y repetitivo.

REPETICIÓN: Se efectúa, aproximadamente, unas tres veces.

VOCALIZACIÓN INVOLUCRADA: Cualquiera de las que aparecen al principio, o alguna otra similar.

SIGNIFICADO(S) SECUNDARIO(S): Siempre se refiere a que alguien se marche de un lugar, o bien, que se trata de algo distante.

SEXO DEL PRACTICANTE: Cualquiera de los dos. Hay hombres que la usan como una mímica despectiva, inclusive, muchas veces se utiliza sin apenas darse cuenta de ello.

245 "LO VI", "MIRA", "MÍRALO" , "OBSÉRVALO", "VIGÍLALO", "CHEQUÉALO", "ACECHANDO", "VIGILANDO", "MUCHO OJO", "OJO PELAO", "PENDENCIERO"

ANTECEDENTES Y DESCRIPCIÓN: En este gesto se pone el énfasis en el ojo, por razones obvias.

Para realizarlo, se "tira" hacia debajo de la parte inferior del ojo derecho, si es diestro el sujeto, empleando la yema del índice de la mano derecha, en tanto, los demás dedos permanecen sin intervenir; todo ello con bastante suavidad.

Otra variante consiste en hacerlo con los dos ojos y una sola mano, utilizando los dedos índice y mayor, o bien, con los dos ojos y ambos índices; empero, este último es ya menos frecuente.

CINETISMO: Aparte del ligero "tirón", no hay ningún otro.

REPETICIÓN: Solamente una.

VOCALIZACIÓN INVOLUCRADA: Se utiliza para recalcar o para enfatizar, en los casos en que se esté narrando algo. Este gesto también se hace en silencio, cuando no se desea que el que va a ser vigilado se dé cuenta, o bien, en los supuestos en que estén alejados quienes se están comunicando.

Normalmente, para expresar "lo ví", se dice la frase simultáneamente con la gesticulación.

SIGNIFICADO(S) SECUNDARIO(S): Se usa para señalar que alguien se dio cuenta o se percató de algo, lo cual se asemeja al significado primario. En ciertos casos se utiliza como una vulgaridad diciendo: "coge éste", o "coge mierda", etc. para significar que no se le va a dar nada al interlocutor. De la misma manera, se puede hacer en tono de burla hacia el otro.

SEXO DEL PRACTICANTE: Es indistinto.

246 VOLTEAR LA CABEZA POR DELEITE VISUAL O POR CURIOSIDAD

ANTECEDENTES Y DESCRIPCIÓN: Sin lugar a dudas, este gesto constituye un pasatiempo nacional, en los lugares en que circule mucha gente, preferiblemente. Normalmente, se hace cuando se dispone de tiempo al ir caminando.

Los protagonistas son los adultos, de ambos sexos. Los hombres lo realizan al pasar cerca de ellos, una mujer interesante físicamente hablando, en dirección contraria, entonces, voltean la cabeza para contemplarla por detrás. Por su parte, las mujeres también giran la cabeza, para saber si son observadas, y por quién.

CINETISMO: Aparte del movimiento al ir a pie, sólo se produce el giro de la cabeza, más o menos completo, dependiendo del momento en que se realice el cruce y la angulación del mismo.

REPETICIÓN: Es algo impredecible. No obstante, los hombres suelen voltear la cabeza cada vez que les gusta una mujer que camine en dirección contraria. En cambio, las mujeres realizan el giro por curiosidad, en primer lugar, y por deleite visual, en segundo.

VOCALIZACIÓN INVOLUCRADA: Por parte del hombre puede surgir un piropo, independientemente de quien lo acompañe, siempre y cuando pueda salirse con la suya. La mujer, si va sola, raras veces dice algo.

SIGNIFICADO(S) SECUNDARIO(S): El giro se puede hacer, además, por otros motivos, como podría ser el comprobar si se conoce a alguien, si otra persona sigue a uno, etc.

SEXO DEL PRACTICANTE: Ambos sexos. Hay que destacar que muchas personas casi nunca miran hacia atrás.

"YES"

ANTECEDENTES Y DESCRIPCIÓN: Este es un gesto de reciente aparición procedente de los EE.UU., y todavía no está bien establecido. Es una manera de decir que "si", pero, con mucho énfasis.

Se hace bruscamente, dando unos codazos hacia atrás, con ambos brazos simultáneamente, y con los puños cerrados, en tanto, se dice "YES". Hay quienes suben una rodilla, es decir , que se apoyan en una sola pierna, y encogen el cuerpo, un poco, para dramatizar, aún más, la gesticulación. Algunos recalcan la mímica con un sólo codo.

CINETISMO: Requiere de una coordinación de todo el cuerpo y del habla, ya que al dar los codazos hacia atrás, se levanta a la vez la rodilla, y se dice "YES", con fuerza y gusto.

REPETICIÓN: Sólo se ejecuta una vez.

VOCALIZACIÓN INVOLUCRADA: Este gesto tiene una sola palabra estereotipada: "YES".

SIGNIFICADO(S) SECUNDARIO(S):. Cabe la posibilidad de utilizarlo, como un mecanismo de persuasión, y de presión, cuando alguien está indeciso.

SEXO DEL PRACTICANTE: Ambos sexos, en especial, los deportistas y los jóvenes.

248 "SOY YO", "FUI YO", "A MÍ", "ÉSTE QUE ESTA AQUÍ", "PARA MÍ", "YO"

ANTECEDENTES Y DESCRIPCIÓN: El gesto de señalarse a sí mismo, es muy espontáneo y natural, aparte de ser muy franco.

Lo más corriente, es que el sujeto se apunte el pecho con el pulgar hacia atrás, mientras los demás dedos se mantienen recogidos. Hay personas que lo hacen con el índice. Otra variante, consiste en que, en su lugar, se toque el pecho con la palma completa de la mano, o bien, con las primeras falanges de los dedos.

CINETISMO: El movimiento es muy simple, ya que sólo consiste en señalarse a uno mismo.

REPETICIÓN: Lo más habitual es que se ejecute una vez, a menos, que se quiera enfatizar o recalcar algo; que, por supuesto, se refiere a quien habla y gesticula, con ese énfasis.

VOCALIZACIÓN INVOLUCRADA: Cualquiera de las frases de arriba o similares. Este gesto sirve, muy bien, para reforzar aquello que se está diciendo.

Hay personas que se golpean el pecho, de tal forma, que resulta audible; en especial, en la modalidad de señalarse con la mano abierta, o con el puño, inclusive.

SIGNIFICADO(S) SECUNDARIO(S): Cuando esta mímica está mal hecha, se puede confundir con aquella que ofrece todo el corazón, como metáfora.

SEXO DEL PRACTICANTE: Es indistinto.

249 "YO SÉ", "DÉJAME HABLAR", "TE DIGO UNA COSA"

ANTECEDENTES Y DESCRIPCIÓN: Entre los niños existe la costumbre de levantar el dedo índice cuando saben alguna respuesta a una pregunta en clase, lo cual puede ser una adaptación gestual del gesto innato de señalar con el índice.

Probablemente, este sea el origen de apuntar con el índice hacia arriba, pero de forma comedida, para indicarle a la otra persona que se desea hablar, tomar el turno durante la conversación, aclarar algo, etc. La mayoría de las veces, quien lo hace apenas se da cuenta de ello.

CINETISMO: Únicamente la acción de levantar el dedo índice con comedimiento, hacia arriba, aparte, de otros movimientos que puedan estar envueltos.

REPETICIÓN: Tantas veces como se desee, dependiendo de la intención durante el diálogo, ponencia, exposición. etc.

VOCALIZACIÓN INVOLUCRADA: Puede referirse a cualquier tópico.

SIGNIFICADO(S) SECUNDARIO(S): Es preciso señalar, que hay personas que no saben dialogar, es decir, que prefieren monologar, y emplean mucho este gesto para no cederle la palabra al otro; y si el interlocutor lo hace, entonces, lo pasan por alto y siguen hablando. Lo emplean además, las personas autoritarias.

SEXO DEL PRACTICANTE: Ambos sexos.

250 "¡ZAFA!", "MALDITO", "AZAROSO", "EL FUKÚ"

ANTECEDENTES Y DESCRIPCIÓN: Es una manera de desligarse o de desvincularse, o bien, de espantar a alguien/algo, que da mala suerte, o por lo menos, que resulta desagradable. Todo ello, naturalmente, de acuerdo con una apreciación muy personal.

Este gesto, se ejecuta persignándose bruscamente, en especial con la mano izquierda, en tanto, la actitud y la mirada, son las típicas de una persona huidiza o evasiva.

CINETISMO: Este gesto es una reacción inmediata, ante la causa de la perturbación, es decir, que de lo que se trata es de evitar cualquier posible "daño", según el criterio de la persona que la ejecuta.

Lo único que se hace es persignarse con la mano izquierda, de forma acelerada y brusca.

REPETICIÓN: Normalmente, se hace una sola vez; y quizá, dos, cuando se quiere enfatizar.

VOCALIZACIÓN INVOLUCRADA: Ya por hábito estereotipado, se dice: "!zafa!", o alguna otra cosa que exprese animadversión.

SIGNIFICADO(S) SECUNDARIO(S): El persignarse con la mano izquierda, tiene su significado, en los rituales satánicos y de ciertas sectas, lo cual no significa que se relacione con el gesto descrito, al menos conceptualmente, aunque, sí se parece en la forma.

SEXO DEL PRACTICANTE: Suelen emplearlo un poco más, las mujeres, y se le puede vincular con prácticas mágico–religiosas.

Apéndice

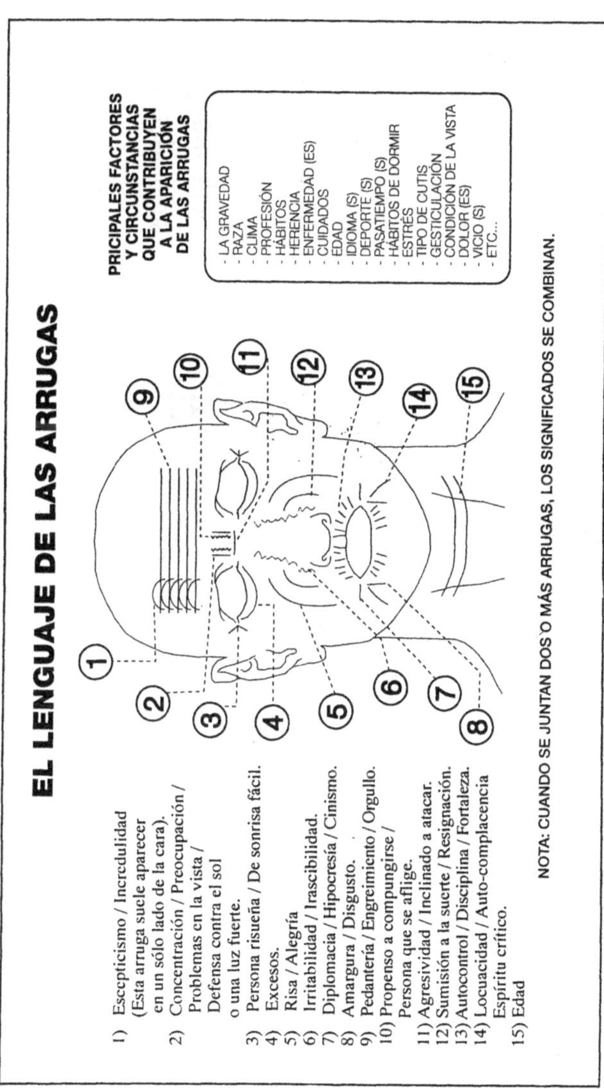
EL LENGUAJE DE LAS ARRUGAS
1) Escepticismo / Incredulidad (Esta arruga suele aparecer en un sólo lado de la cara).
2) Concentración / Preocupación / Problemas en la vista / Defensa contra el sol o una luz fuerte.
3) Persona risueña / De sonrisa fácil.
4) Excesos.
5) Risa / Alegría
6) Irritabilidad / Irascibilidad.
7) Diplomacia / Hipocresía / Cinismo.
8) Amargura / Disgusto.
9) Pedantería / Engreimiento / Orgullo.
10) Propenso a compungirse / Persona que se aflige.
11) Agresividad / Inclinado a atacar.
12) Sumisión a la suerte / Resignación.
13) Autocontrol / Disciplina / Fortaleza.
14) Locuacidad / Auto-complacencia Espíritu crítico.
15) Edad
1
2
3
4
5
6
7
8
9
10
11
12
13
14
15
PRICIPALES FACTORES Y CIRCUNSTANCIAS QUE CONTRIBUYEN A LA APARICIÓN DE LAS ARRUGAS
- LA GRAVEDAD
- RAZA
- CLIMA
- PROFESIÓN
- HÁBITOS
- HERENCIA
- ENFERMEDAD (ES)
- CUIDADOS
- EDAD
- IDIOMA (S)
- DEPORTE (S)
- PASATIEMPO (S)
- HÁBITOS DE DORMIR
- ESTRÉS
- TIPO DE CUTIS
- GESTICULACIÓN
- CONDICIÓN DE LA VISTA
- DOLOR (ES)
- VICIO (S)
- ETC...
NOTA: CUANDO SE JUNTAN DOS O MÁS ARRUGAS, LOS SIGNIFICADOS SE COMBINAN.

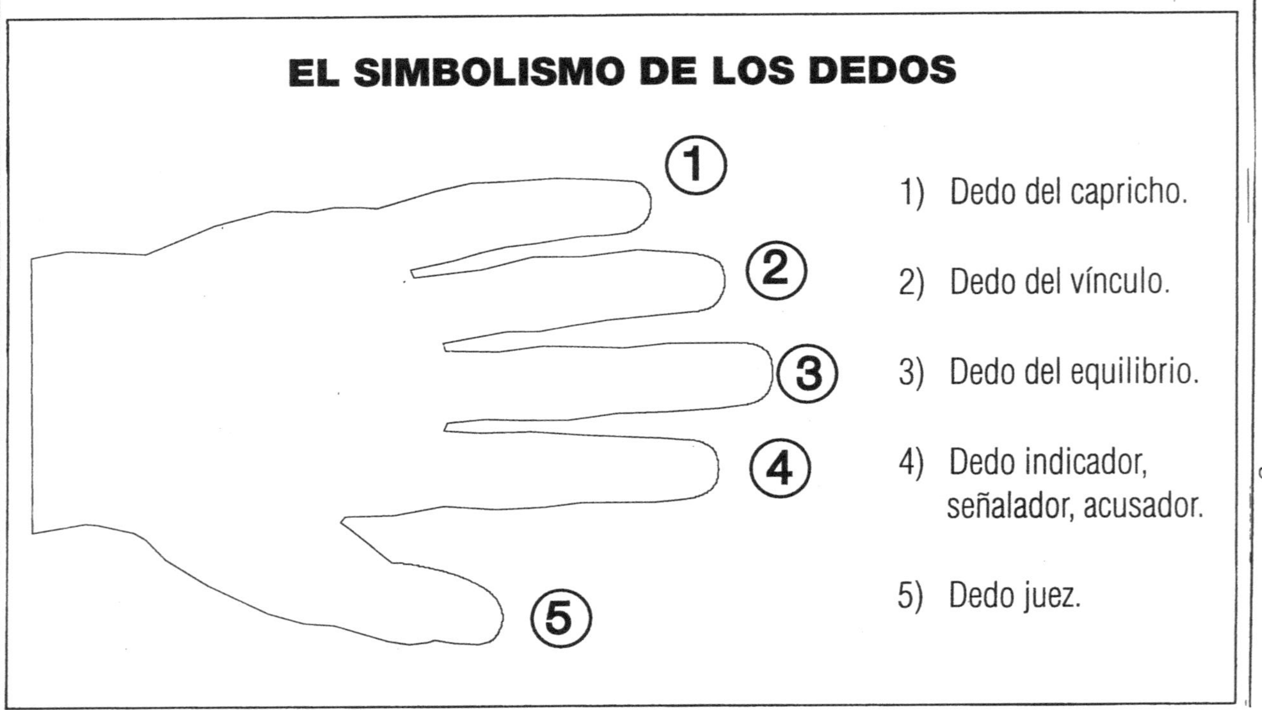
EL SIMBOLISMO DE LOS DEDOS
1
2
3
4
5
1) Dedo del capricho.
2) Dedo del vínculo.
3) Dedo del equilibrio.
4) Dedo indicador, señalador, acusador.
5) Dedo juez.

BIBLIOGRAFÍA RECOMENDADA

BIBLIOGRAFÍA RECOMENDADA

— ADLER, ALFRED. *CONOCIMIENTO DEL HOMBRE*. ESPASA CALPE. MADRID. 1931.

— AKERET , ROBERT U. PHOTOANALYSIS. PETER H. WYDEN, INC. NEW YORK. 1973.

— ALCINA FRANCH, JOSÉ. REVISTA: ÁNTHROPOS No. 68. ETNOHISTORIA DE AMÉRICA. BARCELONA. 1987.

— AL- RAZI, IBN ARABI. *DOS CARTILLAS DE FISIOGNÓMICA*. EDITORA NACIONAL. MADRID. 1977.

— ANDÚJAR, MANUEL. REVISTA: ÁNTHROPOS No. 72. LA CULTURA COMO CREACIÓN Y MESTIZAJE. BARCELONA. 1987.

— *ANTROPOLOGÍA CULTURAL*. DICCIONARIOS RIODUERO. MADRID. 1986.

— *ARGUEDAS*, JOSÉ MARÍA. INDIGENISMO Y MESTIZAJE CULTURAL COMO CRISIS CONTEMPORÁNEA HISPANOAMERICANA. REVISTA: ÁNTHROPOS No. 128. BARCELONA. 1992.

— AUSTERLITZ, PAUL. MERENGUE: *DOMINICAN MUSIC and DOMINICAN IDENTITY*. TEMPLE UNIVERSITY PRESS. PHILADELPHIA. 1997.

— AXTELL, ROGER E. *GESTURES: THE DO 'S AND TABOO 'S OF BODY LANGUAGE AROUND THE WORLD*. JOHN WILEY & SONS, INC. U.S.A. 1997.

— AZCONA, JESÚS. ANTROPOLOGÍA BIOSOCIAL: DARWIN Y LAS BASES MODERNAS DEL COMPORTAMIENTO. CUADERNOS DE ANTROPOLOGÍA No. 1. BARCELONA. 1982.

— BARTHES, ROLAND. *SISTEMA DE LA MODA*. GUSTAVO GILI. BARCELONA. 1978.

— BENEDICT, RUTH. *PATTERNS OF CULTURE*. MENTOR BOOKS. U.S.A 1951.

— BIRDWHISTTELL, RAY L. *EL LENGUAJE DE LA EXPRESIÓN CORPORAL*. GUSTAVO GILI. BARCELONA. 1979.

— BOURDIEU, PIERRE. *SOCIOLOGÍA Y CULTURA*. GRIJALBO. MÉXICO, D.F. 1990.

— COMAS, JUAN. *MANUAL DE ANTROPOLOGÍA FÍSICA*. UNAM. MÉXICO. 1966.

— CORMAN, LOUIS. *NUEVO MANUAL DE MORFOPSICOLOGÍA*. MARFIL. ALCOY. 1970.

— CRAWFORD, C. JOANNE. ANTROPOLOGÍA PISCOLÓGICA: EL ESTUDIO DE LA PERSONALIDAD EN LA CULTURA. CUADERNOS DE ANTROPOLOGÍA No. 2. BARCELONA. 1983.

— DALE GUTHRIE, R. *BODY HOT SPOTS*. VAN NOSTRAND REINHOLD COMPANY. NEW YORK. 1976.

— DAVIES, RODNEY. *EL LENGUAJE DE LOS ROSTROS*. EDITORIAL SUDAMERICANA. BUENOS AIRES. 1991.

— DAVIS, FLORA. *LA COMUNICACIÓN NO VERBAL*. ALIANZA. MADRID. 1989.

— DAWKINS, RICHARD. *EL GEN EGOISTA*. SALVAT. BARCELONA. 1994.

— DESCAMPS, MARC–ALAIN. *EL LENGUAJE DEL CUERPO Y LA COMUNICACIÓN CORPORAL*. DEUSTO. BILBAO. S/F.

— DESCAMPS, MARC–ALAIN. *PSICOSOCIOLOGÍA DE LA MODA*. FCE. MÉXICO. 1986.

— ECO, UMBERTO. *LA ESTRUCTURA AUSENTE*. LUMEN. BARCELONA. 1978.

— EWING, WILLIAM A. *EL CUERPO*. SIRUELA. MADRID. 1996.

— FAST, JULIUS. *BODY LANGUAGE*. PAN BOOKS. LONDON. 1971.

— FERICGLA, JOSEP M. EL SISTEMA DINÁMICO DE LA CULTURA Y LOS DIVERSOS ESTADOS DE LA MENTE HUMANA CUADERNOS DE ANTROPOLOGÍA No. 9. BARCELONA. 1989.

— FLÜGEL, J.C. *PSICOLOGÍA DEL VESTIDO* . PAIDÓS. BUENOS AIRES. 1964.

— GARCÍA CANCLINI, NÉSTOR. *CULTURAS HÍBRIDAS*. EDITORIAL SUDAMERICANA. BUENOS AIRES. 1995.

— GRANDA, ASPRA, ALFONSO. *FISIOGNOMÍA*. LIMUSA. MÉXICO. 1990.

— HALL, EDWARD T. THE *SILENT LANGUAGE*. PREMIER. NEW YORK. 1965.

— HALL, STEPHEN S. STANDING ON THOSE CORNERS, WATCHING ALL THE FOLKS GO BY. REVISTA: SMITHONIAN. FEBRUARY 1989. Pág. 119. WASHINGTON.

— HARRIS, MARVIN. *ANTROPOLOGÍA CULTURAL*. ALIANZA. MADRID. 1996.

— HARRIS, MARVIN. *EL DESARROLLO DE LA TEORÍA ANTROPOLÓGICA*. SIGLO XXI. MADRID. 1983.

— HAYES, FRANCIS C. GESTOS O ADEMANES FOLKLÓRICOS. REVISTA: FOLKLORE AMERICAS. DECEMBER 1951. Vol. XI. No. 2. UNIVERSITY OF MIAMI PRESS. CORAL GABLES. FLA. U.S.A. Pág. 15.

— HERSKOVITS, MERVILLE. *THE MYTH OF THE NEGRO PAST*. BEACON. BOSTON. 1958.

— HURBON, LAËNNEC. *LOS MISTERIOS DEL VUDÚ*. CLAVES. ITALIA. 1998.

— JULIANO, Ma. DOLORES. CULTURA POPULAR. CUADERNOS DE ANTROPOLOGÍA No. 6, BARCELONA. 1922.

— KLAGES, L. *LOS FUNDAMENTOS DE LA CARACTEROLOGÍA*. PAIDÓS. BUENOS AIRES.

— KNAPP, MARK L. *LA COMUNICACIÓN NO VERBAL*. PAIDOS. BARCELONA. 1985.

— LADRÓN DE GUEVARA, SARA. *LA MANO: SÍMBOLO MULTIVALENTE EN MESOAMÉRICA*. BIBLIOTECA UNIVERSIDAD VERACRUZANA. MÉXICO. 1995.

— LANDAU, TERRY. *ABOUT FACES*. ANCHOR BOOKS. U.S.A. 1989.

— LANGE, FRITZ. *EL LENGUAJE DEL ROSTRO*. LUIS MIRACLE. BARCELONA. 1965.

— LEAKY, RICHARD E. *ORIGINS*. DUTTON. NEW YORK. 1978.

— LERSCH, PHILIPP. *EL ROSTRO Y EL ALMA*. ORIENS. MADRID. 1970.

— LEWIS, DAVID. *EL LENGUAJE SECRETO DEL ÉXITO*. MARTÍNEZ ROCA. BARCELONA. 1990.

— LIZARDO, FRADIQUE. *CULTURA AFRICANA EN SANTO DOMINGO*. EDITORA TALLER. SANTO DOMINGO. 1979.

— LOZANO DOMINGO, IRENE. *LENGUAJE FEMENINO, LENGUAJE MASCULINO*. MINERVA. MADRID. 1995.

— MARTÍNEZ VEIGA, UBALDO. CULTURA Y ADAPTACIÓN. CUADERNOS DE ANTROPOLOGÍA No. 4. BARCELONA. 1985.

— MEAD, MARGARET. *CULTURAL PATTERNS AND TECHNICAL CHANGE*, MENTOR. U.S.A. 1955.

— MEAD, MARGARET. *MALE AND FEMALE*. PELICAN. ENGLAND. 1974.

— MOLES, ABRAHAM and ROHMER, ELISABETH. *TEORÍA DE LOS ACTOS*. TRILLAS. MÉXICO. 1983.

— MORBÁN LAUCER, FERNANDO y MAÑÓN ARRENDONDO, MANUEL. *ANTROPOLOGÍA QUISQUEYANA*. EDITORA U.A.S.D. SANTO DOMINGO. 1967.

— MORRIS, DESMOND. *COMPORTAMIENTO ÍNTIMO*. PLAZA & JANÉS. BARCELONA. 1980.

— MORRIS, DESMOND. *GESTURES*. SCARBOROGH. NEW YORK. 1979.

— MORRIS, DESMOND. *THE HUMAN ZOO*. DELL. NEW YORK. 1971.

— MORRIS, DESMOND. *EL MONO DESNUDO*. PLAZA Y JANÉS. BARCELONA. 1971

— PAVLOV, IVÁN. *REFLEJOS CONDICIONADOS E INHIBICIONES*. PENÍNSULA. BARCELONA. 1967.

— REVISTA: NATIONAL GEOGRAPHIC. CULTURA GLOBAL. AGOSTO 1999. MÉXICO.

— PEARSON, JUDY; C. T TURNER, LYNN H. y TODD–MANCILLAS, W. *COMUNICACIÓN Y GÉNERO*. PAIDÓS. BARCELONA. 1993.

— PSICOLOGÍA SOCIAL LATINOAMERICANA: UNA VISIÓN CRÍTICA Y PLURAL. REVISTA: ÁNTHROPOS No. 156. BARCELONA. 1994.

— RIVIÈRE, MARGARITA. *LA MODA, ¿COMUNICACIÓN O INCOMUNICACIÓN?* GUSTAVO GILI. BARCELONA. 1977.

— ROBINSON, JULIAN. *BODY PACKAGING*. ELYSIUM GROWTH PRESS. LOS ANGELES. 1988.

— ROMANO, VICENTE. *EL TIEMPO Y EL ESPACIO EN LA COMUNICACIÓN*. ARGITALETXE HIRU, S.L. GUIPÚZCOA. 1998.

— SALZER, JACQUES. *LA EXPRESIÓN CORPORAL*. HERDER. BARCELONA. 1984.

— SÁNCHEZ MARTÍNEZ, FERNANDO. *PSICOLOGÍA DEL PUEBLO DOMINICANO*. EDITORA U.A.S.D. SANTO DOMINGO. 1997.

— SKINNER. B. F. *LA CONDUCTA DE LOS ORGANISMOS*. FONTANELLA. BARCELONA. 1979.

— SQUICCIARINO, NICOLA. *EL VESTIDO HABLA*. CÁTEDRA. MADRID. 1990.

— STODDART, MICHAEL. *EL MONO PERFUMADO*. MINERVA. MADRID. 1994.

— SUMNER, WILLIAM GRAHAM. *FOLKWAYS*. MENTOR. NEW YORK. 1940.

— Dr. VANDER. *EXPRESIÓN DEL ROSTRO*. ADRIAN VANDER. BARCELONA. 1970.

— VELOZ MAGGIOLO, MARCIO y ZANÍN, DANIELA. *HISTORIA, ARTE Y CULTURA EN LAS ANTILLAS PRECOLOMBINAS*. U.A.S.D. SANTO DOMINGO. 1999.

— WATZLAWICK, PAUL; HELMICK BEAVIN, JANET y JACKSON, DON D. *TEORÍA DE LA COMUNICACIÓN HUMANA*. HERDER. BARCELONA. 1985.

— WILDER, RACHEL. LOVE SIGNALS. REVISTA: SCIENCE DIGEST. JUNE 1984. Pág. 63.

— WOLFF, CHARLOTTE. *PSICOLOGÍA DEL GESTO*. LUIS MIRACLE. BARCELONA. 1966.

— WOLKOMIR, RICHARD. TRYING TO DECIPHER THOSE INSCRUTABLE SIGNS OF OUR TIMES. REVISTA: SMITHONIAN. SEPTEMBER 1993. Pág. 64. WASHINGTON.

— ZIPF, GEORGE KINGSLEY. *HUMAN BEHAVIOR AND THE PRINCIPLE OF LEAST EFFORT*. ADDISON–WESLEY PUBLISHING Co. Inc. CAMBRIDGE, MASS. 1949.

www.ingramcontent.com/pod-product-compliance
Lightning Source LLC
Chambersburg PA
CBHW020605270326
41927CB00005B/180
9781938421204